MEMÓRIAS DE
CARLOTA JOAQUINA

MARSILIO CASSOTTI

MEMÓRIAS DE CARLOTA JOAQUINA
A amante do poder

Tradução
Luis Reyes Gil

Copyright © Marsilio Cassotti, 2017
Copyright © Editora Planeta do Brasil, 2017
Todos os direitos reservados.
Título original: *Memorias de Carlota Joaquina – la amante del poder*

Preparação: Elisa Martins e Thaís Rimkus
Revisão: Tiago Ferro e Andréa Bruno
Diagramação: Anna Yue
Capa: Compañía
Imagem de capa: Romulo Fialdini/Tempo Composto (Domingos Antonio de Sequeira. Retrato de D. Carlota Joaquina. Óleo sobre tela. princípio do século XIX. 0,600 x 0,510 m. Museu Imperial, Petrópolis - RJ)

CIP-BRASIL. CATALOGAÇÃO NA PUBLICAÇÃO
SINDICATO NACIONAL DOS EDITORES DE LIVROS, RJ

C338m

    Memórias de Carlota Joaquina : a amante do poder / Marsilio Cassotti. - 1. ed. - São Paulo : Planeta, 2017.
    328 p. ; 23 cm.

    Tradução de: Luis Reyes Gil
    ISBN 978-85-422-1076-7

    1. Carlota Joaquina, Rainha, consorte de João VI, Rei de Portugal, 1775-1830. 2. Rainhas - Portugal - Biografia. I. Título.

17-42690   CDD: 923.1
                                      CDU: 929.731(469)

2017
Todos os direitos desta edição reservados à
EDITORA PLANETA DO BRASIL LTDA.
Rua Padre João Manuel, 100 – 21º andar
Ed. Horsa II – Cerqueira César
01411-000 – São Paulo-SP
www.planetadelivros.com.br
atendimento@editoraplaneta.com.br

Para Alejandra, Julia e Lucía

À memória de Isabel Álvarez de Toledo
(Estoril, 1936-Sanlúcar de Barrameda, 2008),
vigésima primeira duquesa de Medina-Sidonia

"Mulheres, sujeitem-se a seus maridos,
como convém a quem está no Senhor."
São Paulo, Carta aos Colossenses (3, 12-21)

"Minha verdadeira amante tem sido o poder."
Napoleão Bonaparte, *Memórias de Santa Helena*

"Pensemos na inesgotável ironia de Hamlet, que
quando diz uma coisa quase sempre quer dizer
outra, muitas vezes diametralmente oposta."
Harold Bloom, *Como e por que ler*

Sumário

Primeira parte

Capítulo I
A mãe que sabia mentir com elegância (1775-1780), 17

Capítulo II
Menina com a vivacidade própria da idade (1781-1785), 25

Capítulo III
O bacalhau e a sardinha (1785-1787), 34

Capítulo IV
Virginal princesa do Brasil (1788-1790), 43

Capítulo V
Parir em tempos revolucionários (1791-1796), 49

Capítulo VI
Diz-me qual foi minha falta para que eu possa corrigi-la (1796-1799), 59

Capítulo VII

João não gosta que as mulheres se metam nos negócios (1799-1801), *67*

Capítulo VIII

Gravidez "desarvorada" (1801-1803), *78*

Capítulo IX

Beija-mãos envenenados (1804-1806), *85*

Capítulo X

Rapaziadas (1806), *92*

Capítulo XI

Salve suas pobres netas das garras do leão (1807), *103*

Segunda parte

Capítulo XII

Sangue real europeu no Rio de Janeiro (1808), *115*

Capítulo XIII

Rainha do rio da Prata em espera (1808), *124*

Capítulo XIV

Calar o bico (1808), *133*

Capítulo XV

O Talmude palaciano (1809), *140*

Capítulo XVI

La donna è mobile (1809), *151*

Capítulo XVII

A caça aos subversivos (1810), *160*

Capítulo XVIII

O sexo de Sua Alteza (1811), *174*

Capítulo XIX

A "tísica" de Botafogo (1812), *183*

Capítulo XX

Minha irmãzinha do coração (1813-1814), *194*

Capítulo XXI

Senhora do Reino Unido de Portugal, Brasil e Algarves (1815-1816), *202*

Capítulo XXII

Mal de amores (1816-1818), *210*

Capítulo XXIII

Sobre mães e filhas (1818-1821), *221*

Capítulo XXIV

Exageradas gesticulações (1821-1822), *230*

Capítulo XXV
A farsa da reconciliação (1823-1824), *241*

Capítulo XXVI
Matrimônio diabólico (1824-1826), *252*

Capítulo XXVII
A inválida de Queluz (1826-1827), *262*

Capítulo XXVIII
O poder ou "a Glória" (1828), *272*

Epílogo, *283*

Notas, *288*

Árvore genealógica de Carlota Joaquina, *298*

Referências bibliográficas, *300*

Primeira parte

I

A mãe que sabia mentir com elegância

(1775-1780)

Uma vez me contaram que meu pai, antes de se casar, quando meu avô, o rei Carlos III, perguntou-lhe que tipo de esposa ele preferia, respondeu que aceitaria qualquer uma que fosse princesa, pois uma princesa não trai seu marido. Então, o melhor monarca que os espanhóis já tiveram reagiu com uma sonora gargalhada, dizendo que as princesas podem ser tão "putas" quanto as demais mulheres.[1]

Tendo meu avô dito isso ou não, graças aos retratos que decoravam os palácios espanhóis em que passei minha primeira infância, eu soube desde cedo quanto minha mãe era linda, recém-chegada da Itália. Uma jovenzinha alta, ereta, de porte muito airoso, de olhos escuros e olhar sorridente.[2] Uma princesa que, segundo um diplomata francês, "sabia mentir com elegância insuperável",[3] especialmente para meu pai, que nos primeiros dias de casado era um rapaz de dezessete anos um pouco tímido, alto e desengonçado, de olhar afável, loiro, de olhos azuis, muito devoto, bastante simples.[4]

Naquele tempo, a corte espanhola conservava parte do caráter itinerante que tivera durante a guerra contra os mouros. Depois de passar o verão em um palacete de estilo afrancesado, próximo aos montes de caça de Segóvia, a família real espanhola, acompanhada por todo seu séquito, trasladava-se para o mosteiro do Escorial.

Era um palácio lúgubre, relativamente perto de Madri, do qual a corte saía pouco antes do Natal para celebrar a data na capital do reino. Após a festa, transferia-se para uma residência ao norte da capital, cujos bosques sombreados eram muito frequentados por meu avô, que ia lá a fim de caçar.

Segundo um "fiel serviçal", Carlos III era de uma

> castidade extrema e, embora seu temperamento robusto e o hábito adquirido no matrimônio exigissem continuidade em seus quarenta e quatro anos de idade, depois de perder a mulher jamais desejou casar-se de novo e, para diminuir e resistir às tentações da carne, dormia sempre em uma cama dura como pedra.[5]

Por uma carta do embaixador, que qualificou minha mãe como refinada mentirosa, sabe-se que, em certa ocasião, ela solicitou ao rei que a eximisse de acompanhar a corte. A princesa de Astúrias alegava estar grávida de seis meses e, uma vez que já tivera sucessivos abortos, temia que as viagens de carruagem fizessem mal ao feto.

Portanto, embora os documentos assegurem que meu parto ocorreu em 25 de abril de 1775, no palácio real de Aranjuez, propriedade situada a seis horas de carruagem a cavalos ao sul de Madri, para onde minha família se trasladava depois da Páscoa, é provável que eu tenha nascido em outro palácio real. Só os leigos confundem verdade com autenticidade de certidão. Na realidade, muitos dos papéis autênticos que passaram por meus olhos só registravam mentiras.

De qualquer modo, uma declaração afirma que "a segunda gestação (da princesa de Astúrias) terminou em El Pardo com o nascimento de uma menina: a infanta Carlota Joaquina". Segundo essa mesma carta, quem começou a me criar foi "Josefa Castanhos, que aos quinze dias sentiu-se indisposta e teve que ser substituída por Eugenia Funes".[6] Minha mãe, com a frivolidade típica dos italianos, característica que anos mais tarde eu aprenderia a detestar, quando eu lhe perguntava a respeito, dizia:

— Não me lembro, menina.

O que ninguém pode negar é que, um mês depois de minha vinda ao mundo, ocorreu em Portugal algo que não escapou à atenção de um ministro de meu avô e que originou uma estratégia determinante para meu matrimônio. Durante a inauguração de uma estátua equestre do rei José I em Lisboa, houve um atentado contra o marquês de Pombal.

O ministro iluminista, membro da maçonaria, opunha-se a casamentos de netos do rei português com infantas espanholas, contrapondo-se, assim, a uma tradição que remontava ao século XIII. Pombal temia que, se a casa real de Portugal se extinguisse, a coroa portuguesa passaria por via sucessória para a espanhola, como aconteceu dois séculos antes, depois de uma invasão.

Embora o criminoso que atentara contra a vida de dom José tivesse falhado, o ataque não deixou de satisfazer os que desejavam a queda daquele ministro. Consideravam-no inimigo da Igreja Católica, muito ligado aos interesses econômicos da protestante Grã-Bretanha.

Um ano depois que nasci, meu avô nomeou o conde de Fernán-Núñez, seu fiel serviçal, embaixador da Espanha em Lisboa e incumbiu-lhe a tarefa de resolver certos conflitos de fronteira na região do rio da Prata, território que os portugueses desejavam incorporar ao império sul-americano desde a descoberta do Brasil.

Naquela época, eu, primogênita dos príncipes de Astúrias, fui retratada pelo pintor da corte, Anton Mengs, judeu que se convertera ao catolicismo quando trabalhava na corte papal. No quadro que ele fez, apareço sentada num berço forrado de veludo vermelho acolchoado, brincando com um fio de pérolas e uma fita de seda azul-celeste. A não ser pelos grandes e imperiosos olhos pretos da menininha retratada, ninguém diria se tratar da mulher que a iconografia portuguesa, a partir do regresso do Brasil, representaria sempre com um olhar ressentido.

Logo que completei dois anos, José I, por conselho de Pombal, deu uma ordem que desconcertou praticamente toda a corte. Seu neto mais velho, o príncipe dom José, primogênito da princesa herdeira, a futura rainha Maria I, deveria se casar com a irmã de sua mãe, catorze anos mais velha que ele. A diferença de idade dos noivos não foi obstáculo para o casamento, apesar da forte oposição da rainha consorte, irmã de meu avô, para quem aquela união encerrava a família real lusa em uma perigosa endogamia e a afastava de uma aliança com a Espanha.

Segundo a opinião de alguns funcionários de nossa corte, tratou-se de um "golpe a distância" de Pombal, com a intenção de saltar a ordem sucessória e favorecer a imediata elevação do príncipe José ao trono. Isso havia sido formado sob os critérios iluministas impostos por aquele ministro, enquanto sua mãe encontrava-se muito influenciada por sua progenitora espanhola.

Três dias depois da realização daquele matrimônio entre tia e sobrinho – clássico da casa de Bragança –, o rei de Portugal, José I, faleceu, levando à imediata destituição de Pombal, por ordem da nova rainha, minha futura sogra.

A partir de então, Maria I se propôs a afastar seu reino da influência da Grã-Bretanha e aproximar-se da Espanha. Para isso, planejou casar os dois rebentos solteiros que lhe restavam, os infantes João e Mariana, com uma prima e um primo meus nascidos na Itália, netos de Carlos III, pois a aliança com infantes espanhóis continuava considerada inconveniente por sua corte.

Dom João (meu futuro marido) ocupava, então, posição subalterna na corte – embora nem tanto quanto sustentavam os que eram contrários a seu casamento com uma infanta da Espanha. No *Auto do levantamento*, que descreve com pormenores a cerimônia da aclamação de Maria I, o infante é qualificado como "condestável do reino".[7] Título de grande importância histórica. Por outro lado, na cuidadosa distribuição de cargos que o protocolo designava, aparecia apenas depois do novo príncipe do Brasil.

Poucos meses após a rainha de Portugal subir ao trono, mamãe deu à luz outra menina, a infanta Maria Luísa, futura rainha da Etrúria.* Em doze anos de casamento, meus pais tiveram nove filhos, dos quais apenas duas filhas sobreviveram.

Enquanto Portugal, pela segunda vez em seis séculos, via subir ao trono uma rainha por direito próprio, na Espanha, onde haviam brilhado no passado grandes rainhas proprietárias, essa possibilidade encontrava-se vedada desde 1700, ou seja, desde a chegada de nossa dinastia, os Bourbon da França, ao trono espanhol, o que aconteceu na sucessão aos Habsburgo, quando foi instaurada a Lei Sálica, norma que, desde tempos imemoriais, proibia que as mulheres herdassem a coroa na casa real francesa.

Após o nascimento de minha irmã Maria Luísa, meu avô e sua sobrinha rainha Maria I de Portugal assinaram um acordo para que Colônia do Sacramento, cidade fundada pelos portugueses no século XVII em frente a Buenos Aires, mudasse (pela enésima vez) de dono. O território passava às mãos da Espanha.

Como compensação, a coroa espanhola cedeu a Portugal o território do Rio Grande do Sul. Sem perder tempo, a fim de proteger os territórios limítrofes, Carlos III assinou uma real cédula e criou o vice-reino do rio da Prata, cujas jurisdições chegavam à Guiné africana. Apesar das críticas na corte portuguesa, aquele tratado era "extremamente confortável para as duas nações – permitindo a Portugal ganhar espaço de manobra em relação à Inglaterra".[8]

Seu artífice tinha sido o conde de Floridablanca, burocrata da corte formado na Universidade de Salamanca segundo critérios do iluminismo espanhol. Como prêmio por sua gestão, meu avô o en-

---

* Na realidade, essa infanta nasceu cinco anos depois. Carlota a confunde com outra irmã, que morreu pouco depois de nascer. (N.E.)

carregou de preparar a visita de sua irmã, a rainha viúva de Portugal, à Espanha e celebrar a nova aliança política entre os dois reinos.

Durante sua estadia no palácio de El Pardo, minha tia-avó propôs a meu avô, pela primeira vez, que o infante João de Portugal se casasse com alguma das netas do monarca espanhol, nascidas na Toscana. Eu fui excluída da lista de candidatas com a desculpa da grande diferença de idade que me separava de João. Na realidade, a intenção era evitar a oposição aberta que despertavam os "casamentos espanhóis" em Portugal, sem se privar do apoio de um rei importante como meu avô. Durante vários anos, houve sobre essa questão entre as duas cortes ibéricas um contínuo vaivém que manteria minha mãe indecisa.

Quando eu estava para completar cinco anos, mamãe deu à luz um varão que sobreviveu ao parto. A julgar por um retrato que Mengs fez de minha progenitora na época, os numerosos abortos sofridos por ela tinham começado a minar seus grandes atrativos, mas não sua refinada astúcia. Enquanto isso, minha posição hierárquica na corte tornava-se cada dia mais importante.

Para a "*entourage* iberista" de meu avô, eu, sua neta preferida, havia me tornado a candidata perfeita para desposar João. Isso, no entanto, não podia figurar, preto no branco, em nenhum documento oficial para não gerar suspeita nos setores antiespanhóis de Portugal. De qualquer modo, uma vez que meus pais haviam conseguido um ansiado herdeiro homem, na corte já não se considerava necessário que eu, enquanto infanta primogênita dos príncipes de Astúrias, permanecesse na Espanha.

Aos cinco anos, posei para o outro pintor da corte, Maella, que passou a ocupar o ofício desde a morte de Mengs. Embora carecesse de maestria, ele fez com que a imagem da menina de volumosa cabeleira loira refletisse bem sua orgulhosa natureza.

Nessa mesma época, numa idade bastante precoce, comecei a receber minha primeira educação formal, que me foi dada por um dos membros mais esclarecidos da corte, o padre Felipe Sció de San Miguel.

Padre Felipe era filho de um dinamarquês originário da ilha grega de Quios (de onde tomara seu sobrenome). Um *janota* helênico que tinha sido professor de dança de minha bisavó italiana, Isabel de Farnésio, mãe de meu avô Carlos, com cujo séquito era de Parma.

Ele havia sido levado à pia batismal por ninguém menos que meu bisavô Felipe v, o primeiro Bourbon da Espanha. E graças à proteção que minha esclarecida bisavó Farnésio lhe oferecera, ele passou a fazer parte dos "esculápios", ordem religiosa que soube aproveitar a expulsão dos jesuítas da Espanha para se posicionar à frente dos educadores dos filhos da nobreza do reino.

Brilhante estudante da Universidade de Alcalá de Henares, o padre Felipe tinha viajado pela França e pela Alemanha e permanecido sete anos em Roma, aprofundando seus conhecimentos de filologia, patrística e hermenêutica.

Quando voltou à Espanha, não só dominava latim e grego como também hebraico, siríaco e aramaico. Ao assumir o encargo de dar formação à dileta neta do rei, aquele religioso acabara de publicar um famoso *Método de ensino*, obra pedagógica de cunho inovador, mesmo dentro do panorama europeu pré-Revolução Francesa. A primeira parte da publicação tinha como título "Escola de soletrar"; a segunda, "Escola de ler"; e a terceira, "Escola de escrever".

Depois que aprendi o "método", o padre Felipe começou a me dar aulas de aritmética, deixando para o final minha instrução religiosa, que recebi a partir de outra obra escrita por ele, cujo título me fez rir, além de me surpreender da primeira vez que o li. Chamava-se *Breves fórmulas com as quais as crianças podem fazer suas preces mais comuns, tomadas das que a Igreja prescreve para os fiéis, mas na língua vulgar, a fim de que entendam o que rezam até terem idade para recebê-las na língua da Igreja*.[9]

Ao dar-lhe esse título, padre Felipe tivera a intenção de dizer que a razão não tinha por que estar divorciada da tradição. Ele seguiu o critério educacional aplicado aos filhos de muitos monarcas "esclarecidos", antes que essas boas intenções fossem por água abaixo por culpa da revolução igualitarista dos *gavachos*.*

Meu professor também havia elaborado uma metodologia destinada à educação de meu caráter para que eu aprendesse a regular minha conduta, desde o momento em que eu me levantava até a hora de deitar.

---
* Termo usado pelos espanhóis como referência pejorativa aos franceses. (N.T.)

II

Menina com a vivacidade própria da idade

(1781-1785)

*E*u mal completara seis anos quando surgiu na corte espanhola a primeira intriga dinástica em que minha querida mamãe do coração se viu envolvida. Apesar de ter sofrido numerosos abortos e passado por todos aqueles partos, ela não gostava de perder os "saraus noturnos que aconteciam quase todo dia no quarto dos príncipes, porque a vida da corte continuava sendo rotineira e entediante".

> Inevitavelmente, essas reuniões ganharam um matiz político cada vez mais nítido à medida que o rei envelhecia. Muitos compareciam para fazer amizade com os príncipes e posicionar-se para o futuro. Os que eram convidados consideravam-se felizardos, e os que não eram criticavam os anfitriões, espalhando boatos e comentários.[1]

Ao perceber o risco que essa atividade toda gerava à reputação de seu herdeiro, meu avô Carlos decidiu tomar as rédeas do assunto e escreveu a meu pai para lhe dizer que "é mister que entendas que as mulheres são por natureza frágeis e levianas. Carecem de instrução e costumam olhar as coisas superficialmente, e o resultado disso é que captam de maneira incauta impressões que outras pessoas com vistas e fins particulares querem lhes inculcar".[2]

Segundo me contou uma criada italiana, o envolvimento da princesa de Astúrias nessa máquina política nasceu do incômodo que ela e o marido sentiam com a marginalização que meu avô lhes impunha, uma vez que outorgara confiança exclusivamente ao conde de Floridablanca, que era o mais brilhante dos "colarinhos" da corte – estes, sempre orgulhosos de seus títulos universitários e mal suportados pela alta nobreza, que então era capitaneada pelo pretensioso e um pouco tonto conde de Aranda.

Para manter o rival afastado do poder, Floridablanca conseguira que meu avô o nomeasse embaixador em Versalhes. Isso não impedira, porém, que os partidários de Aranda fossem os mais assíduos frequentadores do quarto de meus pais, lugar que se tornara, aos poucos, uma espécie de corte paralela.

Algumas cartas escritas pela condessa de Aranda ao marido, falando sobre os príncipes de Astúrias, levaram o embaixador a acreditar que estes pretendiam colocá-lo na chefia de um plano para derrubar Floridablanca. Além disso, ela pretendia, assim, que meu avozinho abdicasse em favor de meu pai.

Com incrível torpeza, o conde deixou Versalhes e se apresentou em Madri disposto a realizar esse propósito. Mamãe, assustada com o péssimo rumo dos acontecimentos, convenceu papai a tomar partido de Floridablanca. Desse modo, o plenipotenciário, colocado em evidência, perdeu seu prestigioso cargo.

Para vingar-se da "parmesã", alguns nobres partidários de Aranda começaram a espalhar comentários maledicentes sobre a "italiana". Tomavam como pretexto as relações excessivamente íntimas que, segundo eles, mamãe mantinha com um guarda-costas participante dos saraus que meus pais promoviam no quarto.

Era um jovem oficial conhecido por tocar muito bem violão e ter um bonito timbre de barítono. A par desses rumores, ciente de que a calúnia a colocava em posição muito delicada perante o severo sogro, minha querida mamãe do coração se alarmou. Ela, então, escreveu uma carta ao confessor de vovô. "Encontro-me em uma situação muito difícil, cheia de pesares e exposta a tê-los ainda maiores", começou a contar ao sacerdote, "porque há um partido de pessoas empenhadas em me desprestigiar perante o rei, e digo-lhe apenas que o objetivo dessas gentes é mandar-nos embora, eu e o príncipe, para que elas possam governar; assim, dedicam-se a enganar e mentir, inventando calúnias a respeito de tudo".[3]

Minha progenitora tentava explicar que a culpa do ocorrido era dos membros do partido nobiliário, que haviam se servido dela e do marido para galgar posições na corte. Mamãe sabia que o confessor régio não deixaria de considerar verdadeira essa primeira parte da explicação, e era isso o que mais lhe interessava para dar credibilidade à segunda parte de sua missiva, que dizia:

> Quero que o senhor saiba que, por motivo da solidão em que estamos tanto o príncipe como eu, algumas pessoas têm comparecido a nosso quarto e, como é natural, se há alguém com habilidade especial de cantar, fazer jogos ou executar outra coisa divertida, elas o trazem aqui para que o vejamos.[4]
>
> Agora têm espalhado por Madri, e já o haviam feito pelo palácio, que um guarda a quem ouvimos cantar, o príncipe e eu, havia sido expulso por essa causa, e acrescentaram mil maldades para desacreditar-me com papai (meu avô Carlos), com o príncipe e com o público, falatórios que estão arruinando minha reputação.[5]

Poucos dias depois, o religioso respondeu a uma segunda carta de minha mãe: "Se chegar a meus ouvidos algo dessa espécie, saberei rebatê-lo como devo". A conhecida honestidade da pessoa a quem um rei escrupuloso em questões morais entregara a direção de sua consciência convertia-se, assim, na melhor sentença de absolvição para minha mãe.

O que mais chamava atenção na situação toda era que suas missivas eram cópia, de seu próprio punho e letra, de rascunhos elaborados pelo conde de Floridablanca, desejoso de contar com as graças da futura rainha da Espanha.

Segundo um estudioso, esses documentos provam "a inexistência do menor sinal de adultério por parte de Maria Luísa e que os príncipes de Astúrias se achavam numa rede de intrigas palacianas e interesses políticos capaz de inventar e espalhar as falácias mais absurdas".[6]

Enquanto mamãe aprendia uma lição que lhe seria muito útil, meu futuro marido era agraciado com a Ordem de Cristo, a mais importante de Portugal. Aos quinze anos, João devia se parecer um pouco com o rapaz tímido e reservado que meu pai tinha sido com essa mesma idade. Como ele, meu futuro esposo tampouco daria uma boa impressão aos diplomatas estrangeiros credenciados na corte portuguesa. Especialmente ao embaixador da França, que o julgava menos inteligente que seu irmão mais velho, o então príncipe do Brasil. No entanto, este herdeiro de Portugal, ao chegar aos vinte e um anos, depois de cinco anos de casamento, ainda não conseguira que sua esposa (e tia) engravidasse.

Como é habitual, toda a responsabilidade é jogada nas costas da mulher, que, no caso, coitadinha, tentava remediar sua "incapacidade" de procriar por meio de banhos termais em Caldas.

Para que o reino não ficasse sem sucessão, minha futura sogra continuava propondo a Floridablanca que seu filho menor se casasse com alguma das netas "italianas" de meu avô. A mais mencionada na documentação era a arquiduquesa Maria Teresa de Habsburgo, filha do grão-duque da Toscana e de uma filha de meu avô casada na Itália.

Diante de uma possível mudança na linha sucessória, a corte portuguesa pensou em paliar as lacunas educativas do irmão do herdeiro. Se a mulher do príncipe do Brasil não tivesse descendência e João se visse obrigado a suceder o irmão, era de rigor que contasse com uma formação adequada ao novo *status*.

A partir de sua ordenação como condestável, meu futuro esposo começou, portanto, a receber lições de matemática de Franzini, que tinha grau de doutor pela faculdade de Coimbra. Essas aulas João complementou com as de filosofia, teologia e humanidades, ministradas por um padre do Oratório de São Felipe Neri.[7] Tais ensinamentos acentuariam sua tendência à introversão.

O grande problema político provocado pela falta de descendência ou pela repentina morte de um herdeiro à coroa em uma família real do Antigo Regime voltou a surgir na corte espanhola um mês depois de eu completar oito anos. E isso por causa do falecimento do único de meus irmãos varões que sobrevivera ao parto. A culpa foi da varíola, que também me contagiou. Para piorar as coisas, mamãe estava grávida de novo. Cinco meses depois, deu à luz um par de lindíssimos gêmeos.

Diante das sucessivas evasivas de meu avô ao pedido da mão de uma de suas netas "toscanas" para João, os portugueses propuseram que pelo menos o rei da Espanha lhes concedesse a mão de uma de suas netas nascidas em Nápoles. Enquanto isso, Floridablanca tranquilizava minha mãe, dizendo que não perdesse as esperanças, pois em breve me faria entrar em um trio de candidatas.

Minha mamãe do coração fez alarde de seu contentamento com o nascimento dos gêmeos, expondo-os no palácio para que fossem contemplados pelo público. Então, meu avô voltou a responder, silenciando ao pedido dos portugueses de que João se casasse com uma de minhas primas napolitanas.[8]

Pouco depois, Floridablanca enviou a minha mãe uma carta em que mencionava *en passant* o tema dos casamentos régios. Nela, dizia que eu era uma menina com a vivacidade própria de minha idade. O que, se em princípio tinha a desvantagem de que os portugueses pudessem me achar um pouco estouvada, podia estimular um adolescente reservado e tímido como o infante dom João.[9]

Menos de duas semanas depois do nascimento dos gêmeos, o enviado especial português assinou uma carta destinada a Maria I, na qual me descrevia da seguinte maneira: "A senhora infanta é alta, muito bem-feita de corpo, todas as feições são perfeitas, os dentes são muito brancos".¹⁰ E, depois de fazer referência às marcas que a recente varíola me deixara, utilizava a expressão "muito vivaz". Era uma variação da expressão "cheia de vivacidade", usada pelo conde de Floridablanca em sua carta a Maria Luísa, o que demonstrava como aquele ministro espanhol influenciara o enviado português.

Por fim, foi proposto ao conde que João se casasse comigo¹¹. Naturalmente, meu avô aceitou. Depois de cinquenta anos e de várias guerras entre Portugal e Espanha, por questões de fronteiras dos respectivos impérios coloniais, sobretudo nos territórios do rio da Prata, um infante português finalmente teria como esposa uma infanta espanhola.

O pedido formal foi realizado por Maria I. Minha futura sogra explicou ao vovozinho que ela "sempre" havia me considerado a melhor esposa para João e que, se não comentara isso antes, fora devido à diferença de idade entre os infantes. Sua Majestade Fidelíssima solicitava, portanto, que lhe "concedesse esse gosto, do qual resultarão tantas vantagens às duas monarquias".¹²

Em resposta à esperadíssima solicitação e junto com a concessão de minha mão ao infante João, meu avô pediu a mão da infanta Mariana de Portugal para o infante Gabriel, filho predileto de Carlos III.

Um dos generosos presentes que minha futura sogra me concedeu foi a antiga quinta de Queluz. Por ora, aquela fazenda continuaria nas mãos de seu marido, o rei consorte de Portugal, dom Pedro III, monarca que anos antes convertera um rústico local não muito distante de Lisboa em suntuoso palácio barroco com jardins à italiana.

A rainha por direito de Portugal prometia, além disso, entregar-me arras no valor de oitenta mil pesos e valiosas joias, que passariam diretamente a meus herdeiros, caso eu os tivesse. Obrigava-se também a destinar-me a soma necessária para os gastos com meu aposento, ainda que na forma usual em Portugal. Em caso de dissolução do matrimônio, eu "poderia ir aonde quisesse, com (meus) bens, dote, arras, joias, criados, oficiais etc.".

Mamãe voltou a engravidar durante o período em que, como mulher amante do "concreto" (Rousseau *dixit*), encontrava-se estudando os capítulos matrimoniais de meu enlace. Na realidade, tentava, desse modo, evitar que eu sofresse o inconveniente que costuma marcar a vida de toda princesa casada no estrangeiro: a falta de renda própria e a consequente dependência do marido. Dois meses depois, foram assinados na Espanha aqueles capítulos. A ratificação da parte portuguesa estava prevista para vinte dias – ou até antes.

Enquanto os portugueses encaravam essa questão com muita calma, como é costume, eu concluía os preparativos para prestar exames perante a corte espanhola. Provas finais das matérias que havia estudado com o padre Felipe nos últimos dois anos: religião, gramática, geografia e história. Segundo um dos presentes na ocasião, a sagacidade e a desenvoltura com que respondi a todas as perguntas causou assombro nos presentes.[13] O enviado de Portugal destacou em um informe à rainha Maria I que eu me saíra muito bem inclusive em francês e latim.

Lembro que minha mamãe do coração ficou muito satisfeita com o papel representado por mim e que, embora grávida de seis meses, celebrou nosso triunfo dançando na festa oferecida no quarto dos príncipes – sarau em que não faltaram jogos de prendas, fogos de artifício, minuetos, dança inglesa nem, obviamente, os rítmicos fandangos de Scarlatti que ela tanto adorava.

Tudo isso me animou a pedir-lhe um presente. Será que o retrato que o pintor da corte faria de mim, para mandar a Portugal, poderia adotar como modelo a infanta que aparecia naquele misterioso quadro de Velázquez que havia no palácio de Madri? Nessa pintura, uma distante antepassada, Margarida da Áustria, aparecia ao lado de um grande molosso e de uma anã.*

---

* Carlota faz alusão ao quadro *As meninas*, hoje no Museu do Prado.

Floridablanca, enquanto isso, negociava com o enviado português em Madri a composição do serviço que me acompanharia a meu reino de adoção. Propunha que fossem uma camareira, uma criada de retreta, padre Felipe e seis professores de Sua Alteza.

No final, os diplomatas decidiram que esses serviçais podiam permanecer em Portugal por um período de dois anos ou o que fosse da vontade do rei (da Espanha). Sempre, claro, que ele assumisse o pagamento dos soldos de que atualmente desfrutam e de que continuarão a desfrutar durante sua ausência. Nesse caso, a tradicional suscetibilidade portuguesa aos serviçais que as infantas espanholas levavam consigo poderia ser aliviada com a prata que provinha das minas de Potosí.

Dois meses antes de eu completar dez anos, coube-me revalidar, perante os membros da Real Academia, os exames que fizera na corte. Provas que, como escreveria a citada iluminista, devem "ser entendidas, antes de mais nada, como a exibição das qualidades da noiva prometida ao infante português".[14]

Lembro-me de mamãe instruir que eu me esforçasse para dar um bom "tapa" na cara da Alba,* que era, na época, a nobre espanhola mais bizarra da corte. E, *bien sûr*, grande rival da princesa de Astúrias, que não suportava sua concorrência.

Tudo isso porque, anos atrás, quando aquela duquesa tinha minha idade, a mãe dela, iluminista, membro da academia em questão, dissertara várias vezes perante os integrantes da instituição a fim de demonstrar que educara a filha melhor do que minha mãe havia feito comigo. O antagonismo entre minha mãe e a duquesa de Alba aumentara recentemente por uma questão relacionada, em parte, a meu matrimônio.

Isso se devia ao fato de que tanto a duquesa quanto seu marido, o duque de Medina-Sidonia, faziam parte do círculo de amizades do

---

* María del Pilar Teresa Cayetana de Silva y Álvarez de Toledo, décima terceira duquesa de Alba.

infante Gabriel, o mais iluminista dos cunhados de minha mãe, filho predileto de meu avô Carlos e que se casaria com a infanta Mariana de Portugal, irmã de João.

A Real Academia, instituição fundada por meu bisavô francês (Felipe V), publicou depois daqueles exames uma *Oração gratulatória* sobre minhas conjeturadas capacidades iluministas. Nela, fazia referência à "particularidade de ter tido o diretor o honroso encargo de confirmar num exame privado seu aproveitamento e singulares talentos em tão ternos anos, servindo de exemplo o cuidado de seus augustos pais, que deveriam ser imitados pelos particulares de todas as classes".[15]

Quase um ano depois da data estabelecida, Portugal ratificou, por fim, o contrato de meu matrimônio. Com isso, numa manhã de primavera de 1785, o marquês de Louriçal, encarregado da negociação com Floridablanca, conseguiu "entrar" em Madri e assinar, em nome de sua soberana, os capítulos.

Aquele ato, um dos mais importantes de minha vida, ocorreu no Salão dos Reinos do Palácio Real, um majestoso edifício de estilo italiano, inaugurado havia pouco tempo no lugar onde um dia fora erguido o Alcázar, de origem árabe, semidestruído por um incêndio de que se salvara, milagrosamente, o quadro da infanta Margarida.

Para celebrar aquela rubrica, o marquês de Louriçal ofereceu um banquete a toda a corte espanhola em um palácio no centro de Madri, ao qual compareceram por volta de duas mil pessoas. Nesse evento, fui o centro das atenções e os bailes se prolongaram até bem entrada a madrugada.

De imediato, Maria I nomearia Louriçal embaixador permanente de Portugal na Espanha, como recompensa por ter negociado com grande paciência durante oito anos meu matrimônio com João. Alguns anos depois, um embaixador francês comentaria que o povo português nunca esqueceria a tarefa do marquês, ainda que fosse para condená-la.

III

O bacalhau e a sardinha

(1785-1787)

Eu havia pedido a minha mamãe do coração que meu segundo retrato usasse como modelo uma infanta da Casa de Habsburgo, a fim de simbolizar, assim, minha vitória sobre as pretensões portuguesas de casar João com uma mulher daquela dinastia. No entanto, minha mãe ordenou ao pintor que seguisse as linhas da pintura cortesã do século XVIII. A única concessão a meu pedido foi transformar o cão molosso que acompanha Margarida no canário alaranjado que está sobre meu dedo na pintura.

A espetacular peruca decorada com lírios, rosas e *petites boîtes* que eu ostento era a versão espanhola dos penteados *poufs aux sentiments*, que alguns anos antes minha malfadada tia Maria Antonieta da Áustria, rainha da França, começara a usar, escandalizando a alta burguesia iluminista de seu reino.

A propaganda política adversa a essa rainha naquele país, na época de meu casamento, sustentava que, com o custo de um dos sofisticadíssimos penteados da *autrichienne* daria para alimentar uma família camponesa durante meses. Mas na Península Ibérica vivíamos distantes daquelas preocupações políticas, entregues de corpo e alma às festividades matrimoniais entre reinos.

Assim, um mês depois do conde de Fernán-Núñez ter assinado em Lisboa os capítulos do casamento de minha cunhada, a infanta

Mariana de Portugal, com meu tio, o infante Gabriel de Bourbon, eu deixava com pompa e circunstância o palácio de Aranjuez rumo a meu novo reino.

Quando meu séquito chegou à cidade limítrofe de Vila Viçosa, foi realizada a troca de noivas. Os hispânicos me entregaram aos portugueses e receberam Mariana.

A maioria dos meus ficou encantada ao ver que minha cunhada era uma jovem alta e de porte elegante, que, segundo disseram, era parecida com nossa bisavó, Isabel de Farnésio. Alguns cortesãos lusos, porém, foram menos complacentes ao julgar minha aparência e me acharam de porte diminuto para minha idade. Em uma comparação própria de um povo de tradição marítima, comentariam depois que Portugal saíra perdendo com a troca. Isso porque, enquanto os lusos entregaram à Espanha um "bacalhau", os espanhóis deram como paga uma "sardinha".

"Gosto muito dela",[1] escreveu meu mais novo marido à irmã, pouco depois de ter me visto pela primeira vez, no palácio dos duques de Bragança daquela vila. Em seguida, foram-nos concedidas as bênçãos nupciais, com as quais se completava "de momento" nosso matrimônio, realizado por poderes, na Espanha.

Já fazia dois meses que o principal jornal da capital portuguesa, *Gazeta de Lisboa*, órgão oficioso da monarquia portuguesa, começara a informar os leitores sobre as festividades nas mais diversas partes de seus domínios. Desde a "comercial" cidade do Porto até as mais humildes ilhas de Moçambique, passando pelo distante e "maravilhoso" Brasil. Nas cerimônias, segundo a fonte, aconteciam "iluminações, touros, cavalhadas, te-déuns, serenatas, representações".

Mediante um gracioso jogo de palavras, João manifestaria a Mariana que sua única preocupação em relação a mim devia-se ao tanto que ele ainda deveria esperar para "o tempo de brincar muito com a infanta". De momento, a única coisa que podia fazer comigo, dizia a ela, era acompanhar-me para passear em charrete e "de manhã e à noite tenho jogado o burro para nos divertirmos".

Ao mesmo tempo, ele achava que eu era muito esperta e que tinha bastante juízo. Porém não concordava com as "mortificações" a que era submetida pelos criados que levara comigo da Espanha. Temia que pudessem atrasar meu desenvolvimento, porque "tu bem sabes que criança aperreada não cresce muito".

A disciplina mais rigorosa era a exercida por Anna Michelina, minha dama de retrete, italiana que havia vinte anos viajara de Parma para a Espanha com o séquito de minha mãe. Minha mamãe do coração a incumbira de ocupar-se de tudo o que se relacionasse com minha alimentação, minha higiene e meu vestuário na corte portuguesa. Michelina não só me vigiaria a cada momento, como transmitiria à Espanha detalhes de tudo o que eu fizesse ou dissesse nos anos seguintes.

Pouco tempo após minha chegada, tive avenças e desavenças com a dama de honra que os portugueses me atribuíram: uma viúva que de seu casamento com o primeiro conde de Lumiares havia parido uma filha, com quem às vezes eu brincava. De minha parte, eu preferia fazer isso com minha querida negrita, uma menina mais ou menos da minha idade, divertida, que fazia parte do serviço de quarto.

Para minha sorte, desde o primeiro momento fiz as delícias da minha sogra. Ela chegaria a escrever a meu avô que eu era engraçadíssima e que achava uma maravilha ver como me comportava e falava como se fosse adulta. Mas esse encanto de dona Maria por minha comunicativa pessoa sofreria as habituais "intermitências do coração", que interferem em afetos de qualquer tipo.

A partir do traslado da família real para Queluz, passou-se a comentar que eu me comportava de maneira impertinente, com maus modos e que acompanhava muito mal as lições – "em particular as do padre Felipe". Um dia, aliás, a condessa de Lumiares precisou recorrer à rainha para que esta me chamasse a atenção.

— Será possível que eu me esmere em fazer seu gosto em tudo e que você não me dê mais que aflição, sem fazer nada do que mandam você fazer? — disse minha sogra.[2]

Tentei explicar que isso se devia, sobretudo, ao tédio que me provocavam as intermináveis óperas italianas representadas em Queluz – passatempo musical da família real portuguesa muito diferente daquele que, na Espanha, sempre me havia agraciado. Ou seja, as ritmadas melodias executadas no quarto de meus pais, em que havia sempre acordes de violão, tilintar de castanholas e passos de dança que minha mãe executava de vez em quando.

Minha decepção por não desfrutar de uma forma de diversão mais leve me levaria a cometer atos considerados impróprios pelo formal e severo protocolo vigente na corte lusa. Uma vez, enquanto almoçava de frente para meu marido, atirei um pedaço de comida para o outro lado da mesa, dando bem na cara de João. Quando ele se queixou, desculpei-me dizendo que não tivera a intenção de acertar nele, mas na outra, que estava ali. Ou seja, a camareira nobre que naquela hora servia o infante... de joelhos! Por causa desse episódio, meu esposo comentou que eu me comportava assim para chamar atenção, que, com gente por perto, eu ficava sempre mais inquieta.

Outro dia, quando a condessa de Lumiares me disse que os sapatos que eu usava estavam muito velhos, respondi "com muito maus modos". Minha mãe se queixaria depois com uma irlandesa que viajara comigo da Espanha sobre a falta de limpeza de meu aposento e meus vestidos.[3] E, a partir de então, todo ano me mandava centenas de pares de sapatos, de todas as cores.

Entre meus maiores críticos estava uma irmã da rainha. Por ela senti ojeriza e passei a responder mal. Cansada de ouvir as palavras rudes desta pequena infanta, ela queixou-se a minha sogra, que, como castigo, proibiu-me de montar em burro, "que era o que ela mais adorava".

O que mais preocupava Michelina era que eu não me preparasse como devia para a revalidação dos exames dados na Espanha. A italiana culpava isso pelos numerosos passeios que a família real fazia na época. Um almoço em Sintra hoje; no dia seguinte, uma visita a Caxias (para presenciar a vindima); depois, uma sessão de orações em um convento da capital, de onde voltaria "às nove da noite".

Na véspera das provas, Michelina voltou a dizer a minha mãe que eu estava muito atrasada nos estudos de música. "Em particular, na (sic) cravo." Segundo a italiana, o pior era que eu levantava todo dia muito cedo e voltava dos passeios tão tarde e tão esgotada que o padre Felipe não conseguia me preparar.

Em um dia do outono de 1785, os leitores da *Gazeta de Lisboa* tiveram acesso ao resultado dos exames que eu realizara na véspera, em presença da rainha, da família real e dos fidalgos de serviço na corte. Provas em que dissertei sobre dogmas, mistérios, "doutrina de nossa Santa Fé e religião", história sagrada, geografia, gramática, língua portuguesa, gramática latina e até sobre *Comentários*, de Júlio César. Tudo isso "tão bem-feito que não se pode dizer o que deve causar instrução tão vasta em uma idade tão tenra". A *Gazeta* destacaria em uma de suas resenhas diárias a "prodigiosa memória, a compreensão e o desembaraço" que eu demonstrara.

Após esse alarde de sagacidade infantil, Michelina escreveu a mamãe que "a verdade é que todos ficaram muito admirados, pois não achavam que ela soubesse tanto". Além disso, contou que, naquela mesma manhã, o ministro de Estado havia se aproximado do palácio "para ver Sua Alteza dançar" e que ficara muito admirado porque fiz aquilo como "uma pintura".

Minha mãe escreveu ao padre Felipe para agradecer a Deus o fato de que ele e "a menina" se saíram vitoriosos nos exames. No entanto, não deixou de se mostrar perplexa quando soube que, para premiar meu triunfo na corte portuguesa, me presentearam com uns filhotes. "Pobres animaizinhos, estando nas mãos de quem estão, logo terão seu fim."

Pouco menos de um ano desde que cheguei a Portugal, voltaram a circular na corte boatos sobre o delicado estado de saúde da princesa do Brasil. Fazia um tempo que minha cunhada tomava banhos no Tejo para ver se robustecia sua saúde e conseguia providenciar um herdeiro à coroa. E, para surpresa dos que esperavam sua morte de uma hora para outra, a parca levou embora meu sogro, Pedro III.

No mesmo dia do óbito, Michelina escreveu a mamãe que eu estava com febre muito alta, embora meu estado não suscitasse preocupação, pois eu apresentava uma "boa cor", estava "gorda" e continuava tomando leite de burra. Ainda teria aulas com o padre, mas não as de música nem de dança, em respeito ao luto régio.

A morte do marido fez com que dona Maria se voltasse ainda mais para mim e começasse a me levar com ela em todas as saídas diárias. Das três filhas que tivera, duas morreram ainda pequenas. E a terceira tinha ido para a Espanha casar-se com meu tio. Dessa maneira, tornei-me uma espécie de substituta em miniatura delas.

Assim, rainha e infanta passaram a visitar várias vezes a Casa Pia, instituição de caridade em que quase sempre me interessava pelos instrumentos matemáticos. Também acompanhava minha sogra aos banhos na estação de Caldas. E a predileção de Sua Majestade por mim provocou, segundo sua irmã, minha recaída em caprichos que eu deixara para trás, como o de comer com as mãos. Até que uma noite ela se levantou da mesa antes de terminar de jantar "porque não queria ver gente fazendo porcaria".

Não obstante, continuei cavalgando junto com a soberana, amazona exímia – ela montando uma égua e eu um burrico. Michelina comentou com mamãe, em relação a um desses passeios, que sogra e nora "andaram légua e meia para ver um lugar que chamam de San Martín e ali lançaram redes e pescaram bastante; quando voltaram para casa, já era bem tarde".

Uma noite, no entanto, ocorreu algo desagradável, que eu não quero contar. Então, no dia seguinte, a rainha, como castigo, ordenou que eu não saísse do palácio, repreendendo-me por nunca obedecer, "por mais que se esforce a condessa de Lumiares". Michelina atribuiu minha mudança de humor ao fato de eu ficar "o dia todo e a noite toda sem ter com que me ocupar".

A condescendência de uma gentil rainha portuguesa em relação a uma infanta espanhola um pouco caprichosa alarmou o embaixador francês credenciado na corte de Lisboa. O marquês de Bombelles chegou a escrever a seus superiores para lembrá-los da predileção que a viúva de Pedro III sempre demonstrara pelos espanhóis. Esse comentário, aparentemente banal (minha tia-avó era espanhola), não carecia de certa razão política. Minha cunhada, a infanta Mariana de Bragança, acabava de ter na Espanha um filho de meu tio Gabriel. Um menino que, em homenagem aos avós, recebera o nome de Pedro Carlos.

"Circulava então a ideia de que, não havendo filhos do príncipe dom José e não havendo também de dom João, a coroa poderia ser herdada por sua irmã, casada na Espanha, e, depois, por seus sucessores, verificando-se, assim, uma nova 'união das Coroas' sob uma mesma casa."[4]

Algo parecido ao ocorrido dois séculos antes, quando o rei Felipe II da Espanha virou rei de Portugal, depois de extinta a linhagem legítima, dado que sua mãe era uma infanta portuguesa. Para conseguir isso, teve que invadir o reino. Bombelles temia que, se isso voltasse a ocorrer com o filho de Mariana, a antiga nobreza portuguesa, de simpatias espanholas, se mostraria partidária da união, convertendo a Península Ibérica em uma potência ameaçadora para a França. Segundo o diplomata, por esse ponto de vista, deviam ser considerados os riscos do "desigual" matrimônio entre o infante João e eu, "um resumo de mulher".

O francês chegou a escrever que a nação portuguesa nunca perdoaria o marquês de Louriçal por ter-se vendido à Espanha, casando João com uma mulher de quem ele nunca poderia ter sucessão. Para

Bombelles, a autonomia portuguesa encontrava-se muito comprometida pela influência espanhola, assinalando que, devido ao escasso peso de seus exércitos, de qualquer maneira Portugal acabaria devorado pela "diplomacia de Madri".

Eco do ceticismo que começava a circular em Lisboa em relação a minha capacidade de ser mãe, devido à falta de desenvolvimento físico, Bombelles comentou que era preciso "fé para acreditar que a infanta é uma mulher, esperança para crer que seria possível ter filhos dela e caridade para levar isso à prática".

Eu, em minha inocência em relação à ideia que os demais pudessem fazer a respeito de mim, não cuidava muito de meu comportamento e continuava "preguiçosa para levantar-se da cama" e gastando muito tempo para me vestir. A situação chegou a ponto de, durante uma semana, a rainha ter mandado um de seus camareiros ao quarto para averiguar se eu já havia me levantado.

João ficava incomodado pelo fato de a mãe se ocupar daqueles assuntos. Um dia, no almoço, deu a entender que também ele tinha muita dificuldade em levantar-se, mas nem por isso cabia uma intervenção da rainha. Eu, irritada com o comentário, ao voltar dos ofícios religiosos, celebrados no mosteiro de Mafra, levantei a camisa diante da condessa de Lumiares e de outras camareiras. Em seguida, após ouvir o sermão que, por causa disso, me foi feito pelo padre Felipe, fui "colocar as mãos debaixo da saia da negrita".

"O pior é que estava ali o arcebispo, que é o confessor da rainha", escreveria Michelina, entre escandalizada e divertida, à minha mãe. Embora esse episódio tivesse dado bastante o que falar na corte, passou para segundo plano quando, em meados de 1789, surgiram notícias das graves ameaças que pairavam sobre a coroa da França, devido ao pedido de convocação dos Estados Gerais, algo que não acontecia naquele reino desde 1614. Com isso, pretendia-se solucionar a grave crise econômica e política que imperava no país. Minha sogra pediu informação a respeito ao embaixador em Versalhes e ficou muito surpresa quando soube que meu tio, Luís XVI, aceitara aquele pedido. Enquanto isso, na Espanha, minha mãe sentia mal-estar pelo fato de o marido e ela serem preteridos por meu avô, em benefício do infante Gabriel.

Como na época mamãe estava grávida novamente, tinha medo de sofrer seu enésimo aborto. Por isso voltou a pedir a meu avô que a eximisse de acompanhar a corte, até a hora do parto. Dom Carlos negou, alegando que não podia prescindir do príncipe de Astúrias.

A princesa, então, se queixou com alguns íntimos de que o sogro aceitara a solicitação da infanta Mariana, pelo mesmo motivo. Mamãe chegou a insinuar que meu avô não se importava com o ser que ela carregava no ventre e que, em compensação, estava sempre cheio de cuidados com o filho da "portuguesa", o infante Pedro Carlos.

Uma versão tendenciosa dessa história chegou à corte de Lisboa por meio das cartas de uma nobre portuguesa que se encontrava na Espanha. No final de 1789, o marquês de Bombelles fez circular a notícia de que Leonor de Almeida, quarta marquesa de Alorna, iluminista, poeta e grande viajante, acabava de passar três semanas em Madri, tentando ganhar os favores "sobretudo da princesa de Astúrias". E de que seu plano era concluir em Lisboa a educação da infanta da Espanha.

IV

Virginal princesa do Brasil

(1788-1790)

𝒫ouco depois de a marquesa de Alorna tentar o apoio da corte espanhola para ser minha professora, mamãe deu à luz meu irmão Fernando. Pelo fato de ser varão, seu nascimento foi uma verdadeira felicidade para os príncipes de Astúrias, já que reforçava a continuidade da linhagem dinástica.

Meus irmãos gêmeos eram muito frágeis de saúde e, portanto, mais expostos às epidemias que atacavam a península periodicamente – por exemplo, a de varíola que assolou Espanha e Portugal alguns meses depois. A praga causou a morte de meu cunhado, o príncipe dom José, fazendo de meu marido o novo herdeiro da coroa portuguesa.

Curiosamente, no mesmo dia em que me tornei princesa do Brasil, minha mamãe do coração conheceu, em Aranjuez, aquele que um dia abalaria meu trono: um jovem fidalgo de Estremadura, cuja "maior formosura consistia em uma dourada e espessa cabeleira e no brilho de sua brancura corada".[1] Esse guarda-costas fora apresentado à princesa após ela ter se sentido atraída pela destreza com que o rapaz voltara a montar o cavalo de que havia caído quando marchava diante de sua carruagem.

Na mesma semana em que Manuel Godoy pisou pela primeira vez no quarto dos Astúrias, padre Felipe entrou em meu aposento à tarde e me comunicou que pedira licença a Maria I para regressar a Madri (alegando que se encontrava enfermo) e que ela a concedera. O fato de isso ter acontecido depois que a marquesa de Alorna se ofereceu a minha mãe para instruir-me levou-me a pensar, mais tarde, que as duas coisas talvez estivessem relacionadas. No entanto, nunca consegui averiguar a verdadeira causa da partida do padre; com certeza, não foi por enfermidade.

A notícia da partida daquele homem sério e bom, que havia estado a meu lado nos últimos oito anos, afetou-me tanto que Michelina escreveu a minha mãe: "Sua Alteza passou o dia todo chorando, e não foi possível fazer com que comesse nada ao meio-dia; à tarde, merendou bem pouco".[2]

Padre Felipe me deu sua palavra de que, depois que sarasse, voltaria a Portugal; então, consolei-me um pouco. Tempos depois, eu saberia que, ao voltar a nossa pátria, pôs-se a trabalhar em uma tradução da Bíblia para o castelhano, alternando essa tarefa com o ensino de crianças das classes menos favorecidas. Nunca retornou a Portugal.

De todo modo, o plano educativo de Alorna se viu frustrado pela intervenção do embaixador de Portugal em Madri, marquês de Louriçal, que a própria marquesa, com pouca prudência, colocara a par. A possibilidade de que a esposa do novo príncipe herdeiro fosse instruída por uma iluminista segundo o gosto francês deve ter sido considerada arriscada demais na conservadora corte portuguesa. As desordens políticas então vividas na Gália eram devidas, em parte, ao sucesso das ideias com que então comungava a marquesa.

Poucos dias antes do Natal daquele ano, faleceu meu avozinho, o rei Carlos III, o que tornou meus pais *ipso facto* reis da Espanha. Como previsto, isso consolidou a influência de minha mãe.

Segundo escritos, meu papai do coração "não se sentia capaz de governar, em que pese o apoio de Maria Luisa, que, para dar-lhe força, assistia-o em seu gabinete com os ministros, opinando e inclusive tomando algumas decisões sobre o regime palaciano. No entanto, a rainha, que não carecia de ambição, tampouco tinha preparo ou experiência política. "Foi então que (a nova rainha) deve ter pensado que Manuel Godoy, à margem de qualquer intriga palaciana e das lutas entre partidos, poderia ser o ministro confidente, o homem leal, o conselheiro sincero e inteligente, o firme executor de suas decisões."[3]

Naqueles dias, chegou a Lisboa a notícia de que, nas ruas de Paris, ocorrera uma grande revolta em razão do aumento do preço do pão e que no conflito morreram muitas pessoas do povo. O Terceiro Estado, representante da burguesia iluminista francesa, obtivera a mesma quantidade de representantes que a nobreza e o clero em seu conjunto nos Estados Gerais.

Eu era imatura demais para compreender a importância histórica daqueles acontecimentos. Tampouco entendia bem por que, na Espanha, as cortes, reunidas em sessão secreta, haviam votado uma resolução que revogava a chamada Lei Sálica. A consequência era que, se um dia meus irmãos varões morressem ou meus pais não tivessem mais sucessão masculina, eu poderia me tornar rainha da Espanha.

A ingênua alegria que senti ao saber o resultado dessa votação esfriou logo em seguida, porque João adoeceu gravemente. Como eu ainda não dera descendência a meu marido (nosso matrimônio nem sequer havia se consumado), se ele morresse, minha posição na corte portuguesa seria rebaixada. Mais ou menos como acontecera com minha cunhada, a ex-princesa do Brasil, depois da morte do príncipe dom José. Caso eu me revelasse estéril, ressurgiriam os antigos medos. Ou seja, que "a coroa poderia ser herdada pela irmã de dom João, casada na Espanha, e depois por seus sucessores, verificando-se, assim, uma nova 'união das coroas' sob uma mesma casa".[4] Tudo porque a infanta Mariana e seu marido, o infante Gabriel, mortos durante a recente epidemia de varíola, haviam deixado um herdeiro, o infante Pedro Carlos. Para complicar as coisas, à medida que a enfermidade do príncipe do Brasil piorava, minha sogra sentia-se mais afetada pelo que ocorria na França.

A curiosidade de Sua Majestade Fidelíssima fora instigada até o extremo de solicitar a seu embaixador na corte de Versalhes que a informasse sobre "os pontos que se hão de tratar na futura assembleia".[5] Dona Maria certamente percebera o risco que implicava para seu reinado tradicionalista a possível ruptura na França de uma ordem política que vigorava na Europa havia séculos. Um sistema baseado no direito divino dos reis e nos privilégios da nobreza de sangue.

Maria Antonieta e seu fraco marido também perceberam aquele perigo. Para sua desgraça, tarde demais. Contaram-me que naquele fatídico 14 de julho de 1789, enquanto Luís XVI estava semiadormecido em seu aposento, o duque de Liancourt entrou de repente e anunciou, sem preâmbulos:

— Tomaram a Bastilha. O governador foi assassinado. Sua cabeça, enfiada na ponta de uma lança, percorre a cidade!

— Mas... mas se trata de uma revolta? — perguntou o rei, já completamente desperto.

— Não, senhor, de uma revolução — acrescentou, em tom lastimoso, Liancourt.[6]

Até aquele dia, o embaixador português em Versalhes enviava a minha sogra despachos "otimistas" sobre as mudanças políticas na França. Neles, aconselhava que as inovações propostas pelos representantes do Terceiro Estado francês fossem aplicadas em Portugal.

A enfermidade do príncipe do Brasil levou a rainha a pensar que não era o momento adequado para colocar em prática certas inovações. Ela já achara muito ousada a entrada no conselho de dois ministros "liberais" que ocuparam a vaga deixada por seu confessor, falecido havia pouco.

Para minha sorte e para sorte da monarquia portuguesa, o príncipe do Brasil recuperou sua saúde dois meses depois de eclodir a Revolução Francesa. A alegria geral se refletiu no sermão que um frade da corte pronunciou após a cura de João, diante dos acompanhantes em seu aposento. No discurso, ele disse que, quando Sua Alteza caíra enfermo, todos os portugueses adoeceram com ele, pois os destinos da pátria encontravam-se intimamente ligados aos de dom João. Aos ouvidos de um príncipe cuja religiosidade era conhecida por todos, não passaram despercebidas as principais asseverações do sacerdote: que o amor e a fidelidade dos súditos a seus príncipes era um sentimento natural "aperfeiçoado pela religião". E ele só podia dizer que "feliz é o povo para o qual o espírito do cristianismo se amalgama com o espírito nacional".[7]

Foi uma verdadeira declaração de princípios religiosos contra os que defendiam aplicar as bases filosóficas do iluminismo, sustentadas na razão.

De qualquer modo, como meu marido não corria mais risco de morte, meu principal compromisso era assegurar, o quanto antes, a sucessão da coroa com o nascimento de um herdeiro. Seis meses depois daquela afirmação tradicionalista sobre os riscos da extinção da dinastia dos Bragança, Michelina escreveu a minha mãe: "Neste mês, no dia 4 (de fevereiro de 1790) pela manhã, Sua Alteza teve sua novidade; não foram mais que duas manchas, então parou, e até agora não voltou a ter nada".[8] No dia 20 daquele mesmo mês, a *Gazeta de Lisboa* anunciou publicamente "a visita mensal da princesa no Brasil, a senhora dona Carlota Joaquina, que havia quatro anos se esperava para haver de se ajuntar com o príncipe do Brasil, o senhor dom João, seu augusto esposo". Por fim, João poderia "brincar" comigo.

Vinte dias antes de eu completar quinze anos, como também relatou a *Gazeta*, na "segunda-feira 5 de abril e primeira oitava da Páscoa da Ressurreição se efetuou o dito ajuntamento, sendo a referida princesa acompanhada ao quarto de seu marido pela rainha sua tia e sogra e pela princesa viúva do príncipe dom José".[9]

Como era costume nas monarquias do Antigo Regime, as notícias relacionadas à perpetuação da estirpe estavam isentas de qualquer moralismo e seriam festejadas com concessão de favores a alguns membros das respectivas casas. A *Gazeta* relatou esses pormenores na edição da sexta-feira seguinte a minha primeira cópula com meu marido. Não muito tempo depois, na França, milhares de pessoas marcharam a Versalhes e, aos gritos de "morte à austríaca!", assaltaram aquele templo da sacralidade monárquica. Após alguns momentos de pânico, durante os quais meu tio se comportou com uma coragem de que sua mulher havia sentido falta, o rei, a rainha e seus filhos abandonaram o palácio à força. Da mesma forma, foram trancados no palácio das Tulherias, no centro de Paris.

Eu, que então desconhecia o significado exato daquela tragédia, sentia-me esperançosa diante da possibilidade de engravidar. Nem sequer me passava pela cabeça que pudesse ser estéril, como comentavam vários embaixadores em Lisboa; portanto, eu não experimentava o temor de muitos cortesãos. Embora fizessem de tudo para ocultar, muitos palacianos previam a extinção da casa de Bragança e a chegada de meu primo, o infante espanhol Pedro Carlos, ao trono português. Se isso ocorresse, a situação política na Península Ibérica poderia ser tão explosiva quanto na França.

V

Parir em tempos revolucionários

(1791-1796)

Em um momento decisivo da vida, quando eu mais precisava ser aconselhada e guiada, os serviçais que me conheciam melhor e, portanto, sabiam como me tratar para extrair o que de bom havia dentro de mim, tinham ido embora. Além disso, Anna Michelina voltou para a Espanha assim que minha mãe se tornou rainha. O afastamento definitivo daquela mulher controladora fez com que eu me sentisse livre, mas isso era algo que, com o tempo, eu lamentaria.

Uma senhora atenta como minha querida mamãe do coração não abandonaria – nem mesmo a distância – o controle sobre mim, sua primogênita, e continuaria a exercer sua influência da melhor maneira possível. Assim, eu recebia, a cada doze meses, "tantos pares de sapatos quantos dias tem o ano, e a maior parte deles de diferentes cores e modelos"[1] para completar o vestuário exigido por minha nova e prestigiosa posição na corte. Tudo isso enquanto não parávamos de receber graves notícias da França. A última delas era referente à detenção, em uma cidade próxima à fronteira com a Alemanha, de toda a família real, depois de eles terem conseguido fugir do palácio das Tulherias. Minha orgulhosa e refinada tia austríaca viu-se obrigada a voltar à capital do reino rodeada por uma multidão enfurecida que gritava aos reis e seus filhos: "Para Paris, vivos ou mortos!".

Conta uma lenda portuguesa, bastante difundida, mas totalmente falsa, que, por esse motivo, a rainha de Portugal começou a sofrer de melancolia, aflições noturnas e insônia, até que, um dia, no início de fevereiro daquele ano, quando regressava a Lisboa, saindo do palácio de Salvaterra, teve um ataque de "frenesi completo".

Na realidade, sua deterioração mental foi devida a "uma maquinação de gentes descontentes com o justo governo de minha mãe política e que desejavam fazer fortuna".[2] Para isso, tinham subornado seu assessor espiritual, prometendo-lhe o cargo de inquisidor-geral, "desde que arrumasse maneira de transtornar a cabeça da rainha com escrúpulos de consciência, contos e visões. O confessor desempenhou tão bem a tarefa encomendada que, em pouco tempo, a rainha se pôs demente". Dez dias depois daquele ataque, o príncipe do Brasil recebeu um informe, assinado por dezessete galenos, no qual se afirmava que sua mãe não tinha esperança de melhora.

O documento informava que, caso se produzisse um restabelecimento, este poderia ver-se gravemente comprometido pelo trabalho de despacho. Poucas horas depois de lê-lo, João resolveu "assistir e prover ao despacho em nome da rainha e assinar por ela, sem que na ordem, nas normas e na chancelaria se fizesse alteração, enquanto durasse ou houvesse impedimento".[3]

Uma das primeiras decisões de meu marido, assim que assumiu o encargo das cartas de Estado, foi responder com evasivas a uma solicitação do governo de Madri para que ambos os reinos saíssem em defesa dos reis da França. Eu acabava de completar dezessete anos e teria gostado que meu esposo e eu nos comportássemos como meus pais.

Mamãe conseguira influenciar papai para que Godoy, que já "residia na parte baixa do palácio de Madri, mobiliada com grande luxo pela própria rainha",[4] recebesse o título de duque Alcúdia com a Grandeza da Espanha. Uma ascensão nobiliária imprescindível para que o estremenho tivesse acesso ao governo, que era a única maneira que a rainha via de aplicar uma estratégia mais agressiva contra os revolucionários franceses além daquela que era levada adiante pelo afrancesado e "molenga" conde de Aranda.

A decepção que senti ao comprovar a ambiguidade política de João não teve, no entanto, influência em nossas relações íntimas. De fato, entre o final de julho e o começo de agosto daquele malfadado ano, quando a Europa deixou de ser o que havia sido durante uns mil anos, cumpriu-se um dos grandes desejos da nobreza e do povo de Portugal: a esposa do herdeiro ao trono engravidara. Fazia vinte e cinco anos que isso não acontecia a uma princesa do Brasil. E, assim, a continuidade da coroa na cabeça dos Bragança ficava, em princípio, assegurada – verdadeiro presente da Providência para o antigo reino português, considerando que, havia pouco, o populacho tomara de assalto o palácio das Tulherias e levara os reis da França e seus filhos até a prisão do Templo.

Aquele sequestro régio significou a abolição da monarquia e a declaração da República. Com isso, logo Madri voltou a solicitar ao governo de João que colaborasse na formação de uma frente militar contra os *sans-culottes*. Diante das novas evasivas de meu marido, a Espanha exigiu de Portugal o cumprimento dos tratados assinados quando eu me casara com ele.

De novo, senti-me contrariada ao perceber que nem mesmo meu estado de boa esperança havia feito com que meu esposo se dispusesse a agir em relação àquilo que minha mãe não parava de me solicitar – justamente quando ela estava a ponto de pôr fim ao governo de Aranda, "por sua negativa a romper com a França e por considerá-lo proclive aos revolucionários".[5]

Por fim, a rainha conseguiu que meu pai nomeasse Godoy primeiro-ministro do gabinete. Ele imediatamente se tornou "secretário da rainha para facilitar as relações dela com os demais ministros".[6] Minha mamãe do coração estava convencida de que aquele jovem sem relações nobiliárias importantes seria útil para salvar a vida de meus tios, Luís e Maria Antonieta. Certamente, pensava ela, muito mais que os soberbos membros da antiga nobreza ou os arrogantes "colarinhos", que se revezavam no comando da Espanha. Verdade seja dita, nem mesmo a entrada desse fidalguinho de província no gabinete de meu pai impediria que meu tio, acusado de traição, fosse guilhotinado em uma praça do centro de Paris.

Poucos dias depois desse fato, inconcebível para a mente de uma jovem princesa que havia estudado história, entrei em trabalho de parto. Na segunda-feira, 29 de abril de 1793, às seis horas e quarenta minutos da manhã, no palácio da Ajuda de Lisboa, eu trouxe ao mundo a princesa de Beira.

Do mesmo modo que minha mãe, eu achava que não correspondia às mulheres de sangue real amamentar os próprios filhos. Algo que, ao contrário, Maria Antonieta tentara fazer em sua hora, provocando um escândalo na corte de Versalhes. E mais tarde também minha nora Leopoldina quis fazer isso. Aquela minha maneira de proceder não era ditada por falta de amor materno, mas fruto de uma convicção que se encontrava difundida entre a maioria das mulheres da nobreza e da alta burguesia. "Embora nem sempre se reconhecesse que gravidezes em intervalos muito curtos debilitassem a mãe, o leite de uma mulher que acabava de parir era considerado prejudicial ao filho lactante, e por isso ele devia ser bruscamente desmamado."[7]

Considerando essas informações, minha primogênita começou a ser amamentada por uma mulher da corte, que pouco depois foi substituída pela mulher de um moço da casa real.[8] Seria essa a primeira intromissão de meu marido em uma questão relacionada com a criação dos infantes, que, no geral, na casa real da Espanha, ficava a cargo das mulheres da família.

Batizada na capela do palácio da Ajuda, minha primeira filha recebeu o nome de Maria Teresa, em homenagem às rainhas de Portugal e da Espanha, já que entre os nomes da segunda figurava também o da santa de Ávila. A *Gazeta de Lisboa* descreveu, com a habitual profusão de detalhes, as celebrações que aconteceram durante as três jornadas seguintes. Segundo essa fonte de notícias régias, houve "fogos de artifício, iluminações, salvas militares, te--déum, missa, beija-mão".⁹ Para festejar o nascimento de nossa herdeira, também foi inaugurado o novo teatro lírico em Lisboa, casa de ópera que, com o tempo, se tornaria uma das melhores do gênero na Europa, pelo alto grau de qualidade de músicos e cantores. Com o nome de Teatro de São Carlos, seria chamada mais tarde, pelos cantores italianos da cidade, majoritários naquela instituição, Teatro della Principessa.

Um mês depois de eu ter cumprido com a principal incumbência de toda princesa herdeira, dar à luz um possível sucessor da coroa, o governo português chegou a um acordo com o da Espanha (ou seja, com Godoy). Isso satisfez, em princípio, o principal desejo de minha mãe, pois assentava as bases para a realização de uma grande campanha armada luso-espanhola contra os *gavachos*.

Em Portugal, no entanto, a decisão foi "fortemente criticada como um erro de enormes consequências. Não apenas pelas perdas causadas no comércio intercontinental por ação das forças navais francesas, mas por ter-se quebrado o dogma diplomático da neutralidade".¹⁰

De fato, encerrada a negociação com os espanhóis, alguns conselheiros de João conseguiram que, no documento final, fosse feita uma significativa distinção no grau de participação que as duas partes desempenhariam no conflito armado, no qual a Espanha se obrigava a atuar como potência beligerante, enquanto Portugal se reservava ao papel de potência auxiliar.

Essa adequação do tratado à realidade portuguesa, sem considerar a posição espanhola, tendo em vista não incomodar a velha aliada, a Inglaterra, pareceu-me sintoma daquilo que eu começava a considerar debilidade congênita de meu marido. De todo modo, tal aliança tampouco teria influência positiva na sorte de minha tia.

Submetida a um julgamento público diante da Assembleia, no qual demonstrou não ser tão frívola quanto diziam (ou então que havia amadurecido de repente), "a última rainha da França" foi condenada a que lhe cortassem a cabecinha.

A respeito disso, depois me contariam que, ao subir no cadafalso, após pisar sem querer no pé do carrasco, minha tia desculpou-se:

— Não fiz de propósito.[11]

É evidente que a Revolução Francesa teve causas mais profundas que a falta de discernimento para a política da influente, mas pouco iluminista, esposa de um rei bom, mas sem caráter. Mulher escassamente formada para as questões de Estado e que, durante grande parte de seu reinado, passara os dias "da maneira mais infantil, sem aparentar qualquer vigor mental para compensar os devaneios da imaginação".[12] Tudo isso com um artifício e uma beleza que tiveram ilimitado domínio sobre o rei. Uma arquiduquesa da Áustria, que não se parecia em nada com esta infanta da Espanha originária da casa de Bourbon e que havia pouco se tornara princesa do Brasil. Pois nem mesmo meus mais ferrenhos inimigos jamais me tacharam de fraca ou frívola.

No mesmo mês em que aquela minha parente próxima pagava de forma patética o preço pelos próprios erros e pelos equívocos alheios, senti que faltava algo essencial em minha instrução. Tendo me tornado mãe de família, embora fosse principesca, pelos critérios de minha condição, era tarde para retomar os estudos de maneira formal e sistemática, com instrutores. No entanto, isso não me impedia de aprender por conta própria. Comecei a ler, portanto, obras de enciclopedistas franceses, supostos, mas involuntários, pais da Revolução Francesa. Eu pensava que conhecê-los poderia ser muito útil a uma princesa dotada de indubitável curiosidade intelectual, que desejava apropriar-se daquelas visões para combater seus excessos. Acho que a maior parte desses exemplares se encontra hoje na biblioteca do palácio da Ajuda.

Certamente, eu demonstrava, em relação a essas questões (como o esclarecimento das mulheres), uma atitude oposta à de minha mãe, que, de certo modo, chegou a escrever a seu principal *protégé*:

> Sou mulher, abomino todas as que pretendem ser inteligentes, igualando-se aos homens, pois acho isso impróprio a nosso sexo; no entanto, há mulheres que leram muito e, tendo aprendido alguns termos atuais, já se julgam superiores a todos. Não digo nada das francesas, mas, como sou espanhola – pela graça de Deus –, não peco por aí.[13]

É evidente que minha mamãe do coração possuía outros recursos, tanto ou mais poderosos que as luzes. Além disso, tendo em vista que exerceu significativo papel nos negócios de meu pai – após ter trazido treze filhos ao mundo, malparido dez ou onze vezes e se perdido quase totalmente sua antiga beleza e grande parte de seus dentes –, estava disposta a continuar exercendo-os.

Assim, naqueles dias, a fim de potencializar o papel do novo primeiro-ministro do gabinete do reino espanhol, de maneira que ele pudesse reverter a política que vinha sendo conduzida até aquele momento com a França, faria tudo o que estivesse a seu alcance para apoiá-lo. No entanto,

> nos meios cortesãos, considerava-se inaceitável a acelerada ascensão de Manuel Godoy, cujo mérito aparente não era outro senão sua juventude, sua força física ou sua condição de bom ginete. Portanto, aos olhos de nobres e cortesãos, sua ascensão não podia ter senão origem suspeita: um capricho da rainha.[14]

Para a incipiente opinião pública espanhola de então, influenciada pela propaganda, financiada pelos círculos nobiliários, abertamente contrários ao estremenho, a explicação dessa ascensão só podia ter como causa a paixão física que minha mãe sentia por ele. Por isso, depois que mamãe deu à luz seu último filho, o infante Francisco de Paula, começaram a circular rumores na corte e nas esquinas de Madri de que meu irmãozinho era fruto de sua relação com Godoy.

❦

Em plena canícula de 1794, a corte portuguesa recebeu a gratíssima notícia de que eu estava grávida de novo. Certamente ninguém duvidou da identidade do responsável. A notícia foi celebrada com grande alegria por todos, a começar por meu próprio marido. A gratidão de João aumentou quando dei à luz um varão, dom Antônio, convertido *ipso facto* em novo príncipe da Beira.

Eu esperava que o nascimento de meu primeiro filho homem fosse reconhecido por meu esposo com algo mais do que joias para mim e mercês para meus serviçais. Não aconteceu. Enquanto isso, a Espanha, dirigida por Godoy, dava um giro radical em sua estratégia com a França, colocando-se do lado dos revolucionários. Isso deixou a corte lusa em uma posição bastante incômoda.

"Portugal viu-se, por essa razão, entre dois fogos: por um lado a obediência à secular aliança inglesa, por outro as pressões do bloco franco-espanhol no sentido de mobilizar toda a península contra a Inglaterra."[15]

É claro que para o príncipe do Brasil não deve ter sido fácil envolver-se em uma guerra contra a França revolucionária, como lhe foi pedido pelo governo de meu pai, porque poderia prejudicar os interesses portugueses, ligados ao comércio com o Brasil. No entanto, a situação se complicava, pois o tradicional vínculo português com os britânicos não permitia a Portugal situar-se contra o livre comércio dos ingleses.

Não seria menos difícil para uma jovem mulher como eu, de caráter orgulhoso, mas não muito segura da própria erudição, aceitar as críticas dos serviçais próximos a meu marido, já que eles sustentavam que minhas origens espanholas prejudicavam a política portuguesa. O que mais me incomodava eram as insinuações sobre a influência decisiva que minha mãe teria tido nesse *renversement des alliances* realizado por Godoy.

Enquanto eu começava a me sentir criticada, injustamente, pelos membros do governo de meu marido em relação a algo que não dependia de meu comportamento, mamãe insistia para que esta filha "casada em Portugal" exercesse sobre seu esposo o mesmo tipo de influência que ela exercia sobre o dela.

A rainha da Espanha precisava que João desse respaldo às novas medidas de Godoy, de apaziguamento com a República dos franceses. Se não fora possível salvar nossos parentes régios da morte, pelo menos era preciso evitar que a Espanha fosse invadida pelos selvagens exércitos revolucionários.

Em vista das dificuldades que eu tinha para influenciar João do modo que Godoy e mamãe desejavam, o *protégé* concebeu pelas minhas costas uma estratégia para conseguir que meu marido apoiasse a mudança radical da política espanhola. A rainha da Espanha, sempre de acordo com o favorito, não hesitaria em colocar em jogo toda a parafernália do Antigo Regime a fim de atingir aquele objetivo. Como a corte espanhola realizaria uma longa jornada até Sevilha para que a rainha pudesse agradecer diante dos restos de são Fernando por ter-lhe concedido a graça de curar de uma enfermidade o filho daquele nome, meu marido e eu fomos convidados a nos encontrarmos com meus pais em sua passagem por Estremadura.

Em janeiro de 1796, os reis da Espanha chegaram a Badajoz e se alojaram na casa patrimonial de Godoy – grandíssima honra para quem havia sido, até bem pouco tempo atrás, quase nada. Passados alguns dias, nós chegamos. Era a primeira vez que eu via meus irmãos nascidos depois de minha partida da Espanha. Entre eles, o referido Fernando e a pequena infanta Maria Isabel, assim como o lindíssimo Francisquito de Paula.

As duas famílias reinantes celebraram o encontro com um farto banquete, que no dia seguinte foi repetido na praça portuguesa de Elbas. A *Gazeta de Lisboa* informou os leitores da felicidade do rei da Espanha pelo reencontro com a filha que não via há onze anos que, assim como pelo fato de poder falar *tête-à-tête* com o genro. O verdadeiro objetivo do encontro.

Papai, introvertido e perspicaz, corroborou, nas conversas com o príncipe do Brasil, o que minha mãe lhe contara. A forma passiva com que João exercia sua taurina obstinação era irritante. De fato, durante o mês seguinte, meu papai do coração tentou fazer meu marido ver a conveniência para Portugal de apoiar a nova política propiciada por Godoy. Tentou em vão.

Antes de nos despedirmos, o infante Pedro Carlos de Bourbon, órfão da irmã de meu marido casada na Espanha, um garoto de dez anos que durante a estadia em Estremadura despertara o afeto paterno de João, foi incorporado à corte portuguesa. Junto com o infante, como era habitual nesses casos, também "passaram" a residir em Portugal seus serviçais, entre eles Maria Magdalena de Moscoso. Estava dado o primeiro passo do plano concebido por Godoy e minha mãe para influenciar-me sem que eu soubesse.

VI

Diz-me qual foi minha falta para que eu possa corrigi-la

(1796-1799)

De regresso a Portugal, meu marido continuaria, naturalmente, sem ouvir os "conselhos" que chegavam de Madri por meios oficiais. No entanto, mamãe colocou a meu lado alguém para me ajudar a convencê-lo a fazer o que ela e Godoy desejavam. Ela queria compensar, com uma presença feminina sutil e experiente, minha incapacidade de realizar tal objetivo.

De fato, pouco tempo depois de nossa volta de Estremadura, Magdalena de Moscoso deixava de estar a serviço de meu primo para incorporar-se a minha casa como "acompanhante da princesa do Brasil". Certamente eu sabia que ela estava em contato epistolar com a rainha, mas não me passava pela cabeça que trocasse correspondências confidenciais com Godoy.

Fruto das recentes pesquisas de uma de minhas filhas que vivem na Espanha, tenho diante dos olhos a cópia de uma carta sem data que, muito provavelmente, Magdalena deve ter escrito para minha mãe por volta do final de 1796. Ou seja, no período em que o duque de Alcúdia tentava convencer papai a impor a Portugal, caso João não cedesse, as diretrizes que convinham à situação política espanhola.

Trata-se de uma missiva em que minha acompanhante dizia à rainha que se sentia "cheia de confusão, porque não sei como Sua

Majestade se sentirá a respeito do que vou lhe contar, embora tenha repetido que não devo ocultar nada".[1] Referia-se assim a meu trato com algumas mulheres, serviçais portuguesas da família de meu marido, a quem eu havia recorrido, sem conhecimento de minha acompanhante, para que me ajudassem a encontrar o modo de convencer João a fazer o que minha mãe me pedira. Como essa serviçal dizia na carta, a princípio ela achara uma "traição revelar um segredo que se havia comprometido a guardar", mas no final contou à rainha que, naquele dia, eu entrara de repente em seu quarto para pedir-lhe dinheiro "e que precisava que fosse naquele exato instante".

Isso parecia muito perigoso a Magdalena, pois ela conseguira averiguar (como contaria em carta a Godoy) que aquelas quantias estavam destinadas "a umas mulheres que, dominando inteiramente a princesa, obrigam-na até a faltar com a justiça".

Por esse motivo, meu marido havia se visto obrigado, recentemente, "como resultado das queixas (do governo diante de minha intromissão), a emitir um decreto, ordenando que nada fosse feito exceto o que se fizesse por meio de seus respectivos ministros e tribunais".

Poucos dias após Magdalena ter enviado essa carta à rainha, recebi uma correspondência de minha mãe advertindo-me de que eu padeceria "como é devido em teu feio modo de proceder desconhecendo a educação que te dei; conhecerás a infelicidade a que te verás reduzida se não tentares ser a boa filha que creio que sejas".[2]

Relendo essa frase quase trinta anos depois de ter sido escrita, meu espírito se enche de ira. Não sei se é por pensar na deslealdade daquela serviçal manipuladora ou por rememorar o modo pelo qual minha progenitora me tratava. Não me surpreende, porém, que eu tenha respondido à rainha pedindo-lhe apenas que me dissesse "qual foi minha falta, e a das pessoas, para que eu possa corrigi-la".[3] Essa frase denota a educada, mas em nada agradável, submissão com que nessa época eu me dobrava às vontades de minha dominadora procriadora.

De maneira paradoxal, a radicalização das exigências francesas à Espanha levaria meu marido a agir na direção sugerida pela Espanha, sem eu influenciar em nada relacionado a isso. Então, três meses depois de nossa estadia em Badajoz, um diplomata português bem-conceituado iniciava em Paris as negociações com os membros do Diretório, principal instituição política que naquele momento governava a República francesa, em substituição à Assembleia.

Algum tempo depois, percebi que aquelas tratativas parisienses não haviam sido outra coisa senão as habituais estratégias prorrogativas de João, mas, naquele momento, a flexibilidade de meu marido me tranquilizou, levando-me a pensar que com elas seria colocado um fim às pressões que recebia de minha mãe. Godoy nunca ousaria me escrever diretamente!

Meses depois de iniciadas aquelas negociações com a França, passou a fazer parte do conselho de Estado de Portugal o anglófilo duque de Lafões. Com veneráveis setenta e sete anos, ele ainda desfrutava da fama de inteligente navegante da política da corte. Aparentado por bastardia com a família real, vivera o longo "interregno" pombalino na Inglaterra.* Ali, chegara a ser membro da prestigiosa Royal Society.

Com minha ingenuidade de então, atribuí sua nomeação àquele *cursus honorum*. Conhecido pelo sarcasmo dos epigramas dedicados aos inimigos, assim que foi nomeado a seu cargo, Lafões não deixaria de me criticar entre seus íntimos, zombando das pre-

---

* Período pombalino (1750-1777) faz referência à época em que o marquês de Pombal, também conhecido como Sebastião José de Carvalho e Melo, exerceu o cargo de primeiro-ministro de Portugal, sob nomeação do rei dom José I. (N.E.)

tensões de uma princesa herdeira não muito erudita que tentava intrometer-se na intrincada política portuguesa. Uma espanhola que, a fim de instruir-se, naquela época dedicava-se a ler *O homem da máscara de ferro*, novela histórica francesa de grande sucesso, e *Dom Quixote de la Mancha*, obra máxima da literatura espanhola – em língua portuguesa! –, livros que ao duque não pareciam de grande importância.

O freio de meu marido para que não me fosse permitida nenhuma intervenção na administração do governo, acionado depois de eu ter recorrido a serviçais pouco recomendáveis e abusadas, não me tiraria a felicidade de saber que, em breve, eu geraria outro possível sucessor à casa de Bragança. Esse feliz acontecimento ocorreu no dia dezenove de maio de 1797, com o nascimento em Queluz de minha querida e saudosa filha, a infanta Maria Isabel, falecida rainha da Espanha. Escolhi como sua ama de leite Genoveva Margarida de Santa Ana, fiel serviçal que até aquele momento se ocupara de meu primogênito, príncipe da Beira cuja má saúde começava a me preocupar.

Na segunda semana de agosto de 1797, uma decisão política do conselho do reino causou-me dupla surpresa. Por influência de Lafões, o órgão declarou-se favorável a assinar com a República francesa um tratado similar ao que Godoy negociara no ano anterior em nome da Espanha. No entanto, o setor favorável aos interesses britânicos que existia naquela instituição consultiva do governo, embrião do que mais tarde ficaria conhecido como "partido inglês", se opôs. E assim voltou a boicotar uma decisão favorável aos franceses. Portugal não ratificaria o acordo com a França.

Tudo isso aconteceu enquanto os informes diplomáticos que chegavam de Paris não faziam mais que aumentar as críticas a mim, pelo que eu representava, enquanto filha do rei da Espanha, dado que os lusos haviam tomado conhecimento por meio daquelas fontes que o Diretório continuava insistindo com Godoy para que convencesse meu pai da necessidade de invadir Portugal.

Meu querido papai do coração continuava considerando muito arriscada essa tarefa. A esse respeito, Godoy escreveria que, "se a conservação do Estado é e deve sempre ser a lei suprema e a primeira entre todas as atenções do governo, a ocupação de Portugal, vizinho perigoso que podia acarretar de mil maneiras nossa ruína e inimigo dissimulado, era uma atitude justa".

"Para desgraça nossa, na moral de Carlos IV não encontrou cabimento esse sistema de política, esperando, ali onde tinha uma filha, que o gabinete português pudesse concordar conosco."[4]

Minhas tentativas frustradas de fazer com que meu marido entendesse a situação complicada em que meu pai se encontrava prosseguiriam, sem repercutir negativamente no cumprimento de meu "débito conjugal". Em meados de janeiro do ano seguinte (1798), fiquei grávida pela quarta vez, daquele que chegaria a ser o atual imperador do Brasil (não sei por quanto tempo, se continuar levando tão mal seus negócios de Estado).

Minha alegria por ter engravidado outra vez aumentou ao saber que papai destituíra o favorito. Eu não sabia que isso fora resultado de uma campanha financiada pela França republicana, com a qual se pretendia fazer a opinião pública espanhola saber que, se Godoy não convencesse Portugal a fechar seus portos aos britânicos, aos franceses não restaria alternativa a não ser invadir aquele reino por seus próprios meios. Naturalmente, fazendo antes passar seus exércitos pela Espanha.

Hoje sei que meu pai e, sobretudo, minha mãe fizeram com que o estremenho se retirasse do gabinete não por terem perdido a confiança nele, mas porque concluíram que não se podia provocar os republicanos franceses sob pena de colocar em risco a continuidade da monarquia com uma invasão francesa a seu reino. Então, com grande falta de critério de minha parte, considerei a exoneração do favorito como demonstração da perda do cargo que o rei lhe outorgara.

Comecei a suspeitar que o favorito continuava presente na mente de meus progenitores, como recurso para o futuro, após ler uma carta que meu pai me enviou (e que não encontramos mais nos arquivos), cujo conteúdo posso deduzir a partir da cópia da resposta que lhe enviei, poucos dias depois, e que tenho agora diante dos olhos.

Se considerarmos as dificuldades dos correios da época, aquele breve período entre uma e outra missiva demonstra a importância que pai e filha davam ao assunto. A minha era a primeira carta de gabinete de próprio punho e letra, avalizada pelo governo português, que eu dirigia à Espanha. De fato, mais da metade do conteúdo foi resultado da cópia de um rascunho, preparado por secretários de meu marido.

> Não posso ocultar de Vossa Majestade a sensação que me causaram as expressões de que V. M. se serviu para persuadir meu marido do partido (francês). Logo em seguida, comuniquei-lhe tudo e, encontrando-o sempre com a maior amizade para com V. M., achei-o com as disposições e os desejos de concluir esse grande negócio de paz e posso assegurá-lo, porque sei que isso lhe desperta o maior cuidado, porque seu espírito é igualmente pacífico, igualmente honrado.
> Vendo isso, sinto vivamente as ameaças de V. M. contra seus próprios descendentes e não posso crer que não haja melhor meio de arranjar as coisas de modo que o mundo inteiro não seja testemunha de um proceder da parte de V. M. contrário à natureza... e para quê? Para contentar um governo manchado com o sangue de nossa família?
> Quem assegura a V. M. que esse governo, oferecendo felicidade com uma das mãos, com a outra não esteja armado e, em alguns anos, seja forçoso cair?
> Senhor, essa é a linguagem da verdade e é apropriada a uma filha que tanto respeita e ama V. M. e não está inspirada no interesse próprio, e sim no amor que tenho por V. M.[5]

A parte que segue é um acréscimo que fiz por conta, que mostra minha insegurança naqueles tempos, por carecer da preparação necessária para conduzir negócios importantes, dos quais eu não era mero trâmite. Rogava a meu pai:

> Já que me concede a honra de negócios tão delicados, peço-lhe que nos envie o mesmo que diz ao príncipe, porque, como há muitas coisas que eu não sei nem posso saber, quando as tenho que expor, se não as souber a fundo, não poderei fazer as oposições que imagino; sabendo-as, sim, poderei fazê-las.

Dois dias depois desse sincero reconhecimento de minha inaptidão para o tema, escrevi a minha mãe uma carta completamente redigida por mim.

> Como Vossa Majestade verá pelo que disse a papai, e se não lhe escrevo mais é por causa das dores de cabeça e de dentes que não me deixam, o que posso assegurar da parte de meu marido é que ele deseja concluir a paz, porque sabe o quanto ela é importante para ambas as monarquias; no entanto, não se pode aceitar que aqueles franceses queiram atar-nos depois de tudo o que fizeram contra este reino, e colocar a negociação em termos pouco claros, pelos quais não passou nunca nenhum príncipe.[6]

Às preocupações sentidas naqueles dias por mim, como filha e esposa, devido ao conflito de lealdades em que eu me encontrava, entre seguir as diretrizes de minha família de origem ou defender a que havia instituído com João segundo os preceitos do Evangelho, seria somada em breve uma mais terrível: a que sentia como mãe, ao constatar a piora de saúde de meu primogênito, o príncipe dom Antônio.

Minha dor, no entanto, em nada me afetou na hora de dar à luz no dia doze de outubro de 1798, em um quarto com afrescos de cenas do *Dom Quixote* de Cervantes, no palácio de Queluz, ao ingrato filho Pedro, hoje o vacilante imperador do Brasil. Era então um infante, e de imediato o coloquei aos cuidados diretos de dona Mariana Margarida Xavier Botelho. Mulher casada, mas sem descendência direta, que até então se ocupara da infanta Maria Teresa. Essa senhora era irmã da "dama" a quem eu havia alvoroçado durante meus primeiros anos em Portugal.

Não sei se as leituras que nós, mães, fazemos enquanto estamos grávidas têm influência na forma de ser do filho que se forma em nossas entranhas, mas não deixo de relembrar a esse respeito, com certo *sense of humour*, o livro que li enquanto esperava meu filho Pedro. Uma das maiores sandices lidas em minha vida, saída da cabecinha de Jean-Jacques Rousseau, um dos supostos pais da Revolução Francesa, ferrenho defensor da aberrante ideia de que os governantes devem ouvir o povo (como tenta fazer, há algum tempo, meu filho Pedro).

Na referida obra, cujo título não merece sequer ser lembrado, aquele suíço sustentava, entre outras lindezas, que nós, mulheres, não temos necessidade de instruir-nos, porque nosso interesse está relacionado, principalmente, a "coisas concretas", como maternidade e criação dos filhos.

VII

João não gosta que as mulheres se metam nos negócios

(1799-1801)

Apesar de meus escassos conhecimentos de estratégia militar, até mesmo eu me dava conta de que as recentes vitórias dos exércitos revolucionários franceses na Itália e na Áustria, graças ao gênio de certo general Bonaparte, eram uma real ameaça para nossa península. Se os *sans-culottes* impunham-se no leste da Europa, o mais certo era que depois tentassem impor sua ordem no oeste.

Garantido o poder naquelas estepes russas, os franceses procurariam a plenitude de seu domínio europeu, expulsando do continente os britânicos. Algo que obrigaria Portugal a abandonar sua ambiguidade política e decidir o que fazer de sua aliança histórica com eles.

No entanto, meu marido, muito mais preparado que eu para esses assuntos, tomou decisões com as quais meus pais não podiam estar minimamente de acordo e que pareciam ir contra a lógica de que a França sairia vencedora dessa grande guerra europeia. Para começar, reforçou sua autoridade dentro do conselho de Estado. Por meio dele, transformou em jurídica e definitiva a regência "de fato" que exercia havia sete anos, devido à enfermidade mental de sua mãe.

Aconteceu então que um secretário de Estado de ideologia "liberal" sugeriu-lhe a "conveniência" de consultar as cortes portuguesas para dar valor pleno àquela nova hierarquia. O príncipe regente, tendo fresco na memória o caos político vivido na França depois da convocatória dos Estados Gerais, ficou horrorizado. A marquesa de Alorna, que naqueles meses fazia campanha na corte para tornar-se minha primeira dama, chegou a perguntar-lhe durante um beija-mão se era verdade que aquele conselheiro tinha sido "derrubado" por ele.

— Sim, comeu tanto que arrebentou[1] — respondeu-lhe meu marido, aludindo ao fato de que a "sugestão" daquele ministro de convocar as cortes havia sido financiada pelo ouro francês.

Ao saber dos rumores que circulavam em torno daquele personagem, supostamente alinhado com a política da Espanha, ordenei à marquesa que se apresentasse em Queluz. Durante a audiência que lhe concedi, sentada ao lado de uma janela, ensombrecida de forma retangular por umas persianas que cortavam a luz do sol, perguntei-lhe se sabia o que fora feito daquele sujeito. A marquesa me respondeu que, segundo diziam, aquele ministro recebera a ordem de não voltar ao palácio. Depois, manifestou-me surpresa pelo fato de que fora ninguém menos que a esposa do príncipe herdeiro quem lhe fizera aquela pergunta. Eu lhe contei, então, que, quando o príncipe José ainda estava vivo, meu marido sempre "blasfemava" porque seu irmão comentava os assuntos públicos com a esposa.

— Não acha bom que as mulheres se metam nos negócios — expliquei.

Fingindo-se surpresa, Alorna me perguntou quem se encarregaria do reino, caso o príncipe ficasse gravemente enfermo. A ela não constava, segundo disse, "que Deus dotara o ofício de reinar da mesma ciência infusa que havia outorgado aos apóstolos".

— É verdade — respondi. — Não sei por que me afastam do conselho, parece-me que o duque não tem vontade de que eu lá entre.

Com isso, eu me referia à intervenção de Lafões para impedir que eu fizesse parte daquele órgão consultivo do governo. Quer fosse porque aquele duque considerava que eu carecia dos requisitos para isso, quer fosse porque, na condição de filha de um rei aliado dos franceses, não era conveniente que me inteirasse do que se discutia no conselho.

Certamente doía-me muito me conformar com aquela negativa. Na época, eu dera à coroa quatro possíveis sucessores, dois deles varões. Não muito tempo atrás, na carta enviada a meu pai, fizera constar por escrito minha lealdade a Portugal. Além disso, aprendera do padre Felipe que, no século XIV, uma duquesa de Bragança, avó portuguesa de Isabel, a Católica, fora convidada pelo genro a entrar no conselho de Castela "por ser mulher sábia e de bom conselho".

Depois de ouvir em obsequioso silêncio minhas explicações, a marquesa fez uma alusão que me deixou pensativa. Ela fazia referência às "consequências muito desagradáveis" que poderiam advir caso o príncipe me excluísse da "parte que me correspondia das honras de soberania que pertenciam a meu augusto esposo".

Dirigidas à primogênita de um rei da Espanha que naquele momento era pressionado pela França para invadir Portugal, soava mais como um estímulo para que eu desafiasse o príncipe. "Algo nada simples, marquesa", pensei.

Para fazê-la entender isso, contei-lhe que, pouco tempo antes, João me obrigara a aceitar que uma de minhas criadas se casasse com um de seus principais serviçais, Francisco de Sousa Lobato, homem de origem humilde que, em apenas quatro anos de serviço na casa do príncipe, ocupara os estratégicos cargos de supervisor de guarda-roupa, porteiro do aposento real e tesoureiro do bolsinho de meu marido. Que maneira inteligente de meu marido me controlar por meio daquele serviçal.

Com um toque de condescendência que me incomodou um pouco, Alorna observou em seguida que eu não devia gastar minhas preciosas energias em assuntos de tão pouca monta. Ao ouvi-la, considerei que, não obstante seu conhecimento de várias cortes, aquela mulher não parecia muito consciente das poderosas influências que os serviçais admitidos na "privacidade" de um príncipe chegam a ter sobre eles. Às vezes, mais determinante para os assuntos públicos que as ameaças de um poderoso exército inimigo.

De qualquer forma, fiquei com a ideia de que, embora a marquesa de Alorna fosse sagaz, não parecia menos ambígua que meu marido. Eu não sabia se isso me convinha. Mesmo assim, nunca seria minha dama.

Quanto ao ministro em questão, foi exonerado do cargo por meio de um decreto que, curiosamente, coincidiu mais ou menos com a data em que voltei a ficar grávida, pela quinta vez. Segundo meus cálculos, fruto de um encontro íntimo com meu marido ocorrido entre fim de julho e começo de agosto daquele ano.

Três meses depois, *più o meno*, de eu ter engravidado, o general Bonaparte, fortalecido por sua bem-sucedida Campanha da Itália, deu, em Paris, um famoso golpe de Estado que pôs fim ao Diretório e instaurou o Consulado. Nova instituição do governo da República francesa; dela, logo erigiu-se em sua figura mais importante.

Quase de imediato, o primeiro-cônsul empreendeu nova campanha militar na Áustria, que deixaria os Habsburgo e o tsar da Rússia fora de jogo por muitos anos.

Como eu previra, apesar de minha fraca formação militar, assegurada a paz além dos Alpes, os exércitos revolucionários ficariam, pouco depois, com as mãos livres para empunhar as armas para cá dos Pireneus. Enquanto isso, o príncipe regente continuava sem responder às solicitações oficiais de Madri para que rompesse com a Grã-Bretanha e fechasse aos barcos da "pérfida Albion"* o acesso aos portos portugueses.

Em 22 de abril de 1800, uma semana antes de completar vinte e cinco anos, eu trouxe ao mundo, em Queluz, a infanta Maria Francisca de Assis, hoje princesa herdeira consorte do trono da Espanha.

---

* Expressão utilizada para referir-se ao Reino Unido ou apenas à Inglaterra, em termos depreciativos e anglofóbicos. (N.E.)

Enquanto me ocupava de escolher a encarregada de amamentar a infanta, tentava fazer com que João me levasse em conta na seleção do pessoal que se dedicaria à educação de meus dois filhos mais velhos, que tinham mais possibilidades de suceder o pai. Em teoria, pelo menos, porque a saúde do herdeiro direto de meu marido era cada vez mais frágil.

Mas tanto a infanta Maria Teresa como dom Antônio logo começaram a receber lições de leitura, escrita e aulas de catequese de Inês da Silva Telo de Menezes, filha do conde de Aveiras, pertencente à casa de meu marido. Eu nem sequer fui consultada a respeito. Se levarmos em conta que, segundo me ensinaram, a imperatriz Isabel de Portugal, rainha consorte da Espanha no século XVI, escolhera o principal professor de seu filho, o rei Felipe II da Espanha, a decisão de João não podia me deixar menos que contrariada.

Seis meses depois, voltei a ficar grávida. A grande alegria que isso me causou fora diminuída outra vez pela chegada de notícias da Espanha. Papai chamara Godoy para assumir o comando novamente. Sem dúvida, má notícia para o governo português, pois sabia-se que aquele homem era o mais ferrenho defensor da invasão espanhola a Portugal.

Para forçar esse plano, ao qual papai ainda se opunha, antes que terminasse o primeiro ano do novo século Napoleão enviou a Madri seu irmão, Luciano Bonaparte, que se revelaria um hábil diplomata e, em pouco tempo, voltaria a me colocar na difícil situação de ter que escolher, de maneira mais clara e explícita que da vez anterior, se ficava do lado de meus pais ou do lado de meu marido.

Devido à importância hierárquica que eu tinha em Portugal, como infanta da Espanha e primogênita do rei mais poderoso da Península Ibérica, eu ainda pensava que, se meu pai não havia invadido Portugal como os franceses vinham lhe pedindo que fizesse, e cada vez com mais insistência, era graças a mim. E se isso não tinha acontecido era porque a moral do rei repudiava-lhe fazer a guerra "ali onde tinha uma filha", como havia comentado Godoy.

Mas, como eu dizia, após a chegada de Luciano Bonaparte a Madri as coisas mudaram, pois a pressão direta que papai recebia eram de ninguém menos que do irmão do homem mais poderoso da França.

No início de 1801, minhas já escassas possibilidades de influenciar meu marido se reduziram ainda mais, porque o príncipe regente nomeou Lafões ministro assistente do gabinete, designação que levou o eleito a ocupar uma posição de nítida superioridade em relação aos demais ministros e conselheiros.

Essa medida não impediu meu marido de servir-se de mim, como filha primogênita de Carlos IV, para tratar de que meu pai não cedesse às pressões dos *gavachos*. Até o ponto em que, no conselho, foi redigida (sem meu conhecimento) a "minuta de uma carta a ser enviada por dom João ao rei da Espanha, seu sogro". Nela, meu marido "referia-se ao grande sentimento com que o príncipe português via os preparativos de guerra que tinha ordenado e a violência que faria a seu paternal coração se ele se visse obrigado a começar essa guerra".[2]

Como já era habitual de João, tratava-se de um recurso para ganhar tempo. De fato, na segunda semana de fevereiro daquele ano, o governo de Lisboa enviou uma ordem ao representante português na Grã-Bretanha para que solicitasse ajuda militar a seu governo. Enfatizava que isso deveria ser outorgado o quanto antes.

Uma semana depois, Godoy e o embaixador francês em Madri assinavam um acordo "pelo qual as esquadras espanholas e francesas atuariam coordenadamente e Napoleão formaria um exército de apoio para invadir Portugal". Ao reino português, dava-se um prazo de quinze dias para fechar seus portos aos navios britânicos.

Diante da gravidade da situação, em vinte de fevereiro apresentou-se pessoalmente em Aranjuez um enviado português encarregado de negociar a paz diretamente com o irmão do primeiro-cônsul. Segundo me contaram, o pérfido Godoy fingiu que ainda havia tempo para conter a guerra com o reino português e chegou a pedir a meu pai que, "de próprio punho, escrevesse a mim e ao príncipe regente, primeiro com ternura", para que Portugal concordasse em obedecer ao pedido de romper relações de vez com a Grã-Bretanha.

Antes que terminasse o mês, papai enviou ao outro lado da "linha" um muito belicista manifesto. No documento, depois de lembrar ao governo português que "os franceses sempre haviam sido detidos pela barreira de minha mediação" por "meu paternal amor em relação àqueles príncipes", meu querido papai do coração apresentava seu ultimato.

Dias depois, chegou a declaração de guerra dirigida à "rainha fidelíssima" (minha sogra continuava sendo a titular soberana de Portugal, apesar de sua loucura). Segundo Godoy, "a corte portuguesa, perplexa pouco tempo, ou simulando turbação e embaraço enquanto aparelhava sua defesa, respondeu com energia e brios não esperados".[3]

Sem saber bem como me comportar, aguardei um mês para me comunicar por via epistolar com meu pai. Em carta, eu dizia que, ao saber "que o príncipe lhe havia escrito, quis aproveitar a ocasião para me pôr aos pés de Vossa Majestade"[4] e para "assegurar-lhe o quanto me afligiram essas dissensões que existem entre as duas cortes. Queira Deus apaziguá-las segundo os desejos do príncipe e os meus". Concluía pedindo ao rei que me mandasse a bênção, "lembrando-se de que tem aqui esta filha e cinco netos, às vésperas do sexto".

Sei que essas palavras podem sugerir àqueles que hoje duvidam de minha sinceridade na política que eu não estava muito preocupada com o fato de o reino de meu pai estar a ponto de invadir o reino onde eu e meus filhos vivíamos. No entanto, há que se considerar que eu não tinha sobre meu marido o poder nem a influência de que gozava minha mãe sobre meu pai. Além disso, encontrava-me em avançado estado de gestação.

Como princesa herdeira, eu só podia ocupar-me de proteger o futuro de meus filhos (sobretudo o que trazia em meu seio, o mais indefeso). Isso, por certo, também minha mãe fazia, nesse mesmo período, em relação a sua caçula, a infanta Maria Isabel. Em conversas privadas com o embaixador francês, ela lhe pedira que consultasse seu irmão Napoleão a respeito do que ela deveria fazer para casar bem aquela irmãzinha minha, que acabara de fazer doze anos.

Em carta a Luciano, mamãe chegaria a dizer:

"Minha confiança em vosso irmão é tal que não quero dispor de Isabel sem que ele me dê um parecer de amigo. Vós sabeis, Bonaparte, que é minha filha preferida e não pode ser mais bonita e melhor. Quero, pois, que seja feliz".[5]

O fato de a rainha procurar marido para uma de suas filhas entre os "herdeiros" da Revolução Francesa não era um exercício de cinismo, mas de realismo, aprendido com seus parentes mais velhos, os Farnésio, que de nobres periféricos romanos, embora de antiquíssima linhagem, haviam passado a ocupar o estratégico ducado de Parma. Tudo isso graças a uma hábil política matrimonial, em parte sustentada pela inteligência e pela beleza de suas mulheres.

Ao proceder assim, minha mãe se antecipava ao que faria, algum tempo depois, o pai de Leopoldina. Ele, para garantir a neutralidade de Napoleão, não hesitaria em casar sua filha preferida, a arquiduquesa Maria Luísa, com o *ogro corso*. Oferecer a mão de uma princesa de linhagem ao poderoso de plantão, mesmo que fosse um arrivista, servia, no caso, para salvar o que podia ser salvo do Antigo Regime.

Voltando a Portugal, em resposta à carta que eu lhe enviara, papai escreveu para acusar o recebimento e dizer que agradecia e compartilhava meus sentimentos e minha vontade de acordo entre as duas cortes. Detalhava que não eram menores dos que ele tivera "ao ver-me obrigado pelo bem de meus vassalos, por minha própria dignidade e para cumprir com minhas convicções, a declarar a guerra a esse reino.[6]

Nada me ficou por fazer para evitá-lo com minha mediação e admoestações (aos portugueses), se bem que em vão, porque esse governo dominado pela Inglaterra nunca quis dar ouvidos a minhas razões. E não há outro meio de restabelecer a boa harmonia entre ambas as cortes senão o de que o príncipe teu esposo adote as bases do acordo que se propuseram.

Compadecido pelo fato de que as coisas tenham chegado a esse ponto, meu querido papai do coração terminava sua missiva despedindo-se de mim de maneira bastante fria e sem dar a bênção que eu lhe havia pedido.

No dia 24 de maio daquele ano, data em que as tropas espanholas invadiram Portugal, o príncipe regente respondeu à invasão exclamando:

— Portugueses, às armas!

Mas "não havia terminado o dia quando as cidades lusas de Olivença e Jurumandra se renderam, ao mesmo tempo que se punha cerco à estratégica cidade de fronteira de Elvas".

Segundo contaria Godoy (comandante dos exércitos invasores) a minha mãe, em seu estilo de *parvenu* do poder, "as tropas que atacaram ao momento de ouvir minha voz assim que cheguei à vanguarda me presentearam dos jardins de Elvas dois ramos de laranjeira que eu presenteio à rainha".

Essas considerações botânicas mais tarde fariam sorrir a alta nobreza castelhana, devido ao contraste entre a petulância militar do favorito e suas humildes origens. Meus espirituosos nobres castelhanos batizariam esse confronto armado entre Portugal e Espanha, que durou apenas um dia, de "Guerra das Laranjas".

A todos os que lerem estas páginas ficará evidente que, também nesse conflito, eu de novo me comportara com lealdade a meu marido e seu reino. No fundo e na forma. Ao contrário (sobretudo no fundo) do que havia feito o marquês de Alorna, irmão de dona Leonor, que, por aqueles dias, enviara ao príncipe regente uma carta bastante insolente, embora não menos premonitória.

> É preciso que V. A. mande armar com bastante pressa todos os navios de guerra, e todos os de transporte, que se acharem na praça de Lisboa – que meta neles a princesa, seus fillos e seus tesouros e que ponha tudo pronto a partir sobre a Barra de Lisboa rumo à América, pois V. A. tem um grande império no Brasil.[7]

Algumas semanas depois de meu marido ter recebido essa missiva, o duque de Lafões, então com oitenta e dois anos, viu-se obrigado a assinar com os espanhóis a Paz de Badajoz, "de que a consequência mais gravosa para Portugal foi, como é sabido, ter-se perdido a praça de Olivença".[8]

Assim voltei assim a ficar em posição bastante incômoda na corte, pois meu reino de adoção havia sofrido uma diminuição territorial (embora mínima) por obra dos exércitos de meu pai.

Confesso que, em minha ingrata posição, não deixou de me agradar o fato de que a derrota portuguesa se houvesse produzido, em parte, por culpa de uma pessoa que se havia oposto a minha entrada no conselho: um duque que, por incompetência militar durante a breve guerra, fora exonerado do governo e teve que encerrar a sua carreira na corte.

De qualquer maneira, esse insignificante "triunfo" para meu orgulho ferido logo deixou de ter importância para mim, devido ao agravamento das condições de saúde de meu filho Antônio, menino que morreu cinco dias depois da assinatura da Paz de Badajoz, quando eu me encontrava no oitavo mês da sexta gravidez. Mas nem isso nem as constantes migrâneas sofridas durante a espera afetaram o parto em que dei à luz, em 4 de julho de 1801, uma menina forte e sadia, a infanta Isabel Maria.

Um mês e meio depois de parir a futura regente de Portugal, escrevi a minha mamãe do coração, atirando-me simbolicamente "a seus pés para pedir-lhe perdão por não ter dado no devido tempo os parabéns pelo dia de são Luís".[9]

A rainha me respondeu que meu "muito afetuoso pai" (que entre numerosos nomes tinha também o do santificado rei francês) me agradecia por ter-lhe enviado os parabéns pelo dia de seu santo. Mamãe lamentava "ter carecido de tua correspondência por ter-te persuadido de que as diferenças políticas são capazes de colocar entre parênteses as relações que a natureza recomenda".[10]

Esses comentários me levaram a pensar, em um momento em que eu me encontrava um pouco ressentida com ela – por considerá-la, em parte, responsável pela "Guerra das Laranjas" –, se a rainha da Espanha não estaria mentindo com elegância também para a filha primogênita em correspondência privada.

VIII

Gravidez "desarvorada"

(1801-1803)

Meu marido não gostava que eu me metesse nos negócios de Portugal, e meus pais se sentiam desiludidos com minha falta de influência sobre ele; além disso, eu ficava insatisfeita em relação à criação de meus filhos, já que só me era permitido ocupar-me das questões mais triviais (alimentação e saúde). Levando tudo isso em consideração, no final de 1801 tomei uma decisão importante: atuar em uma área do reino que não tivesse a ver, dentro do possível, com nenhuma dessas pessoas ou questões. Portanto, comecei a apoiar os contrarrevolucionários franceses que travavam sua batalha particular na Vandea, tradicional região católica do norte da França.

Na realidade, assim eu atendia a um pedido que me fora feito pela marquesa de Alorna, a irrequieta iluminista que, depois de uma misteriosa estadia em Madri, antes que a Espanha declarasse guerra a Portugal, havia ido para a Inglaterra. E ali começara a recolher fundos para alguns militares franceses refugiados em Londres que preparavam seu enésimo ataque à República. Aquele pedido de colaboração me deixara muito satisfeita, devido à qualidade das luzes da solicitante e também porque imaginei que isso significava para ela que eu desfrutava de certa autoridade na corte. De qualquer modo, no que esse assunto específico dizia respeito a mim, também podia deduzir-se que eu emprestava minhas simpatias a um assunto comprometedor para o governo de meu marido.[1]

De fato, os diplomatas de João negociavam, pela enésima vez, um tratado de paz entre Portugal e França, que seria assinado no início do outono daquele ano. Por isso, João não poderia estar de acordo, pelo menos publicamente, com meu envolvimento em atividades semiclandestinas contrárias a sua política oficial. A fim de manter-me ocupada e evitar problemas com os franceses, no final daquele ano ele decidiu conceder-me algo que, num primeiro momento, pareceu-me uma grande honra. Mais tarde, eu passaria a vê-lo como um presente envenenado.

Era a assinatura de um decreto pelo qual autorizava-me a criar a Ordem das Damas Nobres de Santa Isabel, como reconhecimento a minha lealdade durante a recente guerra com a Espanha. De fato, no preâmbulo do documento, fazia-se uma precisa referência ao "plausível motivo da paz e antiga devoção que há nestes meus reinos à rainha santa".[2]

Referência histórica a um episódio ocorrido no século XIII, quando outra de minhas antepassadas, Isabel de Portugal, nascida infanta de Aragão (a rainha santa), interveio junto a seu marido, dom Dinis, rei de Portugal, para facilitar a assinatura de um acordo de paz após um conflito bélico dos portugueses com o reino de Castela.

Como eu, no início, havia levado a sério a nomeação, pensei em me inspirar, para sua organização, na Ordem das Damas Nobres da Rainha Maria Luísa, instituição nobiliária feminina fundada por minha mãe e cuja finalidade era outorgar mercês importantes a mulheres da alta nobreza, assim como prestar serviços de caridade aos necessitados. Eu considerava que essas prestigiosas tarefas, uma vez realizadas por mim, contribuiriam para me dar "maior peso e autoridade dentro da vida da corte".[3] Com essa ordem, eu poderia canalizar a influência política das mulheres da família real portuguesa, e de suas respectivas casas, por meio da promoção de senhoras da alta aristocracia do reino. Nobres que, em troca de terem sido escolhidas por mim, se sentiriam mais motivadas a apoiar minhas iniciativas públicas.

No entanto, como tantas outras coisas cuja concretização dependia do *placet* de meu marido, João levaria seu tempo para me permitir pôr em prática esse projeto. Por outro lado, no início de 1802 fiquei grávida pela sétima vez, de modo que isso serviu para que ele me fizesse esperar.

Vendo em retrospecto, posso dizer que eu já começara a me questionar a respeito do sentido que meu marido dava às expressões "meu amor", "esposo que muito te ama" e "meu amor do coração", com que encerrava os breves e sempre gentilíssimos recados que me enviava na época. A esses bilhetes eu respondia da mesma maneira. Foi inevitável, portanto, que depois da desilusão sentida pela demora da implementação da ordem, eu também começasse a questionar se meu matrimônio não se parecia com o de meus pais. Pelo menos no que se referia ao significado das palavras trocadas nas cartas. Esse foi um assunto a que decidi não dar muita atenção, de modo a me ocupar com mais dedicação a meu filho Pedro, que, apesar de seu caráter vivaz e alegre, manifestava então ser dono (ou escravo) de uma saúde quase tão delicada quanto a de meu único filho morto.

E não era menor a preocupação que me causavam os rumores maledicentes sobre minha mãe que chegavam da corte espanhola. Incomodavam-me mais que qualquer coisa, confesso, porque eram usados por meus inimigos na corte para me atacar. Com isso, não quero dizer que as bases em que se sustentavam essas maledicências fossem verdadeiras, pois eu bem sabia que a tensão das relações do governo espanhol com "a pérfida Albion" haviam levado lady Holland, esposa do embaixador britânico em Madri, a falar além da conta. Na verdade, essa senhora dizia às esposas de colegas de seu marido credenciados naquela cidade que meu irmão mais novo, o infante Francisco de Paula, então com sete anos, tinha "uma indecente semelhança com Godoy".

Minha querida mamãe do coração era uma mulher que não possuía mais a beleza da juventude, mas não perdera um ápice sequer de sua insultante segurança em si mesma (típica das Farnésio). Ela, portanto, afirmava que eu deveria ignorar esses rumores e dedicar-me às coisas importantes, como ela. De fato, a rainha continuava empenhada em encontrar um trono de prestígio para minha irmã Maria Isabel.

A ambição da rainha da Espanha, na época, era casar a filha com o herdeiro do rei das Duas Sicílias. No entanto, tinha que convencer a mãe do noivo, Maria Carolina de Habsburgo, irmã favorita de Maria Antonieta e avó de Leopoldina, e a temperamental austríaca não estava muito inclinada a isso, já que "considerava que a monarquia espanhola cometera traição ao se aliar aos regicidas franceses que guilhotinaram sua irmã".[4]

Por fim, a oferta espanhola foi aceita. Mas Maria Carolina, mulher de personalidade forte e experiente no exercício do poder – segundo a *vox populi*, era ela que governava o marido –, naturalmente exigiu algo em troca: que sua querida filha Maria Antónia se casasse com meu irmão Fernando, para então torná-lo herdeiro do trono da Espanha, devido à morte de meus demais irmãos homens nascidos antes dele.

Assim andavam as coisas na península e na minha família, quando, no início da primavera de 1802, chegou a Lisboa um novo embaixador da França. Um personagem designado pessoalmente por Napoleão a fim de conseguir, de uma vez por todas, que João rompesse a pertinaz aliança com os ingleses.

O encarregado de tão grandiosa tarefa (esperava-se a frustrante resistência passiva de meu marido) era o general Lannes, um dos poucos militares franceses que tratavam Napoleão por "você". Segundo diziam, ajudara o corso a ganhar a Campanha da Itália, que levou à rápida ascensão política na França. Como o futuro duque de Montebello carecia dos dotes necessários para ser um bom diplomata, é possível que o "amigo" o tivesse escolhido justamente por esse motivo.

De fato, desde as primeiras audiências que o ministro de Negócios Estrangeiros da Grã-Bretanha concedeu no palácio da Ajuda ao tal Jean Lannes, este outro *parvenu* do poder começou a usar expressões pouco protocolares e a exigir que meu marido despachasse os assuntos diretamente com ele, algo incomum na corte. Por fim, ao príncipe regente não restou nada a não ser concordar com o pedido daquele homem rústico.

As ameaças de usar a força empregadas pelo embaixador cada vez que se reunia com meu marido acabariam provocando em João um mal-estar físico tão grande que repercutiram negativamente em minha sétima gravidez. Até minha mãe, experiente parideira, manifestou preocupação com isso quando me escreveu para dar os parabéns por meu vigésimo sétimo aniversário. Na verdade, ela afirmou sofrer "na alma que te sintas desarvorada com tua gravidez e mais ainda que tenhas apreensão, já que foram tão felizes as anteriores".[5] A seguir, queixou-se de novo que eu lhe escrevia pouco e deixava passar muito tempo entre uma carta e outra.

Três meses depois, recebi um breve bilhete de meu pai, com quem eu também espaçara o envio de correspondência. Nele, o rei da Espanha comunicava a satisfatória conclusão das tratativas da Espanha com o reino das Duas Sicílias sobre o casamento de meus irmãos Fernando e Maria Isabel. Pelo carinho que eu sentia em relação ao príncipe de Astúrias, apesar de ter tido contato com ele apenas por um mês, mantive-me a par da viagem da corte espanhola a Barcelona para receber a nova princesa. Essa recepção, curiosamente, ocorreu no mesmo dia em que Napoleão tornou vitalício seu cargo de primeiro-cônsul – prova suficientemente clara, onde quer que fosse procurada, do incrível poder que aquele demônio alcançara na França.

Os distúrbios nervosos causados pelo mal-estar provocado em meu marido por Lannes tiraram minha tranquilidade pelo resto da gravidez. Apesar disso, em 26 de outubro de 1802, às seis da manhã, pari normalmente, no palácio de Queluz, meu filho Miguel, atual "rei absolutista" de Portugal.

Cinco anos depois, a esposa de outro diplomata francês credenciado em Lisboa atribuiria a paternidade desse menino a um nobre a serviço de meu marido. Tal rumor, ainda hoje, passados vinte e sete anos, continua sendo espalhado como veneno por meus inimigos políticos em Lisboa (como antes fizeram no Brasil).

Adiantaria dizer, para refutar essa mentira, que o infante foi apadrinhado por dois dos membros da família real mais apreciados na corte? Sua tia, a ex-princesa do Brasil, e meu primo, o infante espanhol Pedro Carlos de Bourbon, amado sobrinho de meu marido. E não resta dúvida de que eu também me senti muito feliz de trazer ao mundo aquele filho cuja gravidez havia sido tão "desarvorada". Até a edição da *Gazeta de Lisboa*, publicada no dia seguinte ao batismo de meu filho, destacou que eu, "apesar de estar apenas no vigésimo dia do sobreparto, não só assistia a essa aparatosa solenidade numa tribuna por não lhe consentir o zelo de mãe que deixasse de observar o estado de seu augusto filho".[6]

Ça va sans dire* que desde os primeiros dias de vida desse menino dediquei especial atenção à criação dele. Talvez porque houvesse sido o único de meus sete rebentos cuja vida correra risco de esvair-se enquanto se encontrava em minhas entranhas. Até meu marido, talvez pelo mesmo motivo, quando morávamos em locais distintos, não deixava de me mandar bilhetes perguntando o que fazia Miguel.

---

* Expressão utilizada para algo que é tão evidente que não precisa ser dito. Pode ser traduzida literalmente como "isto vai sem dizer" ou livremente como "isto é evidente". (N.E.)

Daquele período, entre as cartas que consegui recuperar, quero me referir a uma, porque se relaciona à pessoa que contribuiu para meu filho estar hoje sentado no trono dos tradicionais reis de Portugal. Trata-se de uma missiva em que eu conto a João que "o pequeno está bem, porque mudou hoje de ama, já que o soro do leite da primeira estava ácido".[7] Além disso, explico que, ao mamar da nova nutriz, "o pequeno parecia sentir falta da anterior, porque dava uma chupadinha e a largava e ficava a encarar a ama, carrancudo. E que se algum de nós falava com ele, ria; se era a nova ama que o fazia, nada. Mesmo que ela lhe fizesse agrados, ele continuava encarando-a com olhar carrancudo". Por curiosidade, aquela mulher é hoje a pessoa mais querida de meu filho – depois de mim, naturalmente.

Voltando à causa da inquietação de meu marido em 1803, lembro que João tentou eliminá-la fazendo uma declaração pública dos princípios "que devem regular o inviolável sistema de neutralidade, que me proponho a fazer observar".

Essa proclamação pareceu excessivamente tímida a um grupo de oficiais portugueses partidários dos ingleses, como o marquês de Alorna. Por isso, no final de julho daquele ano, conspiraram para realizar os chamados "motins de campo de Ourique" de Lisboa. Ou, como se tem escrito, as revoltas quarteleiras "provocadas para contrariar a influência do partido francês".[8]

Com a perversa finalidade de minar a autoridade e o prestígio de meu marido por outros meios, seus adversários também fizeram circular o rumor de que João mandara raptar uma neta do marquês de Marialva (pai de Miguel, segundo eles), que meu marido teria supostamente engravidado. Na época, esse episódio provocou em mim certa surpresa. Hoje, se penso nisso, fico quase desconjuntada de tanto rir, apesar de me doerem muito os ossos.

IX

Beija-mãos envenenados

(1804-1806)

No início do novo ano, João estava em Mafra. Eu sabia que, antes de partir para aquele palácio, meu marido tivera uma entrevista com o herdeiro da Grã-Bretanha (atual Jorge IV), príncipe com quem tinha uma peculiar afinidade, já que os dois haviam se tornado regentes devido à enfermidade mental de seus respectivos progenitores – do pai, no caso do inglês, que sofria de porfiria.

Eu suspeitava que ambos tivessem chegado a algum tipo de acordo em relação ao modo pelo qual Portugal deveria reagir às ameaças do consulado francês, por meio de Lannes, solapando as necessidades da Espanha. Por isso, quando um dia escrevi de Queluz a João para informá-lo de que, naquela mesma manhã, eu abrira, sem querer, uma carta de Lannes dirigida a ele (e que pensava mandar-lhe junto com meu bilhete), fiquei preocupada. Sabia que ele jamais acreditaria que eu a havia fechado imediatamente, sem ler.

O fato é que, pouco depois, minhas suspeitas se confirmaram, já que o governo português assinou uma convenção com o consulado reconhecendo a neutralidade lusa no conflito anglo-francês, obrigando o país apenas ao pagamento de um subsídio.

Curiosamente, embora isso não obrigasse o reino de Portugal a romper com a Inglaterra, Lannes, enviado por Napoleão para "convencer" João a romper com os ingleses, pareceu satisfeito e voltou à França. Aquele homem rústico desapareceu para sempre de minha vida, mas fiquei com a impressão de que as tensões que sua estadia em Lisboa provocaram entre mim e meu marido tinham posto em risco a vida de meu queridíssimo filho Miguel, que ainda se encontrava em meu ventre. Isso para não dizer que tais tensões também estão na origem da enfermidade pulmonar que começou a se manifestar naquele período e que nunca mais me abandonaria. De fato, lembro que sentia muita dor nos brônquios quando, pouco depois da partida daquele *gavacho*, foram publicados, por fim, os estatutos da Ordem das Damas Nobres de Santa Isabel. Três anos depois de João ter assinado o decreto de sua criação!

O lançamento coincidiu com a celebração de meu aniversário de vinte e nove anos. Por motivos que eu nunca soube (embora possa suspeitar), João não participou do beija-mão que com esse motivo ocorreu em Queluz e no qual estiveram presentes alguns dos jovens oficiais que tempos atrás haviam tomado parte dos motins do Campo de Ourique. Apesar da decepção pela ausência de meu marido, procurei não dar liberdade a nenhum deles. Especialmente ao marquês de Alorna.

Vinte e três dias depois desse acontecimento, protagonizei, no mesmo palácio, a cerimônia de posse das primeiras damas da ordem. Vinte e seis senhoras da antiga nobreza lusa cujos esposos formavam parte da... casa do príncipe.

Tal vínculo conjugal me fez compreender quais haviam sido as verdadeiras intenções de meu marido ao favorecer a eleição dessas mulheres: assegurar-se de que eu seria controlada pelos consortes de tais senhoras, fiéis a João por lealdade ou obrigação.

Nem naquele dia meu querido me concedia a gentileza de estar presente à cerimônia que, curiosamente, foi realizada na mesma data em que Napoleão coroava a si mesmo imperador dos franceses, na igreja de Notre-Dame de Paris.

Três meses após eu ter colocado a faixa de santa Isabel no peito das primeiras damas que ingressaram na ordem, tive a confirmação de que havia engravidado mais uma vez. Assim diagnosticou o doutor Picanço, médico que havia pouco tempo evitara que meu filho Pedro fosse contagiado com uma epidemia de "febre vermelha" que eclodira em Bemposta enquanto estávamos ali eu e meus filhos.[1]

Ao saber da gestação, percebi que não podia mais correr o risco de que um novo fruto das minhas entranhas malograsse por culpa do pai. O futuro daquela vida, assim como o bem-estar de meus demais filhos, dependia do que o príncipe regente decidisse fazer. A ambiguidade da política de meu marido em relação à França e sua excessiva confiança na "pérfida" Inglaterra levantavam, além disso, uma grande dúvida sobre a continuidade da coroa na cabeça de um Bragança. Vários reis tinham perdido o trono por aqueles tempos graças à astúcia com que Napoleão aproveitara fatais erros políticos.

O fator desencadeante para que eu passasse dos pensamentos à ação, lembro bem, produziu-se depois que a Espanha declarou guerra à Grã-Bretanha, tal como Napoleão havia pedido a Godoy, no início de 1805.

Por outro lado, eu sentia um grande ressentimento em relação aos ingleses devido ao caro preço que faziam pagar a minha mãe, "culpada" de ter sido a indutora da beligerante política da Espanha em relação a Albion. De fato, o antigo rumor sobre suas relações adúlteras com o favorito, posto em circulação em Madri dois anos antes por lady Holland, "embaixatriz" de Sua Majestade britânica, havia se espalhado recentemente pelas mais importantes capitais europeias. *Ça va sans dire* também em Lisboa. Na corte, os diabos ligados a meu marido não deixavam de fazer brincadeiras grosseiras sobre a rainha da Espanha, que afetavam minha reputação e a de meus filhos.

Minha animosidade em relação à Inglaterra era na época tão grande que, junto com a decisão que eu havia tomado de não aceitar passivamente nenhuma decisão de meu marido que afetasse meu filho por nascer, levou-me a tomar outra politicamente mais engajada:

tratar o novo embaixador francês, enviado por Napoleão em substituição a Lannes, de maneira completamente oposta a como fizera com seu antecessor – isso apesar de a cerimônia de apresentação de suas credenciais não ter sido à altura do cerimonial estabelecido por meu antepassado, Luís XIV, *le roi soleil*, para a corte de Versalhes.

Na verdade, poucos dias depois de sua chegada, enquanto João e eu protagonizávamos um beija-mão em Queluz por ocasião de meu trigésimo aniversário, Jean-Andoche Junot, futuro duque de Abrantes, fez chegar ao palácio um recado urgente, exigindo que meu marido declarasse imediatamente guerra à Grã-Bretanha.

Por isso, meus posteriores gestos de cortesia e consideração para com aquele francês não só provocaram a surpresa e a crítica dos colaboradores de João, como deram lugar ao rumor de que eu me deixava cortejar por aquele burguês, algo que, segundo me contaram, chegaria a provocar comentários irônicos da parte de sua mulher, Laura Junot. Parece que a futura duquesa de Abrantes costumava perguntar a seu gracioso maridinho, depois de ele ter sido recebido por mim em Queluz, se era verdade que eu havia sido "toda olhinhos" para ele durante a audiência. Ninguém na corte se atreveu a me contar, então, que a muito pérfida dizia às demais esposas de embaixadores que minha oitava gravidez não era obra de João.

Embora eu me esforçasse em tratar Junot com refinada cortesia e, em certa medida, tentar condescender com seus pedidos, meu marido voltou a reafirmar o princípio de neutralidade de Portugal nos conflitos entre potências. Certamente, não era isso o que Junot esperava. Tampouco coincidia essa declaração com as aspirações dos dois grandes grupos em que se dividia, *grosso modo*, a nobreza, a corte e até o governo. Isto é, entre os partidários da Grã-Bretanha, majoritários, e seus opositores, a favor da França napoleônica. Seus principais representantes tinham apenas uma coisa em comum: reunir-se em clubes aristocráticos para encontrar soluções aos problemas que o reino vivia.

Em 25 de junho de 1805, entrei em trabalho de parto e te trouxe ao mundo, minha querida Assunção, no palácio de Mafra. Em teu batizado, celebrado em Queluz, voltaram a estar presentes alguns dos oficiais descontentes com o modo pelo qual João conduzia os negócios de Portugal. Entre eles, o onipresente marquês de Alorna. Tampouco dessa vez dei "liberdade" a algum deles durante os *petits comités* que habitualmente se formavam, depois que os cortesãos nos beijavam a mão, enquanto tomávamos um cálice de vinho Madeira. Eu sabia que, pouco tempo antes, teu pai voltara a receber uma carta com "conselhos" do irmão de dona Leonor, que fora muito mal recebida por ele.

Na verdade, esse nobre aflito por não encontrar sua posição dentro da corte (hoje com a Inglaterra, amanhã, sabe-se lá, com a França) elogiava João pela "capacidade de suportar que o contradissessem e de prestar benévola atenção quando lhe diziam verdades, mesmo que fossem muito duras".

Por esse motivo, *Alondrita* permitira-se dizer ao príncipe que ele sairia ganhando se "economizasse" a prática das virtudes que Deus havia lhe dado e se limitasse a escolher bem aqueles que deviam exercer "a porção de autoridade" que lhes era confiada. Tais conselhos levaram teu pai a comentar com amigos íntimos que seu autor era homem afável, mas leviano e superficial empreendedor de projetos inconclusos.

Chegado o inverno daquele ano, teu querido papai do coração mudou-se para praticar a caça em Samora Correia. Nessas jornadas, foi acompanhado por alguns de seus mais próximos e fiéis colaboradores. Na primeira fila, aquele diabo do Sousa Lobato. Eu fiquei em Queluz.

Depois de quase um mês naquele lugar, devido a pestilências provocadas pelas chuvas, segundo alguns, ou a alimentos estragados, segundo outros, parte do séquito de João passou mal. Dois ministros e Lobato ficaram, como dito mais tarde, à beira da morte. Algo que fez teu pai voltar a Queluz. Três semanas depois, João adoeceu de uma estranha "moléstia nervosa, que se explicava por convulsões errantes nos intestinos, na face, em abatimentos".²

Segundo o médico, a causa era a mesma que produzira a enfermidade dos ministros em Samora Correia, embora no caso houvesse se manifestado de forma mais leve. O fato é que, assim que se sentiu um pouco melhor, seguindo o conselho médico, deixou Queluz e instalou-se na quinta do Alfeite para tomar ares e distrair-se.

Lá, chegou um frade do mosteiro de Mafra. Tinha urgência de informar ao secretário de João que, em Lisboa, corriam rumores sobre o mau estado de saúde (mental) do príncipe regente e, que dada a "apreensão melancólica" atribuída, em certos círculos aristocráticos e militares comentava-se que não havia mais escolha a não ser proceder com sua substituição, fosse pela cunhada dele, tua tia, a ex-princesa do Brasil, fosse por mim.

Não vou negar, minha querida filha, que esses boatos também haviam chegado a meu aposento. Para dizer a verdade, desde que João sofrera as insolências de Lannes, eu notara um agravamento de seus principais defeitos, um aumento de sua tendência a se isolar e a nutrir desconfiança pelos demais. Após a chegada de Junot, piorou. Cada vez mais introvertido e deprimido, teu querido papai do coração precisava recorrer com frequência aos médicos para tratar de constantes dores de cabeça, de barriga e vômitos.

Esse estado de saúde parecia-me muito pouco recomendável para um príncipe regente que precisava enfrentar um dos desafios mais importantes no reino. Possivelmente, o mais importante desde que fora invadido por meu antepassado Felipe II, pouco mais de dois séculos antes, para coroar-se rei de Portugal. O mau estado da mente do regente e as possíveis consequências negativas que pudessem derivar disso para o reino, *of course*, tampouco deixavam de provocar minha preocupação, compartilhada pelos leais de minha casa.

Enquanto teu pai continuava em Alfeite, vi-me forçada a colocar para fora de meu quarto aquela acompanhante que ele me obrigara a casar com Sousa Lobato. Assim, a mau-caráter, zangada comigo por ter sido expulsa, foi a Alfeite e, deturpando as coisas ouvidas em meu aposento, contou a teu pai que também ali se tramava contra ele. Isso se somou ao que o frade de Mafra havia contado sobre a conspiração em curso, e João decidiu regressar a Queluz. No entanto, para sua grande surpresa, ao chegar ali não encontrou prova daquilo que aqueles diabinhos todos lhe haviam dito.

X
Rapaziadas
(1806)

Três meses depois de começarem a circular em Lisboa rumores sobre a enfermidade mental de que meu marido sofria, a frota da aliança franco-espanhola foi derrotada pela Armada britânica, em águas próximas a Trafalgar. Para conter a supremacia naval dos ingleses, a França ordenou o bloqueio continental de todos os portos aos barcos da Grã-Bretanha. A essa regra deviam obedecer inclusive os reinos proclamados neutros nos conflitos entre essas duas nações, cláusula que parecia ter sido escrita contra Portugal. Isso aconteceu pouco antes de ser aberta a nova temporada de caça daquele ano, que João decidiu passar em Vila Viçosa dessa vez e à qual me vi obrigada a acompanhá-lo não só pela desconfiança que ele já sentia por mim, em razão dos rumores sobre meu suposto envolvimento em uma conspiração para que renunciasse à regência, mas também porque ambos devíamos cumprir o mais importante de nossos deveres dinásticos como príncipes herdeiros.

De fato, eu estava quase no período fértil e, embora já tivesse dado à coroa três filhos varões e cinco mulheres, minha obrigação, como princesa, era continuar aberta à possibilidade de procriar filhos até que a Providência decidisse o contrário.

Fazia um mês que estávamos naquela vila quando recebi uma carta de Maria de Moscoso, que permanecera em Lisboa, pelo fato de sua presença não ser do agrado do príncipe. Essa criada me escrevia para me colocar a par das pressões, cada vez mais violentas, que meu pai sofria de Luciano Bonaparte a fim de que desse sua aprovação a uma nova invasão espanhola a Portugal.

Graças a uma carta que tenho agora diante de mim, posso dizer que lhe respondi que, apesar de compreender muito bem o estado em que se encontrava meu progenitor, não por isso deixava de considerá-lo excessivamente brando em relação às cobranças do embaixador. E que seu comportamento me fizera lembrar o de meu marido, em relação a seus serviçais em Vila Viçosa, "porque há esses marotos, a rirem de tudo e a cuidarem só de seus interesses, fazendo pouco caso de meus pais; não falo de mim, porque sabes muito do que sofro calada, mas, mesmo assim, não sabes da missa nem a metade".[1]

Depois, acertando em cheio o motivo que havia levado Moscoso a me escrever, disse-lhe:

> A respeito de tua vinda, digo-te com amizade que não venhas, porque os tais diabinhos estão de mão alçada e podem aconselhar ao príncipe que não te dê a mão e que te faça alguma desfeita, eu digo-te isso por alguns vum-vuns que eu ouvi quando tu mandastes cópia do aviso e, como sou tua amiga, não quero que te exponhas a receber uma desfeita por amor d'aqueles diabos. Por alguns vum-vuns que eu ouvi. A'vista falaremos, que então será mais largamente.

Minha acompanhante voltou a me escrever para acalmar minha inquietude (ou melhor, a dela), dizendo-me que via tudo isso

> com continuado desgosto e queria poder aliviar. Isso mesmo, o desejo de tranquilidade de Vossa Alteza, em que se apresse a tomar providências para sair da opressão em que se encontra, que seus augustos pais a amam profundamente, que tem alguma notícia enviada por mim e que espero que com sua prudência remediará as

coisas da melhor forma possível, pois V. A. conhece bem que em assuntos domésticos não se podem meter, sem muita certeza do que está ocorrendo.²

Alguns dias após receber essa carta, o doutor Picanço confirmou que eu estava grávida. Nona concepção, que, segundo meus cálculos, aconteceu na última semana de janeiro de 1806, pouco tempo depois de João e eu chegarmos a Vila Viçosa. De qualquer modo, assegurada de que me encontrava em "condição interessante", voltei a Queluz, disposta a não me mover dali por um tempo. No entanto, o príncipe prosseguia naquela vila, "onde se demoraria muito mais do que esperava".³

Certo dia, enquanto ainda estava lá, ele foi informado de que a casa de Maria de Moscoso em Lisboa tornara-se o centro de um grupo de fidalgos portugueses descontentes com a forma com que o príncipe regente governava. Como no ano anterior, quando estava em Alfeite, meu marido recebeu então o conselho de se dirigir imediatamente a Queluz para participar do beija-mão que aconteceria no palácio em comemoração a meu trigésimo primeiro aniversário. Assim o fez. No entanto, como no ano anterior, logo que o príncipe chegou ao palácio, "não houve mais nenhuma aparência de que tivesse havido desconfiança ou intriga sobre a regência e tudo se achava dissipado".⁴ Depois do beija-mão, João foi embora para sua residência de Bemposta.

Uma tarde apresentou-se ali o doutor Vandelli, seu antigo professor. O agora conselheiro de meu marido assegurou-lhe que em Lisboa continuava circulando o rumor de que sofria alienação do espírito e que se embaralhavam possibilidades para substituí-lo. O príncipe decidiu fechar a questão encarregando um ajudante do intendente de polícia de Lisboa para abrir investigação a respeito.

Na mesma época em que a polícia intervinha para investigar minha vida (algo inédito para uma infanta da Espanha), Godoy escrevia a Napoleão informando-o de que o regente de Portugal "tinha alienadas as faculdades mentais". Essa versão foi recebida pelo favorito certamente não por meu intermédio (pois nunca nos correspondemos, como já disse), mas pelo embaixador espanhol em Lisboa, posto que, à época, aquele plenipotenciário estava em permanente contato com o governo (e também comigo), com vistas ao possível casamento de minha filha Maria Teresa com meu irmão Fernando, cuja mulher napolitana morrera havia pouco de tísica, sem lhe dar herdeiro.

Godoy também comentaria com o imperador que estava disposto a aproveitar a circunstância da enfermidade de João para "encarregar-me (da invasão de Portugal) caso as ideias de Sua Majestade a meu respeito não se oponham a isso".[5]

Inesperadamente, meu marido regressou a Queluz para celebrar a festa de são João (24 de junho), mas em seguida partiu para Mafra. Poucos dias depois de sua chegada àquele palácio, que ele preferia a todos devido à proximidade com os frades cantores, enviou-me um de seus breves e corteses bilhetes, no qual me comunicou que recebera "com o maior gosto" uma carta minha informando que nossos filhos estavam bem de saúde.

Na segunda semana de agosto de 1806, o jovem marquês de Ponte de Lima, cortesão que na época estava com João em Mafra, enviou-me cópia de uma carta que fazia alguns dias ele mesmo escrevera ao amigo conde de Sarzedas.[6] Nela, informava que "nosso homem" (João) se encontrava cada dia pior e que já pouco lhe faltava para que fosse declarado "completamente alienado". Ponte de Lima também dizia ao conde que meu marido "não pode ver nossa divindade tutelar" (isto é, eu) e que, se ele continuava a inventar-se jornadas, era "para ter motivos aparentes de estar mais tempo ausente" de Queluz.

Esse marquesinho, que recém-sucedera no título o falecido pai, antigo membro do conselho de regência, explicava também a Sarzedas que "o biltre goza do maior valimento" de João. E punha como exemplo o fato de que, havia muito pouco tempo, o príncipe escolhera para criado de meu filho Miguel um "afilhado" de Francisco de Sousa Lobato e que, quando lhe foi perguntado o porquê dessa decisão arbitrária, João respondera que "assim quis eu".

Ponte de Lima dizia a Sarzedas que acabava de tomar conhecimento de que partiria um correio expresso para Paris, no qual se fazia referência "a este nosso caso". Por isso, parecia-lhe absolutamente necessário que a princesa (isto é, eu), como espanhola, conhecesse essa mensagem para estar a tempo de reparar "qualquer golpe que possa vir por este lado".

Com a finalidade de evitar esse inconveniente, segundo o marquês, eu deveria avisar meu pai, de modo que ele fizesse com que o embaixador espanhol em Paris tomasse as medidas necessárias. De qualquer forma, Ponte de Lima julgava conveniente pedir a meu pai, por meu intermédio, "que não se demorasse muito em dar socorro, aliás pode (ser) que venha tarde", pois já havia chegado a ocasião "da bulha".

Depois de ler várias vezes a carta de Ponte de Lima, senti que não deveria mais perder tempo. Não podia mais esperar que meus partidários portugueses agissem por conta própria. Precisava impedir que meu marido fosse controlado por aqueles cujos interesses não convinham à coroa lusa nem ao futuro de meus filhos, tampouco, certamente, ao reino onde eu havia nascido e ao qual me sentia tão orgulhosa de pertencer.

Portanto, decidi escrever a meus pais. Em 13 de agosto de 1806 (malfadada data que não esquecerei jamais), quando eu estava para entrar no sétimo mês de minha nona gravidez, considerando que as ameaças contra o reino podiam afetar também a vida do ser em meu ventre, sentei-me no canto mais escondido de meu aposento para redigir duas cartas.

A primeira, dirigida ao rei da Espanha,[7] escrevi "com a maior consternação" para dizer que o príncipe estava cada dia pior da cabeça e que, como consequência, "as coisas por aí estão a se perder". Portanto, acreditava eu, chegara a hora de ele ajudar a mim e aos netos. Para que isso se cumprisse, papai deveria mandar ao príncipe uma intimação a fim de que eu entrasse no gabinete, deixando bem claro que não aceitaria réplica, já que, caso meu marido não fizesse o que ele lhe pedia, "a resposta será com armas na mão". Essa era, para mim, a única forma de reparar "afrontas e desaires que Vossa Majestade sabe que ele constantemente me faz". Além de ser uma medida necessária "para amparar seus netos, já que não têm um pai capaz de cuidar deles".

A fim de dar mais fundamento ao pedido, tendo decidido que juntaria à carta a cópia da missiva de Ponte de Lima ao conde de Sarzedas, eu disse a meu pai que "toda ou quase toda a corte" desejava que eu fizesse o que agora pedia a ele e que, se não lhe mandava uma lista, assinada por todos os cortesãos que me apoiavam, tal como eles me ofereceram fazer, era porque a pressa e o segredo não me davam tempo para isso. O uso da força espanhola era, para mim, o único modo de evitar "que corra muito sangue neste reino", dado que "a corte já quer sacar a espada em meu favor, e também o povo", posto que era visível "por fatos imensos" que o príncipe estava "com a cabeça perdida".

Concluí a carta explicando que, uma vez dentro do gabinete, eu me ocuparia de que o príncipe "emende muitas coisas". Algo que eu me sentia segura de conseguir, "porque eu lhe meto medo ameaçando-o" de que, se não fizer o que quero, eu buscaria ajuda de meu pai.

Depois de redigir de próprio punho a carta a meu pai, fiz o mesmo com outra, para minha mãe,[8] na qual, em primeiro lugar, pedi-lhe desculpas pela brevidade da mensagem, justificando isso pela pressa com que lhe escrevia, de modo "a não ser vista". Por fim, pedia-lhe que fizesse tudo o que fosse possível para que o rei da Espanha desse "pronto remédio" à questão "do modo que eu peço".

❦

Apesar do extremo cuidado, essas duas cartas enviadas secretamente à Espanha foram interceptadas por agentes de meu marido, que, segundo o então jovem diplomata Pedro de Sousa Holstein (hoje marquês de Palmela), encontrava-se na época "mortificado pelas discussões domésticas e pelo aspecto tenebroso que o horizonte político assumia. E vivia, por assim dizer, enclausurado no palácio de Mafra, sem companhia além dos frades e de um pequeno número de familiares – e sem querer receber ninguém de fora". [9]

Em meio a essas dramáticas circunstâncias para o reino, eu me desesperei. Meus pais não me responderam, e eu temia tê-los ofendido ou, pior, ter cometido um grave erro de avaliação ao lhes escrever sobre esse tema tão delicado. Temia, ainda, que tudo isso tivesse feito com que perdessem a consideração por mim.

Estando assim as coisas, em 23 de outubro de 1806, entrei em trabalho de parto e dei à luz, em Mafra (para onde João e a razão política haviam me levado), minha filha Ana de Jesus. Uma infanta de Portugal concebida, como se pode calcular, por volta de 23 de janeiro, enquanto me encontrava em Vila Viçosa, sob o mesmo teto que meu marido. Essa informação, por certo, não impediria aquela harpia da Junot de comentar zombeteiramente que o pai era um dos serviçais da quinta do Ramalho, não João, marido e príncipe deprimido que, no final daquele mês, receberia os relatórios que encomendara à polícia.

❦

De acordo com as investigações (a que mais tarde tive acesso), os envolvidos na trama, cujo fim, dizia o relatório, era conseguir que eu fizesse parte do conselho do reino, começaram a se reunir em Lisboa, na casa de minha acompanhante no período em que eu estava com João em Vila Viçosa. Depois, as reuniões foram transferidas para a residência, sempre em Lisboa, de um rico comerciante espanhol com interesses no comércio do tabaco na Espanha. Na última reunião, o marquês de Alorna, o conde de Sarzedas, o marquês de Ponte de Lima e o conde de Sabugal decidiram que, no caso de o príncipe "se desabilitar", eu deveria assumir a regência. Depois disso, João seria levado a um convento.

O sinal que, segundo a polícia, os conspiradores adotaram para se reconhecer em atos da corte, como o beija-mão, era se apresentar com a mão direita no peito, apoiada sobre a faixa ou a grã-Cruz. Quem não tivesse essa insígnia a poria do mesmo modo entre as golas do uniforme. O relato policial sustentava, além disso, que, antes de realizar seu plano, os envolvidos encarregaram frei Antônio de Abrantes de falar comigo e me pedir o consentimento.

Não convém agora, passado tanto tempo, elucidar o que de verdadeiro existe nessa versão, mas acredito que vale a pena registrar que aquele "meu frade do coração", em vez de falar comigo, foi contar a João o que sabia sobre a conspiração, segundo ele, por confissão dos organizadores.

Fato é que, se o príncipe não tivesse se apresentado ao palácio de Queluz para participar do beija-mão de meu trigésimo primeiro aniversário, os envolvidos na conspiração que se encontraram naquela cerimônia, depois de contar quantos eram, enviariam o conde de Cavaleiros a Vila Viçosa para fazer com que João assinasse minha nomeação como regente.

Segundo o informe policial, alguns nobres contatados pelos fidalgos haviam-se negado a tomar parte daquela conspiração. Em declarações à comissão de investigação, o marquês de Minas sustentou que, quando tomou conhecimento desses planos, eles lhe pareceram "rapaziadas".

Seja como for, após terminar aquele relatório, João me pediu explicações. Eu lhe respondi "que não protegia os fidalgos e não lhes tinha dado acesso".[10]

Segundo a opinião de cortesãos envolvidos, "tudo nesse episódio terá nascido de um movimento difuso de descontentamentos pessoais, em que facilmente se descortinam as rivalidades entre os elementos das camarilhas cortesãs".[11] Assim como "a falta de cultura e a incompetência dos conspiradores" e seu "amadorismo e sua ingenuidade".

Antes de decidir de que modo proceder com os envolvidos naquela trama, João pediu novamente a opinião do doutor Vandelli. Como a prudência política aconselhava, o príncipe regente não impôs aos conspiradores penas muito severas – a maior parte dos fidalgos sofreu um exílio breve e encoberto com a nomeação de funções em locais distantes da corte para evitar que, caso houvesse a invasão espanhola, bandeassem imediatamente para o lado do invasor, como haviam feito muitos nobres de ascendência portuguesa, mas de origem na casa leonesa, das vezes em que a Espanha invadira seu reino.

Quanto ao comportamento que o príncipe deveria assumir em relação a mim, a ameaça a Portugal representada então pela Espanha, como aliada de Napoleão, não lhe permitia tomar medidas contundentes. Como um divórcio, segundo chegaram a propor-lhe alguns de seus conselheiros. Pois ainda ficaria pior, de maneira que se determinou manter-me completamente afastada dos negócios do reino.

Assim, "o príncipe se separou de cama; senão pelo respeito e, sobretudo, pelo medo que tinha da corte da Espanha, eu teria cumprido minha pena no mínimo em uma reclusão perpétua".[12] Obviamente, o relatório eximia a Espanha de qualquer responsabilidade no complô. Minha pátria era poderosa demais em relação a Portugal para que acusassem meus pais de conspirar contra o próprio genro. Nem sequer Godoy se viu acusado.

De acordo com a dinâmica da maledicência política nas cortes do Antigo Regime, a partir da descoberta do que logo seria chamado de "conspiração dos fidalgos", começaram a ser dados como certos os rumores que colocavam em dúvida a paternidade de minha filha Ana de Jesus. A deslealdade política de que me acusaram os fidalgos portugueses não envolvidos na trama contra meu marido facilitaria a credibilidade dada à infidelidade conjugal que a pérfida Laura Junot havia me atribuído quando tu, Assunção, nascestes. E o mesmo aconteceria com tua irmã Anica, concebida, como disse, quando eu me encontrava com meu marido. Não contente com essa infâmia, a esposa de Junot logo iria às embaixadas de Lisboa dizer que "o erário público pagava um funcionário para anotar as datas do acasalamento real (sic), mas ele tinha pouco trabalho". E que, de qualquer modo, isso não me impedira de ter filhos com regularidade e, ao mesmo tempo, alegar inocência e dizer que era fiel, gerando, assim, filhos por Imaculada Conceição.

"Uma coisa era saber que João não era o pai, outra era dizer quem era o pai", afirmava aquela venenosa arrivista, dado que para ela eu "não era fiel a meu marido nem a meus amantes".[13]

Com provas semelhantes às aportadas por Laura Junot, nasceria a lenda de que também tu, minha querida Assunção, eras filha de meu jardineiro do Ramalhão. A essas mentiras não há mulher honesta e instruída em Portugal (nem no Brasil) que consiga dar crédito.

No entanto, homens bastante instruídos, como o então duque de Palmela, pareceram na época dar-lhes alguma credibilidade. De fato, esse futuro marquês deixaria prova escrita de seu assombro, pelo aspecto que haviam tomado as coisas no palácio, como mostra das mortificações do príncipe, provocadas pelas discussões domésticas.

E, de maneira enigmática, escreveria que o batismo de minha filha Anica "foi celebrado só um ano depois de seu nascimento"[14] – algo surpreendente, pois a tradição secular estabelecia que se realizasse antes de, no máximo, um mês após o parto.

XI

Salve suas pobres netas das garras do leão

(1807)

A fraqueza política de meu marido, evidenciada pela "conspiração dos fidalgos", foi aproveitada pelo embaixador da França para apresentar um enésimo ultimato, ao qual se juntava o pedido de colocar na prisão os ingleses residentes em Lisboa e sequestrar seus bens. A maioria do conselho de regência se pronunciou favorável a obedecer à ordem de Napoleão.

Assim foi feito, seguindo o critério do ministro de Negócios Estrangeiros, Antônio de Araújo, chefe do majoritário "partido francês". O "inglês", comandado por Rodrigo de Souza Coutinho, propôs, no entanto, enviar meu filho Pedro ao Brasil a fim de colocar a salvo a continuidade da coroa.

Eu me encontrava reclusa à força em Queluz, mas mesmo assim soube da notícia, graças a um agente na corte. Do mesmo modo, soube que, vencida a data do ultimato sem que se houvesse produzido nenhuma reação da parte francesa, levantou-se no conselho a possibilidade de que meu filho Miguel fosse a pessoa a seguir para a América. Como eu conhecia essas questões apenas em termos gerais, tive que me submeter a uma dupla humilhação para me inteirar dos detalhes.

O único cortesão que poderia saber o que acontecia na cabeça de meu marido era seu supervisor de guarda-roupa, Sousa Lobato. E, sem acesso direto a ele, tive que recorrer a um de seus subordinados. De todo modo, soube que, de momento, o príncipe decidira embarcar furtivamente meus dois filhos varões e minha filha a infanta Isabel Maria (sua preferida) e despachá-los para o Brasil.

Quanto a mim, João pensava que o melhor era me mandar para a Espanha, acompanhada pelo resto de minhas filhas, obviamente incluindo tu, Assunção. Alarmada com essa possibilidade tão desonrosa para uma infanta da Espanha, convoquei ao palácio o embaixador espanhol e, por meio dele, fiz chegar a meus pais uma nota em que lhes pedia que "mandassem me buscar, pois isso seria menos escandaloso que passar em público por mulher desprezada".[1]

Duas semanas depois, o príncipe recebia em Mafra o embaixador britânico, lorde Strangford, irlandês que vários anos antes chegara a Lisboa como secretário de seu país, com uma tradução da obra de Camões para o inglês debaixo do braço para terminar de corrigir, e que, graças a suas artes e ao enorme poder que o respaldava, tornara-se a pessoa mais influente da cidade.

"Espero nunca mais ver pessoa sob tão forte ansiedade e agitação como a que Sua Alteza evidenciou durante a conversação",[2] comentaria depois, referindo-se ao que ocorrera naquela oportunidade. Um encontro em que, por meio de "arengas, ameaças e alusões pessoais ofensivas, tudo envolvido pelos tons da delicadeza diplomática", Strangford comunicou a meu marido que, para continuar contando com a proteção do governo britânico, teria que deixar Portugal e partir de imediato ao Brasil.

Em uma carta que enviaria ao ministro de Negócios Estrangeiros, Strangford chegou a utilizar a palavra "medo" para referir-se ao sentimento experimentado por João enquanto ouvia aquele pedido. Dois dias após aquela audiência, soube-se em Lisboa que os canhões da Albion haviam bombardeado o porto de Copenhague, que aderira ao "bloqueio continental" dos portos aos barcos britânicos ordenado por Napoleão.

Diante da possibilidade de os ingleses procederem da mesma forma com Lisboa, e das dúvidas de que o temor de que isso ocorresse precipitasse a execução dos planos de João, voltei a entrar em contato com meus pais. Pela segunda vez, pedi-lhes por carta, desta feita de próprio punho e letra, que me acolhessem junto com as meninas na Espanha "para não sofrer a humilhação de me ver afastada por meus inimigos da corte".[3] E para não dar "a satisfação aos ingleses" de o príncipe cumprir o que estava tramando escondido de mim.

"As tristes circunstâncias em que me encontro há quase dois anos me obrigaram a incorrer nessa falta", dizia-lhes, em referência a meu escrito de agosto do ano anterior, quando, imprudentemente, havia-lhes solicitado que me apoiassem na conjuração contra meu marido, em cartas que haviam sido interceptadas pelos agentes de João. "No entanto, agora que tenho um portador seguro, aproveito a ocasião para justificar-me com Vossas Majestades e pedir que não levem a mal minhas faltas, pois tudo expus."

Dado que essa carta também foi do conhecimento do governo, minha determinação de voltar à Espanha, existindo a possibilidade de uma invasão espanhola a Portugal, constituía grande risco para a segurança do reino. Por esse motivo, alguns ministros aconselharam João a mudar de planos. Tal como eu explicaria à mamãe, em uma carta enviada um dia após a remessa da anterior. "Ontem, depois de escrever-vos, o príncipe me disse desejar que três dos meninos fossem para o Brasil, como garantia aos ingleses, e que, a qualquer momento, seria necessário que também fôssemos nós."[4]

Por tudo isso, eu implorava que escrevesse a meu marido dizendo-lhe que ela queria que eu e minhas filhas menores saíssemos de Portugal e fôssemos para a Espanha, onde estaríamos tão seguras "como se nos entregassem aos ingleses. E deixai bem claro (a João) que não ireis aceitar negativa".

Cinco dias depois, minha querida mamãe do coração respondeu dizendo que, "se o príncipe for embora e te abandonar com tuas filhas, não abandones o povo, até que cheguem nossos auxílios, que tratarão com justiça os nativos do país".⁵ Aconselhava-me, além disso: "Nada tentes contra as relações ou o plano de teu marido, tende energia e ânimo para separar-te de um esposo que abandona mulher e filhos". E pedia que transmitisse "aos que te rodeiam a benignidade de teus pais; oferece-lhes a conservação de seus bens e assegura-lhes que o estrago da guerra não chegará a seus lares".

Como, apesar do que acabei de expor, eu continuava determinada a não ir para o Brasil, voltei a me dirigir a meus pais a fim de que escrevessem ao príncipe contando-lhe tudo "como se o plano tivesse sido ideia deles", pois só assim podiam salvar as "pobres netas das garras do leão".⁶

Pouco tempo depois de despachar essa mensagem para a Espanha, o governo português ordenou o fechamento dos portos aos navios da Grã-Bretanha, aderindo, assim, pelo menos formalmente, ao "bloqueio continental". Isso aquietou, aparentemente, o embaixador francês. De modo que Junot, acompanhado de sua intrometida consorte, saiu de Lisboa rumo à França.

Eu ainda não sabia, mas seu destino era Baiona, onde assumiu o comando das tropas com as quais invadiria Portugal, junto com os exércitos espanhóis, para assim dar cumprimento à cláusula principal do Tratado de Fontainebleau, que, naquele momento, era negociado em um castelo do Loire. Nesse tratado ficava acordada, também, a divisão do reino invadido em três partes. Uma, ao sul, destinada a Godoy, que tornava-se príncipe dos Algarves. Outra, ao norte, destinada a minha irmã, a infanta Maria Luísa (ex-rainha da Etrúria), como compensação pela perda do antes chamado ducado da Toscana, feudo dos Habsburgo, que o corso concedera a Maria Luísa e depois retirara. Quanto à parte central de Portugal, aquele tratado estabeleceria que seria "para o que resultasse da resposta da casa de Bragança".⁷ Por essa razão, minha mãe me pedira para não sair do reino, supostamente para que eu ficasse com sua coroa.

No entanto, enquanto mamãe ocupava-se, por meio de Godoy, de que duas de suas filhas tivessem os próprios Estados em terras portuguesas, em Madri foi descoberta uma conspiração do príncipe de Astúrias. Como minha própria mãe contaria à ex-rainha da Etrúria: "Meu filho fez uma conspiração para destronar seu pai. Nossa vida teria corrido grave risco".[8]

E tudo porque Fernando, apoiado por jovens da alta nobreza conservadora do reino e por capelães da corte, desejara tirar Godoy, a quem detestava, do caminho. Mas, ao ser descoberto o plano, denunciou seus cúmplices e obteve perdão paterno. Nos dias em que eu esperava resposta a minha última carta aos reis da Espanha, um experiente marinheiro inglês, o almirante sir Sidney Smith, recebia a ordem de interromper sua licença em Bath, onde "tomava as águas" para marchar até o porto de Plymouth, no sul da Inglaterra, de modo a assumir uma armada de nove navios preparados para levantar âncora e partir rumo a Portugal.[9]

As demais ordens eram amplas e pouco específicas. Uma vez chegando ao Tejo, conforme fosse a situação imperante em Lisboa, poderia ocupar-se de embarcar e transportar a família real portuguesa ao Brasil ou proceder ao bombardeio daquela capital.

Por sua vez, João, com a ideia de ganhar tempo, decidira enviar à França uma mensagem de felicitações ao imperador Napoleão pelas recentes vitórias militares. Seria acompanhada da proposta de uma aliança matrimonial entre meu filho Pedro e uma filha de Joaquim Murat, um dos cunhados do imperador que recentemente tornara-se rei de Nápoles, depois de ter destronado os avós maternos de Leopoldina, então refugiados em Viena. O encarregado dessa ilusória missão diplomática era o marquês de Marialva, pai de meu filho Miguel, segundo versão difundida em Lisboa por Laura Junot e outras venenosas boquinhas femininas.

Como demonstração de que essa encomenda a Marialva era uma das habituais estratégias prorrogativas de João, na última semana de novembro, o conselho votou a favor da partida de toda a família real ao Brasil. No entanto, a julgar pelo que o almirante sir Sidney Smith me contaria mais tarde naquele país, meu marido ainda duvidava se essa decisão era a mais conveniente para ele. De fato, lorde Strangford viu-se obrigado a solicitar nova audiência para repetir-lhe o pedido britânico.

Segundo o irlandês contaria a Smith, enquanto atravessava a cidade de Lisboa a caminho daquele encontro, o embaixador ficara muito impressionado ao contemplar a

> capital em um estado de tristeza tão sombria que era terrível de ser descrito. Bandos de homens armados e desconhecidos eram vistos vagando pelas ruas, no mais completo silêncio. Vi que não havia um momento a perder e que meu dever era destruir no espírito de Sua Alteza todas as esperanças de uma acomodação com os invasores de seu país.[10]

De modo que, uma vez diante de João,

> aterrorizei-o (sic) com descrições dramáticas da situação na capital, que eu acabava de atravessar, e então o deslumbrei, de repente, com as brilhantes perspectivas que o aguardavam, orientei todos os temores em relação ao Exército francês e dirigi todas as esperanças no sentido da proteção que a Esquadra britânica poderia lhe oferecer.

Segundo um britânico menos autocomplacente que aquele irlandês manipulador, meu marido havia contemporizado "com França e Inglaterra. Mas, quando Napoleão pressionou com suas exigências e não foram mais possíveis as ambiguidades nem as sendas tortuosas para não encarar o problema, e diante da ameaça francesa, por uma parte, e da inglesa, mais temível, por outra",[11] acabou tomando a decisão definitiva de partir rumo à América, "não obstante a oposição de sua temerária esposa".

De acordo com uma iluminista brasileira, "ao convencer dom João a partir para o Brasil, Strangford, instruído por seu governo, argumenta em favor da concretização do antigo desejo português de conquistar valiosas colônias espanholas no rio da Prata".[12]

Uma questão de importância estratégica de minha primeira ordem que eu, irritada que estava pelo fato de meus pais não terem respondido a minhas cartas, nem sequer havia considerado.

Desse modo, na manhã de 27 de novembro de 1807, as pessoas que se encontravam no porto de Belém ficariam assombradas ao ver-me descer de uma grande e aparatosa carruagem, seguida por meus oito filhos, sendo a menor Ana de Jesus, que ia nos braços de sua ama de leite, pois eu chorava desconsoladamente – algo pouco habitual para mim, pelo menos em público, porque não me restava mais nada a não ser ir para a América.

Havia sido educada na concepção imperial espanhola, que considerava as Índias meros territórios de onde saíam as ingentes riquezas que permitiam aos reis da Espanha realizar a política no continente europeu. Portanto, sentia muito ver-me rebaixada à condição de "princesa colonial".

Devido ao estado de confusão mental em que me encontrava (e à escassa experiência no mar), enquanto enxugava as lágrimas nas docas do porto, tomei, *sur-le-champ*, uma decisão precipitada: que os dois meninos e minha filha Maria Teresa viajassem na embarcação *Príncipe Real*, junto com João e a rainha Maria. Algo absurdo sob todos os aspectos, porque, se esse barco afundasse durante o trajeto, teriam desaparecido os membros mais importantes da família real, e assim Napoleão teria conseguido o que desejava, isto é, acabar com a dinastia de Bragança, sem disparar um só tiro.

O fato de meu marido ter aceitado essa decisão prova, por outro lado, que o estado de sua cabeça tampouco era dos melhores. De qualquer modo, depois de acompanhar minhas filhas Maria Isabel e Maria Francisca a outra embarcação, subi na *Afonso de Albuquer-*

que e me instalei em uma diminuta cabine com minhas filhas mais novas, esperando o momento da partida.

Por fim, "às duas da manhã do domingo, 29 de novembro de 1807, um bom vento começou a soprar desde o leste",[13] e às sete, sir Sidney Smith deu ordem para levantar âncoras. Por sorte, "a manhã estava luminosa, e soprava uma leve brisa, que embalava os navios até a saída do Tejo".

Depois de ordenar a seu segundo que escoltasse a família real até o Rio de Janeiro, aquele experimentado lobo do mar inglês ficaria atravessado na barra do porto de Lisboa para observar de sua embarcação as operações do general Junot e tentar penetrar nas intenções e nos planos que este trazia a respeito da sorte de Portugal.[14]

Quando a última fragata que compunha a frota anglo-portuguesa acabava de deixar a barra para trás, ouviu-se um canhão disparar pelo comandante do primeiro destacamento francês que chegara à cidade. Mas a pesada bala caiu na água, e o último barco da frota em que escapávamos rumo ao Brasil se afastou da costa são e salvo.

Enquanto *Afonso de Albuquerque* entrava no mar, impulsionada por bons ventos, eu continuava sem aceitar meu amargo destino. Até minha inabalável fé na Providência parecia ter sumido. Mas uma imprevista e desfavorável mudança nos ventos e a preocupação de que isso devolvesse nossas embarcações à costa fizeram meu pessimismo desaparecer num instante. Então, o sentimento trágico que me acompanhava desde a saída se transformou em resignação cristã diante das deploráveis condições em que eu e minhas meninas (além dos demais passageiros) nos encontrávamos.

> Mulheres de sangue real e das mais altas estirpes, criadas no seio da aristocracia e da abundância, todas obrigadas a enfrentar os frios e as borrascas de novembro (sic) por mares desconhecidos. Privadas de toda comodidade e até das coisas mais necessárias da vida, sem uma peça de roupa ou um leito para dormir, obrigadas a nos

amontoarmos na maior promiscuidade, a bordo de navios que não estavam em absoluto preparados para receber-nos.[15]

Enquanto os demais sofriam o tédio e os desconfortos, eu pouco a pouco percebia a oportunidade política que poderia abrir-se para mim no Rio de Janeiro. Cidade rica, dotada de um excelente porto, capital de um território limítrofe com os domínios espanhóis do vice-reino do rio da Prata.

Até bem pouco tempo antes, aquela unidade política e geográfica perdida nos confins do mundo não tinha significado para mim. Mas, à luz dos pensamentos anteriores, comecei a vê-la como o lugar ideal onde fazer valer minha condição de filha primogênita dos reis da Espanha. Ao lembrar que aquele vice-reino havia sido idealizado pela brilhante mente de meu querido avô Carlos III, no ano de meu nascimento, vi um sinal enviado pela Providência.

Seria possível que eu estivesse predestinada a exercer algum tipo de soberania sobre aqueles lares no Sul do continente? Por acaso me converteria, por fim, em senhora de meus próprios destinos políticos?

A alegria que essas imaginações me causaram me permitiria contemplar com uma impassibilidade que surpreendeu os que me rodeavam um episódio ocorrido na altura das Canárias: um mau golpe de vento sobre uma vela quebrara o mastro principal da *Rainha de Portugal*, embarcação em que viajavam minhas filhas Maria Isabel e Maria Francisca, de cuja sorte só voltaria a saber meses depois.

Segunda parte

XII

Sangue real europeu no Rio de Janeiro

(1808)

Depois de quase sessenta dias de viagem, uma barcaça me conduziu do barco à costa de São Salvador. Faltava pouco mais de um mês para eu completar trinta e três anos, idade simbólica para uma cristã, até mesmo uma não muito devota, como então eu era. Até havia bem pouco tempo, esta pecadora fora amada por uns poucos e odiada por muitos, mas a ninguém deixara indiferente. Sinceramente, hoje penso que algo similar deve ter acontecido aos assombrados baianos que naquela clara e ventosa tarde de verão austral tiveram o privilégio de contemplar a primeira princesa real que pisava terras americanas. Eu ostentava na cabeça um extravagante turbante, que cobria minha careca desde que, tendo sido atacada por piolhos no final da viagem, não encontrara melhor forma de livrar-me deles senão raspando o cabelo.

Na época, das cem mil pessoas que viviam na ex-capital do vice-reino do Brasil, a maioria era de origem africana ou aborígene da América. Em compensação, eu pertencia a um reduzido grupo de europeus, de pele mais ou menos clara, convencidos de que a qualidade única do sangue que corria em nossas veias nos dava o direito divino de exercer a autoridade e o poder sobre os comuns mortais.

Se levarmos em conta o ódio que eu sentia por Napoleão, hoje me parece brincadeira do destino o fato de que graças a ele abria-se para mim a oportunidade de exercer algum tipo de soberania sobre os domínios americanos de meu pai. Naquele momento, eu não tinha uma representação clara do que conseguiria no Brasil, mas minha intuição dizia que, se usasse a inteligência, talvez pudesse ser detentora naquelas vizinhas terras espanholas do Prata daquele tipo de poder que meu marido sempre me negara em Portugal.

Por isso, depois do te-déum na catedral da Bahia, com a assistência de quase toda a corte portuguesa – o primeiro ato público ao lado de meu marido de que participava desde o batismo da minha filha Ana de Jesus –, apesar da insistência das autoridades locais para que nos instalássemos em Salvador, eu não via a hora de partir rumo ao Rio de Janeiro. E a mesma pressa tinha meu marido, posto que seus planos também necessitavam ser executados na capital carioca. De fato, poucos dias antes de abandonar Portugal, João escrevera ao rei da Espanha, a título de advertência pela iminente invasão espanhola, que uma das razões pelas quais decidira a mudança da casa de Bragança para a América do Sul era "para preservar as ricas e vastas colônias de V. M. naquela parte do mundo".[1]

―

Se fecho os olhos, vejo a fumaça das salvas de canhões de boas-vindas cobrindo parte dos morros da Baía de Guanabara e ouço o tilintar dos sinos de centenas de igrejas da cidade do Rio de Janeiro, que não pararam de soar até que nossos barcos ancoraram. Em um dos cais, houve uma missa em agradecimento por termos chegado sãos e salvos a nosso destino.

Terminada essa sincera cerimônia, dirigimo-nos andando sob um pálio até a catedral para assistir a outro evento religioso mais formal. Lembro que, enquanto caminhávamos, nosso corpo era salpicado de pétalas de flores que os habitantes do centro da cidade nos atiravam das sacadas das casas, como se para eles fôssemos autênticas divindades tutelares.

Pelo visto, a chegada da "corte portuguesa gerava grande entusiasmo no Brasil, povo profundamente monárquico, o que não era de estranhar, já que nas colônias americanas, tanto espanholas como portuguesas, tinha-se uma ideia elevadíssima da realeza".[2]

Dentro de meu sóbrio vestido preto, eu caminhava hierática, "mantendo a etiqueta, mas de cara fechada, carregando estranheza pela cidade e pela multidão em júbilo".[3] Eu sabia que teria que me alojar no mesmo edifício que meu marido. Um palácio localizado na praça principal da vila que o conde dos Arcos, até então vice-rei do Brasil, colocara à disposição. Mais que o incômodo de conviver por um período sob o mesmo teto que João, importunava-me cruzar diariamente com seu novo ministro de Negócios Estrangeiros, Rodrigo de Souza Coutinho, chefe do "partido inglês" e artífice português de nossa mudança para o Brasil. Um cortesão muito peculiar, por cujas veias, rumorejava-se, corria sangue africano e que, bem sabia eu, não me tinha em grande estima.

A verdade é que a única alegria que o Rio de Janeiro me proporcionou naqueles primeiros dias na cidade, além de me fazer pensar em meus vagos planos para o rio da Prata, foi estar com minhas filhas Maria Isabel e Maria Francisca, que eu não via desde que perdêramos de vista seu barco, à altura das Canárias.

Quanto aos negócios de Estado, tampouco podia deixar de avaliar negativamente as consequências das "asperezas de Portugal em relação à Espanha, criadas pelo tratado em que se despossuía arbitrariamente a casa de Bragança do reino português e se fazia deste último uma caprichosa distribuição entre França e Espanha".[4]

Sabendo por dolorosa experiência o que era o orgulho português ferido por mal proveniente da Espanha, esperava que a reação negativa do gabinete de meu marido ao humilhante Tratado de Fontainebleau chegasse a mim de uma hora para outra. Na realidade, apenas quatro dias depois de nossa chegada ao Rio de Janeiro, vi-me obrigada a dar o visto em uma odiosa nota de Souza Coutinho dirigida ao Cabildo de Buenos Aires. Nela, dom Rodrigo "ordenava" àquela instituição portenha vizinha que se pusesse sob a proteção do príncipe regente de Portugal, de modo a evitar uma possível invasão francesa daquela cidade.

"Caso não se aceite esta oferta", sentenciava o ministro, "tomaria enérgicas medidas antes de tolerar que o rio da Prata fosse subjugado por Napoleão e formasse um ponto de ataque e resistência contra Portugal e Inglaterra".[5]

Pode-se imaginar meu contentamento ao saber que o Cabildo portenho respondera diretamente a João "que não se intimidava diante da ameaça de uma ação comum com a Grã-Bretanha", aludindo com isso às chamadas "invasões inglesas", que os habitantes de Buenos Aires haviam repelido pouco tempo antes, deixando os invasores britânicos escaldados. Isso porque uma das formas de defesa utilizadas pelos locais para acabar com os "hereges" forasteiros havia sido atirar-lhes pólvora negra e sabão fervente dos terraços das casas.

Minha maior satisfação em relação àquela resposta se fundava, no entanto, no fato de que a missiva de Souza Coutinho me colocara em contato direto, sem que eu procurasse, com os espanhóis da América. Ou seja, leais súditos de meu pai, que se sentiam muito honrados por entrar em relação preferencial com ninguém menos que uma infanta primogênita da Espanha. No entanto, eu continuava sem muita clareza a respeito de como aproveitar a oportunidade que a Providência me oferecia. A resposta não demorou a chegar, por via marítima.

Três meses após nos instalarmos no Rio de Janeiro, chegou à Guanabara a frota comandada por sir Sidney Smith, que, depois de ter participado do bloqueio da cidade de Lisboa, tomara o rumo do Atlântico Sul para ocupar o cargo de almirante da Armada Real Britânica no Brasil.

Imediatamente depois da ancoragem daqueles navios na baía, eu soube que, devido a um motim popular organizado pelos partidários de meu irmão Fernando em Aranjuez (meu provável berço), Godoy fora expulso do governo – notícia que, obviamente, não podia deixar de me alegrar, embora por causa disso meu pai tivesse sido obrigado a abdicar em favor de meu irmão. Tal episódio, por mais ressentida que estivesse com os reis da Espanha por não terem respondido ao meu pedido de ajuda, eu, fiel e devota filha que era, não podia aprovar. Mas uma nova intervenção de Napoleão me ajudou a vislumbrar o caminho a seguir. Pouco antes de subir com João a bordo da *London*, nau em que se alojava Smith, até a qual nos dirigimos uma tarde para participar da celebração do aniversário do rei Jorge III, fui iluminada a respeito do que fazer.

Na época, eu estava a par do que acontecera em Baiona, cidade do sul da França onde Napoleão chamara meu pai e meu irmão para conferenciar, após a abdicação do primeiro em favor do segundo em Aranjuez. Naquela cidade francesa, o diabo corso havia conseguido que Fernando "devolvesse" a coroa ao velho rei, que, por sua vez, abdicara em favor de Napoleão. Depois disso, minha família se convertera em prisioneira de luxo do imperador. Então, como o astuto corso decidira nomear seu irmão José novo rei da Espanha, os britânicos, até esse momento inimigos da Espanha, passaram a ser nossos aliados. Não só para impedir os planos de Napoleão de dominar toda a Península Ibérica, mas para ajudar os Bourbon a recuperarem a coroa.

Por tudo isso, naquela tarde na *London*, chegado o momento do brinde, não pude fazer menos que erguer minha taça e brindar pela "prosperidade da Inglaterra, que luta por minha família", e especificar "que meu pai e minha família possam ter sempre a estima de todos os oficiais de Sua Majestade britânica".[6]

Nossa visita à nau capitânia dos britânicos na Baía de Guanabara encerrou-se "às oito da noite, quando nos trasladamos, junto com o almirante, para a ópera do Rio de Janeiro. Antes do início do espetáculo, Smith fez um inflamado discurso cujo conteúdo me provocou desgosto, já que nele contrapôs a sabedoria de João que "goza de sua liberdade, que deve aos braços da Inglaterra" ao comportamento de minha família em Baiona.

— Infeliz Espanha, foste violentamente enganada — disse (mais ou menos). — Ao país, roubaram o soberano, e o soberano e sua família foram arrancados por sua ingenuidade e condenados a uma vergonhosa prisão.[7]

Lembro que consegui disfarçar o desagrado gerado por aquelas palavras, mas não pude evitar um gesto aberto de decepção quando ouvi que Smith fazia um fervoroso elogio a meu primo, o infante Pedro Carlos, a quem o marinheiro inglês qualificou como príncipe da Espanha, pedindo que "a Providência o leve de volta a seu país e coloque no trono seus ancestrais".

Num primeiro momento, pensei que o almirante desconhecia que eu, como primogênita do rei da Espanha, tinha mais direitos que aquele infante, simples sobrinho do rei prisioneiro, já que em meu reino havia sido abolida a Lei Sálica, que proibia as mulheres de herdar a coroa. Algo que, na ausência de meus irmãos varões, tornava-me depositária de seus direitos.

Apesar do urticante preâmbulo, minhas relações com Smith se viram em seguida muito melhores, principalmente pela coincidência entre nossos interesses, mas também pela especial personalidade desse marinheiro.

Tratava-se de um belo homem de quarenta e três anos, nascido em Londres, no seio de uma família de longa tradição militar e naval, parente de vários primeiros-ministros. Era um personagem que algumas mulheres consideravam tão romântico que pouco tempo antes fora tomado como fonte de inspiração de uma novela escrita por uma compatriota. O que mais me atraía nele, no entanto, era sua ampla experiência nos assuntos do rio da Prata, região pela qual os britânicos tinham interesse havia muito tempo, como demonstravam as recentes "invasões" à capital.

Smith, sabendo que a revogação da Lei Sálica me colocava na primeira linha da sucessão ao trono da Espanha, experiente marinheiro e bom estrategista, pôs-se a elaborar comigo um projeto favorável a minhas expectativas, demonstrando uma surpreendente devoção à causa.

De fato, em suas memórias, redigidas, assim como as de Júlio César, na terceira pessoa a fim de ressaltar uma suposta objetividade do narrador, chegaria a escrever que "desde o início do comando de Sidney Smith a corte do Brasil estava dividida entre dois partidos distintos – o do príncipe e o da princesa – e que sir Sidney Smith era considerado líder deste último".[8]

Com as coisas dessa maneira, durante uma reunião do conselho de Estado ocorrida no Rio de Janeiro cinco meses depois de nossa chegada, Souza Coutinho explicou aos presentes sobre as possibilidades que se abriam nos territórios platinos para o príncipe de Portugal, em função da abdicação dos Bourbon espanhóis, já que eu, filha primogênita de Carlos IV, era esposa do príncipe regente português, e o infante espanhol Pedro Carlos, seu sobrinho carnal. Dois parentescos que aproximavam muito João do trono da Espanha. Enquanto a península estava tomada pelos franceses, a região que os portugueses desejaram possuir depois da descoberta do Brasil, a do rio da Prata, estava ali ao lado para que o príncipe regente se servisse dela.

Diante dessa série de grandes obviedades de Souza Coutinho, um dos conselheiros destacou que meus direitos à coroa espanhola eram mais sólidos que os de meu primo, devido à revogação da Lei Sálica. Isso provocou o desagrado de Rodrigo e tornou seu olhar mais escuro do que já era.

Em seguida, como se não tivesse ouvido isso, o ministro solicitou que o nome de Pedro Carlos aparecesse ao lado do meu no chamado *Manifesto aos vassalos*, documento que planejava redigir e enviar aos súditos espanhóis da América como um informe da situação em que se encontravam aqueles domínios, em consequência da queda de minha família na Espanha.

Desde então, ficou claro para mim que, por meio do ardil de incluir meu querido Pedro Carlos no lote, Souza Coutinho, instruído por meu marido, tentava controlar-me. João estava certo de que, se eu me encarregasse daqueles territórios, jamais agiria contra os interesses da Espanha nem permitiria aos portugueses acesso ao rio da Prata. Essa cessão, em contrapartida, afigurava-se fácil a meu amado primo, um estranho caso de infante espanhol educado em seu país até os dez anos e que odiava seus compatriotas e sua pátria.

※

Para fazer valer "nossos" direitos ao trono da Espanha a "nossos" súditos hispano-americanos, convinha de todos os modos que o referido manifesto fosse comunicado em castelhano. Sidney Smith, portanto, solicitou a tradução do documento original ao doutor José Presas, sobrinho de um rico comerciante catalão estabelecido em Buenos Aires, cidade em que o tradutor vivera até pouco tempo antes. Dois dias depois de concluída a versão em espanhol, ela foi aprovada pelo conselho e assinada por mim e ficou pronta para ser enviada. No entanto, no dia seguinte, meu primo Pedro Carlos fez uma declaração assegurando que os direitos ao trono da Espanha correspondiam ao então rei de Nápoles, irmão mais novo de meu pai. Com essa afirmação, ele obviamente procurava tornar inviável tanto minha candidatura quanto a dele.

Uma estudiosa brasileira escreveria que as "responsabilidades dessa contradição ficam claras, já que no manifesto publicado pelo infante dom Pedro Carlos podemos assegurar que há intervenção, senão material, pelo menos espiritual" de Souza Coutinho.[9] E isso "com o objetivo de compensar o efeito que poderia produzir a proclamação de dona Carlota, porque, ao serem duas as pessoas que alegavam direitos para exercer a autoridade, a opinião se dividiria, e com isso subtraíam-se partidários da princesa".

Certamente, isso me fez perder as poucas esperanças que tivera em relação a Souza Coutinho, a quem, a partir de então, comecei a chamar, em *petit comité*, de doutor Trapalhadas. De qualquer modo, o *Manifesto aos vassalos* foi enviado às distintas autoridades e instituições espanholas na América, entre as quais o vice-rei de Buenos Aires, a assembleia da mesma cidade, o governador de Havana, os vice-reis de Peru, Nova Espanha (México), e outros notáveis espanhóis e *criollos* do Chile, da Guatemala etc.

Satisfeita, *grosso modo*, com a versão final daquele documento, lembrei que Smith havia me contado maravilhas sobre o talento organizacional do tradutor, o doutor Presas. Assim, pensando que sua ajuda poderia ser-me muito útil para a condução dos negócios de alta monta que me propunha executar, pedi ao almirante que nos apresentasse.

XIII

Rainha do rio da Prata em espera

(1808)

𝒞onheci pessoalmente aquele que seria por vários anos meu secretário particular no Brasil – isso aconteceu na tarde em que eu e toda a família real fomos pela primeira vez à casa de sir Sidney, na região do castelo do Rio de Janeiro. No dia seguinte, o doutor Presas foi até o palácio da cidade, onde ainda residiam os Bragança, receber minhas ordens e conferenciar sobre os negócios futuros. Era a primeira vez que tinha a oportunidade de conversar a sós com ele, o que me enchia de expectativa. Quando, no dia anterior, começara a falar com Presas, rápido e sem parar (como é meu hábito), na presença de meu marido, de Smith e de dom Rodrigo, percebi os ciúmes daqueles homens pela confiança com que tratava aquele humilde serviçal.

Mesmo assim, no palácio, mantive a reserva e apenas comuniquei que meus desejos se limitavam a ganhar a vontade dos habitantes da América do Sul para quando chegasse a ocasião de passar por Buenos Aires, onde pensava celebrar cortes, segundo o antigo uso e costume da Espanha. Isso porque eu e sir Sidney havíamos decidido que seria da capital do rio da Prata que eu exerceria meu poder sobre os domínios americanos de minha família.

Ao dizer isso, notei nos olhinhos do catalão um brilho especial, mas ele não fez nenhum comentário a respeito. Em contrapartida, de modo muito formal, disse que o único meio pelo qual eu poderia ver realizados esses meus desejos era enviando correspondências a atrair a meu favor a opinião de meus futuros súditos. Por isso, ele me recomendava que, junto com as cartas formais que tínhamos que enviar às distintas autoridades e personalidades da América espanhola, expedisse para acompanhar o envio do manifesto uma circular de próprio punho e letra, pedindo-lhes que fizessem suas proclamações a minha justa causa. "Tudo isso envolto nas fórmulas de amor e fidelidade à Espanha e a seu rei."[1]

A partir do dia seguinte, portanto, estive grande parte dos dias em meu aposento, passando a limpo de próprio punho e letra essa e outras cartas redigidas por Presas, com base em minhas instruções. Missivas destinadas a "ganhar a vontade dos habitantes da América do Sul para quando chegasse o momento de passar a Buenos Aires", de maneira a "dirigir de modo particular a vontade dos sujeitos a quem eram dirigidas".

Essa paciente e humilde tarefa de minha parte causou surpresa não só aos membros do governo de meu marido. Minha nova relevância colocava um novo problema à corte portuguesa, que me considerava conspiradora. Naturalmente, Souza Coutinho encarava com desagrado o que considerava ingerência de minha parte numa questão em que apostava seu futuro político.[2]

Fiquei surpresa, em contrapartida, que as primeiras respostas às cartas enviadas por mim fossem de americanos nativos. De fato, seria no "elemento espanhol", nascido na península propriamente dita, onde menos esse projeto encontraria apoio – a exceção foi o representante militar do governo espanhol no Alto Peru, o general Goyeneche. Talvez porque esse fidalgo navarro fosse parente de Echenique, o secretário particular de meu avô que havia comunicado ao reino meu nascimento.

A assembleia de Buenos Aires, composta na maior parte por espanhóis, ou pessoas vinculadas pela lealdade à coroa, respondeu dizendo que tinha reconhecido Fernando VII e que por nenhuma causa se afastaria dessa fidelidade. Em geral, todos os peninsulares que viviam na cidade portenha interpelados por mim consideravam muito altruístas meus sentimentos e minhas aspirações, mas nenhum deles estava claramente disposto a me apoiar com a representação que ostentavam.

O *Manifesto aos vassalos* causou, em compensação, efeito positivo no elemento *criollo* daquela cidade, que imediatamente entrou em contato comigo para resolver de comum acordo a maneira de realizar meus planos.[3]

Tomei consciência, então, de que Presas soubera compreender melhor que ninguém o arrivismo de parte daquela elite portenha. O catalão me contou que alguns dos membros haviam sido seus colegas de estudo na Universidade de Charcas, no Alto Peru, onde ele cursara direito. Explicou-me, também, que aqueles eram os representantes de uma camada remediada, descendentes dos primeiros povoadores daquela cidade no século XVI, à qual se agregara um notável número de militares, burocratas e comerciantes, em grande parte de origem basca, chegados à cidade no tempo em que os portugueses haviam fundado Colônia do Sacramento (1730), do outro lado do rio da Prata.

Na realidade, segundo Presas, não faltava entre os habitantes endinheirados daquela vila portuária uma boa quantidade de descendentes de judeus convertidos, cuja riqueza fora feita naquele empório "oriental" a partir do contrabando e da venda de escravos. Surpreendeu-me ouvir que metade dos médicos da capital do rio da Prata tinha essa significativa origem.

De qualquer modo, os dois que mais chamaram-me a atenção por sua apaixonada entrega à causa não pareciam se encaixar em nenhum desses tipos. O que me pareceu mais instruído era advogado, filho de um rico comerciante genovês estabelecido em Buenos Aires; seu sobrenome era Belgrano e, segundo comprovei em seguida, havia estudado na Universidade de Salamanca. O outro era um poderoso comerciante de procedência duvidosa chamado Rodríguez Peña.

Em uma missiva que eles me enviaram, assinada com outros portenhos relevantes, punham-me a par das intrigas que ocorriam na cidade em torno de meu desejo de me mudar para lá. E pediam minha proteção, "assegurando a Vossa Alteza que são muitos os homens de bem e de juízo com quem pode contar".[4] A carta havia sido entregue a mim pessoalmente pelo português de mãe florentina Felipe Contucci, "honrado vassalo, sujeito interessado tanto nas glórias de Vossa Alteza como na felicidade do país", tal como rezava o bilhete com que se havia apresentado no palácio.

Considerando o fervoroso interesse demonstrado por aquele diversificado grupo de partidários, o doutor Presas insistiu comigo que "era de suma importância a brevidade com que devia utilizar-se o projeto concebido de marchar o quanto antes a meus domínios, pois as ideias dos habitantes de Buenos Aires encontravam-se errantes, sem reconhecer seu verdadeiro centro". Então, acrescentou que não era justo "que Vossa Alteza, podendo obter e conservar as ricas possessões da América, se coloque sob o iminente perigo de perder um patrimônio para cuja aquisição dona Isabel, a Católica, houve por bem empenhar suas pedras preciosas e joias".

Com isso, o catalão quis me associar, de maneira cortesã, ao conhecido episódio em que aquela antepassada minha, rainha e mulher de *animus virilis*, séculos atrás sacrificara os custosíssimos *balajes* (rubis cor de sangue) que lhe foram entregues por seu marido, Fernando, o Católico, como dote de casamento, para financiar a primeira viagem de Colombo.

No entanto, Presas não era um vulgar adulador, pois também me instou, em breve, a prestar especial atenção a fim de que meus planos não fossem impedidos por possíveis intrigas palacianas. "Que, além desses inconvenientes, podem aqui mesmo levantar-se outros inimigos domésticos (que são os piores) – suficientes, senão para impedir, pelo menos para retardar e, por conseguinte, frustrar suas reais intenções."

Na Espanha, enquanto isso, o destino parecia favorecer meus planos americanos, pois, como consequência da confirmação da detenção de minha família na França, no final de setembro foi constituída em Aranjuez a Junta Central, máximo órgão de poder nacional espanhol para fazer frente aos invasores. Segundo Presas, eu devia entrar em contato com essa instituição imediatamente, pois, embora fosse a primogênita do rei Carlos IV e irmã de Fernando VII, "não tinha direito, sem estar autorizada pela nação, de mandar nem dispor nada sobre os domínios da Espanha. Nem para me imiscuir na direção dos negócios públicos que o povo espanhol havia reassumido quando se viu sem rei e sem chefe".

Enquanto eu refletia sobre o que fazer em relação a esse outro presente da Providência, passava a limpo os rascunhos de várias cartas dirigidas aos membros da assembleia de Buenos Aires. "Cujos nomes", dizia-me Presas, "devem ser colocados ao pé da carta, não no cabeçalho, e sem deixar para outro dia". "Não poupe trabalho, porque é o único meio de alcançar o fim que algum dia lhe servirá de muita glória e agora serve para livrar-nos"[5] das tentações dos muitos demônios que, segundo o dito de são Jerônimo, assolam os ociosos.

Eu me submetia a esses sacrifícios de boa vontade e logo recebi como prêmio mais cartas assinadas pelos indivíduos que se viram honrados e favorecidos por elas. Pessoas que se declaravam a meu lado e inclinavam seus amigos e pessoas próximas a entrar no mesmo partido. Assim, em pouco tempo, grande parte dos habitantes de Buenos Aires e principalmente da capital ansiava ver-me à frente do governo.

Em uma carta pessoal,[6] personagenzinho que depois se colocaria contra mim, Rodríguez Peña contou-me que se dedicava a difundir em sua cidade impressos, financiados por ele, para promover minha "coroação" na capital do vice-reino do rio da Prata. Papéis em que solicitava aos portenhos que pedissem oficialmente minha "proteção", assim como minha imediata mudança para Buenos Aires, onde seria proclamada, de momento, regente.

A maior parte das cartas que provinha daquela cidade foi tão favorável como as do tal Peñita. "Apenas o vice-rei de Buenos Aires, o francês Santiago de Liniers, tornou manifesta sua oposição, em termos gerais de urbanidade e política." Presas me explicou que lhe parecia natural que aquele alto servidor régio quisesse continuar no comando, "já que a isso era incitado por certa mulher que o dominava. Madame Perichon". Foi a primeira vez que ouvi pronunciar o nome dessa fêmea que me preocuparia durante vários meses, fazendo com que gastasse muito de meu precioso tempo em trâmites. De acordo com o que me contou o catalão, aquela francesa se estabelecera com a família em Buenos Aires, onde seu pai faleceu pouco tempo depois.

Tais circunstâncias obrigaram-na a se valer de seus recomendáveis dotes naturais para se sustentar na pompa e no luxo com que se apresentara no rio da Prata. O vice-rei Liniers era o único que podia, com seu grande soldo e os emolumentos do primeiro cargo que desempenhava, bancar os excessivos gastos de madame. Razão bastante poderosa para que se opusesse à realização dos desejos daqueles que haviam manifestado fervoroso apoio a meus planos.

Depois de ouvir essas explicações do catalão, pensei se não fariam parte de um estratagema para conquistar minha simpatia, jogando com a conhecida rivalidade entre mulheres, sobretudo quando uma delas é muito bonita. No entanto, um episódio relatado pelo próprio Presas inclinaria o prato da balança para minha antipatia definitiva pela tal madame.

O fato havia ocorrido em Buenos Aires, depois da chegada àquela cidade de uma missão enviada por Napoleão, anunciando a ideia do imperador de incorporá-la a seus domínios. Numa noite, alguns espanhóis que passavam pela rua ouviram que, na casa de Perichon, as pessoas cantavam:

À merda, à merda, espanhóis,
Viva Napoleão
Morte a Fernando VII
À pátria e à religião.

Tal blasfêmia e desmedida insolência exasperou os ânimos dos espanhóis residentes naquela vila, a ponto de, para apaziguá-los, Liniers ver-se obrigado a mandar sua amante e toda a família dela embora dos domínios da Espanha, imediatamente.

Esse episódio portenho também chamou a atenção de meu marido, dado que seus Estados brasileiros, por imediação, estavam expostos a experimentar os efeitos daquelas opiniões divergentes. O caso é que, por essa razão, João quis ter notícias precisas sobre aqueles acontecimentos.

※

Como Presas me parecera sério e competente, três meses depois de conhecê-lo, decidi nomeá-lo meu secretário particular, atribuindo-lhe um soldo pago de meu próprio bolso, de modo a não depender do príncipe nem do governo. Quando lhe fiz o anúncio, o catalão ficou sinceramente emocionado e disse-me que, de imediato, devíamos redigir uma nova carta destinada à Junta Central da Espanha. Nela, eu deveria declarar-me "pronta para passar nesses domínios (Espanha) a ocupar a regência, que com respeito à Constituição nacional deve ser criada e admitir-se pelo voto geral da nação para todo o tempo que meu querido irmão e o restante da família permaneçam em sua atual desgraça".[7] Eu deveria também contar à junta que na França estava sendo preparada uma invasão do rio da Prata e que Smith decidira marchar até Buenos Aires para defendê-la, enquanto se preparava minha chegada. Uma vez escrita e copiada, a missiva foi entregue a um oficial inglês apresentado a mim por Smith para que a levasse à Espanha.

Por minha iniciativa, uma vez despachada a anterior, decidi escrever uma carta de próprio punho e letra ao velho conde de Floridablanca, antigo ministro de meu avô.[8] A Providência quis que a presidência daquele órgão tivesse caído em ninguém menos que no verdadeiro artífice de meu casamento com João. A esse acontecimento aludi em minha missiva: "Obrigada com a gratidão e o reconhecimento que mereciam seus distintos serviços".

O afeto sincero e a confiança que sentia por aquele fiel serviçal da coroa me permitiram estender-me com sinceridade sobre um conflito. Aquele "que com tanta incidência foi introduzido pela criminosa ambição de Godoy, aquele homem mau". Portanto, expliquei ao conde que, muitas vezes, quando vivia em Portugal, em minha pátria minha conduta foi censurada por condoer-me por sua infeliz situação. "E que eu não tinha outro arbítrio que não fosse guardar o mais profundo silêncio, pois sempre haviam podido mais as sugestões daquele pérfido que os justos sentimentos do mais terno amor filial."

Dado que eu tinha a suficiente confiança naquele "colarinho" para fazer referência a dolorosos episódios de minha família, contei-lhe que, na corte do Rio de Janeiro, eu me sentia desvalorizada e envilecida e pedi-lhe que procurasse como me livrar de todas as vexações que sofria.

Como se escrever aquela carta tivesse evocado fantasmas familiares, no final de 1808 recebi informações sobre a malfadada sorte que coubera a meus pais e a dois de meus irmãos, desde os tristes episódios de Baiona.

Os reis foram "convidados" por Napoleão a se acomodar no palácio de Compiègne, relativamente próximo a Paris. Fernando, com meu outro irmão, Carlos Isidro, eram hóspedes do castelo que Talleyrand-Perigord, ministro de Negócios Estrangeiros do imperador, tinha em Valençay, mais ao sul da França.

Sabendo que poderia contar com um salvo-conduto imperial para fazer-lhes chegar minhas palavras, decidi, pois, escrever-lhes.

Em primeiro lugar, redigi cartas a meu papai do coração e a minha mãezinha do coração, a quem manifestei que "o que meu coração sente nem minha boca nem minha pluma poderão explicar" e "que daria mil vidas, se as tivesse, para salvá-los".[9]

Dadas as condições em que eles se encontravam, pareceu-me contrário à caridade cristã fazer qualquer tipo de crítica às circunstâncias que os haviam conduzido até a dourada prisão. A mesma cautela coloquei ao escrever a meu querido irmão do coração, que, num primeiro momento, arrebatara a coroa de meu pai por meio de uma conspiração.

Não obstante, escrevi: "Sou vossa irmã, sou infanta da Espanha e princesa do Brasil e tenho a força suficiente para manter a alta dignidade que corresponde a essas funções", apesar do muito que me custava "conter as lágrimas que o mais terno amor fraternal arranca de minha alma diante da ideia de vossa infeliz condição".[10] A conselho de meu secretário, em nenhuma dessas três cartas informei meus familiares sobre meus planos na Espanha nem no rio da Prata. Pois, como Presas me alertara logo ao me conhecer, "os inimigos internos do palácio são mais perigosos que os externos". E eu bem sabia o poder que podem ter certos serviçais palacianos quando são corroídos pela inveja.

Por fim, quando faltavam poucos dias para terminar o primeiro ano cronológico de minha estadia no Rio de Janeiro, passei a limpo o documento mais importante do plano. A chave de meu projeto político para a América do Sul, o pedido de permissão formal a meu marido para viajar a Buenos Aires. Nesse texto, por certo, relembrei a ele que, já antes de enviar o *Manifesto aos vassalos*, havia-lhe solicitado "anuência e real consentimento para aproximar-me daqueles domínios, com aquele respeito que lhe é devido".[11]

XIV

Calar o bico

(1808)

Quatro dias depois de solicitar a permissão de meu marido para viajar a Buenos Aires, o príncipe me respondeu:

> Ninguém melhor que Vossa Alteza pode estar certa dos sentimentos para com os mui fiéis e leais espanhóis. Em consequência disso, tenho por bem aceitar seu pedido, prestando, como para isso dou e presto, meu real consentimento para que quando V. A. for chamada de maneira formal, e autêntica, possa empreender sua viagem aos territórios dos domínios de Sua Majestade católica.[1]

Obtido, pois, o consentimento de meu augusto esposo, passei-o a Presas para que o entregasse a Smith. Depois de examiná-lo, o contra-almirante disse que "este papel chega a tempo de ser passado a Londres. Servirá de base ao trabalho que estou fazendo para estabelecer a obra que temos empreendido para manter a paz e a boa harmonia naqueles domínios, mantendo a integridade dos domínios do rei da Espanha e das Índias".

A última parte da sua resposta me satisfez sobremaneira, porque era contrária às aspirações de Souza Coutinho, mas também porque, segundo me contara Presas, Smith, logo após os dois se conhecerem, disse-lhe que estava no Brasil para fomentar a independência das colônias espanholas.

Pela resposta do contra-almirante ao secretário, deduzi que, depois de conhecer a importância de meus planos, o marinheiro havia mudado de ideia. As poucas dúvidas que podia ter a respeito da lealdade de sir Sidney a minha causa deixei de lado devido a um fato que precipitou a possibilidade de minha viagem ao rio da Prata, ou seja, a chegada à Baía de Guanabara da fragata espanhola *La Prueba*, proveniente da Inglaterra. Isso me levou a enviar a meu secretário a seguinte nota: "Presas, segundo me informei, o navio traz o governador de Montevidéu e o novo vice-rei de Buenos Aires e vem com despacho para o príncipe e sir Sidney Smith. Se achar positivo, seria bom preveni-los de tudo e que você viesse amanhã aqui às oito e meia para ajustar isso".

Estendendo-se além de minhas ordens, no dia seguinte meu serviçal teve a ideia de passar antes a bordo do referido navio. Seu propósito era indagar, sob o pretexto de uma visita de cortesia, o emprego ou o destino dos indivíduos que iam como passageiros. Assim que chegou ao palácio depois da visita, perguntei-lhe "que espécie de homem era" o citado substituto de Liniers.

"Senhora", respondeu-me Presas,

> Ruiz Huidobro é um marinheiro galego muito elegante. Quando o visitei em Montevidéu, estando ele ali como governador, seu corpo exalava mais odores que uma perfumaria. Esta é uma coisa bem imprópria para um verdadeiro militar, só tolerável nas mulheres.
> Em minha opinião, convém sobremaneira que Vossa Alteza se empenhe ao máximo para que esse marinheiro não prossiga viagem. Ao contrário, que se providencie um navio para que ele, encarregado de uma aparente incumbência de V. A., regresse à Espanha. Desse modo, serão evitados os males que irá causar à tranquilidade pública e ainda à segurança do rio da Prata.

Concordando com o que Presas me dissera, naquela mesma noite combinei com Smith o modo como poderia ser executada a ideia de servir-me daquele navio para viajar a Buenos Aires, depois de termos despachado Ruiz Huidobro de volta à Espanha – com o que o almirante também estava de acordo. Passei, pois, a ordem escrita a meu secretário para que fosse ver o galego e lhe dissesse que eu o receberia naquele mesmo dia, às nove e meia da noite.

Assim, Presas dirigiu-se à fragata para comunicar a ordem ao marinheiro, que concordou, muito satisfeito. Pensava certamente que eu lhe entregaria o título de vice-rei, solicitado à Junta da Espanha, mas que esta, na realidade, não lhe concedera, como Presas havia averiguado.

No entanto, na entrevista no palácio com aquele almofadinha cheio de galões dourados, no momento em que lhe indiquei minha intenção de que regressasse à Espanha, negou-se terminantemente a aceitar. E aquela que ele antes considerara como única soberana da Espanha, com poder de nomear chefes e governadores, ele rebaixou naquele momento à categoria, para ele, de pessoa comum. Depois, despediu-se bruscamente, dizendo que precisava voltar à fragata. No entanto, antes de regressar à Baía de Guanabara, pediu de imediato audiência com meu marido e naquela mesma noite falou com ele.

Quando voltou a bordo, reuniu-se em conselho de guerra com o comandante e os oficiais do navio e disse-lhes que, durante a conversa comigo, havia "percebido que essa senhora pretende por meio de uma incumbência afastar-me da companhia dos senhores e apoderar-se depois da fragata e dispor dela para assuntos particulares, que nenhuma relação têm com o serviço à Espanha. Conta, para isso, com a proteção do contra-almirante Smith".

Ciente, mandei buscar o comandante do *La Prueba* e disse-lhe que tinha que se colocar sob minhas ordens, "sem obedecer nem mesmo ao príncipe, e ofereci-lhe por tal serviço uma esplêndida remuneração". O capitão fingiu aceitar o trato, mas depois ignorou minha ordem. Por isso, enviei uma carta a Ruiz Huidobro, na qual ordenava que, ao fim de vinte e quatro horas, deveria "estar pronto e livre para realizar uma incumbência de grande interesse e importância para seu soberano Fernando VII, para a nação espanhola e para meu real (sic) serviço".

Não tendo recebido resposta, deixando-me levar por um momento de desânimo, escrevi a Presas que via

> o caso perdido se sir Sidney ceder. Irá tudo por água abaixo; ficarei aqui odiada e, se for possível, ainda mais infeliz do que fui até agora.
> Guarde isso para você, observe e avise-me de tudo para que eu saiba em que falcatrua querem meter-me; além disso, avise sir Sidney para que não abandone sua tarefa e diga-lhe que o príncipe nesses negócios tem sempre duas caras.

De fato, durante o conselho de guerra ocorrido na embarcação, o galego propusera deixar de imediato o Rio de Janeiro, "aproveitando o vento da manhã para partir sem dizer nada". E como todo o conselho havia aprovado a proposta, o comandante ordenou a partida para Montevidéu assim que possível. Desse modo, "entre as sete e oito da manhã (seguinte) levantaram vela". Assim que *La Prueba* deixou a barra – eu ainda não voltara a falar com Presas nem sabia da partida da nau –, recebi uma carta de meu marido.

> Seu plano de aparecer no rio da Prata a fim de assegurar aquelas províncias para a monarquia espanhola, além de fazer sofrer meu coração pela ideia que necessariamente se une de fazer com que nos separemos um tempo, tem contra si o que justamente argumenta e com toda prudência, e moderação, o ministro de meu fiel aliado, Sua Majestade britânica, credenciado junto a minha real pessoa, e por consequência é absolutamente inadmissível.[2]

Essa "retratação" de João em plena regra, depois de ter sido advertido por Souza Coutinho e lorde Strangford da "imprudência" de eu partir rumo ao rio da Prata, foi qualificada por uma estudiosa como "espantoso exemplo da dissimulação política e conjugal de dom João".[3]

Segundo a versão de meu secretário, o que desencadeou a reação de meu marido havia sido minha incontinência verbal. Pois, como eu mesma relatara a Presas, quando falei com meu marido sobre minha mudança para Buenos Aires, eu deixara escapar "a ideia de que nunca, nem em pensamento, consentiria uma alienação com os portugueses". Não nego ter dito isso. Nego que foi isso que levou João a retratar-se, porque meu querido esposo do coração bem sabia desde muito antes que, por caráter e convicção, eu jamais aceitaria que os lusos mandassem nos espanhóis, menos ainda em sua própria pátria.

Vinte anos se passaram desde aquele triste episódio. Posso agora, portanto, referir-me com maior profundidade ao que levaria meu medroso marido a agir desse modo. Em primeiro lugar, "sugestões e intrigas dos privados". Isto é, o círculo de Lobato, supervisor de guarda-roupa, e seus acompanhantes, que em Portugal haviam ajudado a revelar a conspiração de 1806. Pois eles "viam como inevitável sua ruína a partir do dia em que eu conseguisse obter algum mando".

A segunda causa daquela "retratação" de João seria, sem dúvida, a influência exercida sobre ele pelo ministro da Inglaterra, lorde Strangford, "diplomata hábil e de indiscutível mérito, possuído do mesmo afã de notoriedade que dominava dom Rodrigo de Souza Coutinho" e que, como irlandês, sentia profunda inveja do inglês Smith.

A terceira razão, certamente, foi "o medo fundado que meu marido tinha de que, uma vez que eu me visse senhora de Buenos Aires, formasse um exército e fosse até o Rio de Janeiro despojá-lo do trono e colocá-lo onde não batesse o sol".

O caso é que, um dia após saber do boicote a meus planos, comecei minha rotina com o secretário Presas dedicando-me a uma série de imprecações contra meu augusto esposo, que o deixaram atônito. Depois de me acalmar de algum modo dessa espécie de desabafo, ele começou a me fazer mil reflexões, dirigidas todas a desculpar tanto o príncipe como a manifestar-me que aquele não era assunto para me incomodar tanto.

A bem da verdade, devo aqui registrar que, além dessas indiscrições referidas por meu secretário por escrito, ele também diria que, "se para governar não fosse necessário falar, talvez as mulheres governassem melhor que os homens".

※

A suposta incapacidade das mulheres de "calar o bico" criticada por Presas voltou a se manifestar, de minha parte, com uma variante. Ocorreu pouco depois do Natal, quando, em uma carta que, a conselho de meu secretário, escrevi a Liniers, vice-rei de Buenos Aires, eu disse a ele, com muita satisfação por apontar sua má conduta como governador de Montevidéu, que a atribuía "a ressentimentos pessoais que não cabem nesse momento de perigo".[4]

Não satisfeita, cinco dias depois, por recomendação de Presas, escrevi à Junta Central da Espanha que não perdesse "de vista as cidades de Buenos Aires e Montevidéu"[5] nem os "distúrbios" entre o vice-rei da primeira e o governador da segunda. E que me parecia "que não convém por mais tempo a presença nem o mando de Liniers no rio da Prata, por temperar-se com as sugestões de madame Perichon, e que, por condescender com seus afagos e suas carícias, havia cometido vários excessos".

Uma vez que eu ainda não percebera como meu secretário podia ser indiscreto, quando faltava pouco para acabar o primeiro ano de minha estadia no Brasil, cometi outro grande erro.

Como todos os meus papéis estavam muito desorganizados desde a saída de Portugal, entreguei-os a Presas, "em duas grandes bolsas de veludo carmesim", para que os colocasse em ordem. Aconteceu que, entre eles, ele encontrou, escrita de próprio punho, minha confissão geral. Um documento que meu marido me obrigara a redigir, depois dos episódios de 1806 e que Presas me devolveria com o título de "reservadíssimos". O mesmo fez com três cartas de minha augusta mãe, a rainha Maria Luísa, que se encontravam no meio da documentação.

Conforme Presas comentaria muito tempo depois, a alta confiança com que eu o distingui, a honra e a religião o impediam e proibiam de falar desses segredos. Sei que entre os muitos defeitos que me atribuem aqueles que não gostam de mim está o da ingenuidade.

Muito bem, agora pergunto: existe alguém que pense que uma princesa real da casa de Bourbon, mãe de nove filhos (um deles morto), alvo de suspeitas de adultério por parte de seus inimigos, seria imprudente a ponto de mandar a seu secretário particular papéis que realmente comprometessem sua reputação moral e a de sua mãe?

XV
O Talmude palaciano
(1809)

A grande confiança que depositei em meu secretário no Brasil, a quem considerava leal, permitiu-lhe entrar em meu quarto quase diariamente, durante uns quatro anos. Isso deu-lhe também a oportunidade de observar e conhecer aspectos de minha vida no palácio que eu mostrara a pouquíssimas pessoas.

Graças a essas ocasiões, Presas assistia aos momentos em que os infantes, meus filhos, todos os dias às nove da manhã, pouco mais, pouco menos, encaminhavam-se, cada um com seu acompanhante ou seu camareiro, a meu quarto e ao de João para beijar-nos a mão e saber como tínhamos passado a noite.

Às vezes acontecia de eu estar ocupada com algo; então, o catalão, antes de despachar comigo, aguardava no local onde habitualmente ele escrevia quando eu não podia atendê-lo. Em tais ocasiões, meu filho Miguel costumava chegar perto de alguma de suas irmãs para dar-lhe um beliscão ou pisá-la dissimuladamente. No mesmo instante, os presentes notavam o que ele havia feito, pelo grito que dava a coitada da menina.

Um dia – lembro bem que foi em 1809 –, estávamos eu e Presas muito atarefados despachando minha correspondência, quando, de repente, uma criada se apresentou. Era a camareira que havia acompanhado Miguel a beijar a mão de sua avó, a rainha Maria I. Contida, disse-me:

— Não sei mais o que fazer com esse menino, que acaba de mergulhar de roupa e tudo na bacia de água que está logo depois do corredor, e como eu ameacei contar a Vossa Alteza me agarrou pelo vestido e não largou e me derrubou (a mulher era bem manca), fazendo-me ficar de modo indecoroso à vista dos que passavam.

Nem bem acabei de ouvir, saí precipitadamente atrás de meu filho; encontrando-o ainda na bacia, tirei um sapato e bati nele umas seis vezes. Qualquer criança teria alvoroçado o palácio inteiro com gritos e choro, mas Miguelico, que ainda não fizera sete anos, não deu um suspiro nem derramou uma lágrima. Segundo soube depois, quando seu irmão Pedro perguntou o que havia acontecido, respondeu:

— Minha mãe me bateu, e eu não chorei, mas essa maldita manca vai pagar caro por isso.

Outra vez, um dos chefes da esquadra inglesa lhe deu de presente dois canhõezinhos de bronze, montados em suas respectivas carretas. Poucos dias depois, o infante começou a disparar com eles da porta de seu quarto na direção de quem passava pelo corredor – algo que me deixou muitíssimo contrariada. Nunca descobri quem lhe dava a pólvora!

Em outra ocasião, quando suas irmãs estavam reunidas para brincar no quarto de minha filha Maria Teresa, Miguel fugiu de seu aposento para ver o que acontecia ali. Armou, então, tamanha confusão entre as infantas que obrigou a irmã mais velha a dizer em voz alta:

— Protesto a Vossa Alteza que vou contar à mamãe.

Ao ouvir de meu quarto a palavra "protesto" (que em português de Portugal tem um significado mais forte que em castelhano, sendo quase ofensivo), levantei-me rapidamente para averiguar a causa da reclamação. Não precisei saber de mais nada quando vi Miguel ali. Na mesma hora, eu disse:

— Você tem sempre que ser o Judas desse apostolado.

Isso aconteceu quando eu estava saindo da depressão em que havia caído após a fracassada tentativa de me mudar para o rio da

Prata no *La Prueba*. Uma época em que já voltava a me sentir estimulada para os negócios de Estado. Sobretudo, em razão da recente assinatura do tratado de aliança entre Espanha e Grã-Bretanha para lutar contra os franceses invasores da península, no qual ambas as partes confabularam para expulsar do trono o usurpador "rei da Espanha" José Bonaparte, irmão do corso, outro *parvenu* do poder a quem os espirituosos espanhóis haviam começado a chamar de Pepe Botellas [Zé Garrafa],* devido à grande devoção a Baco.

~

Em virtude daquela aliança, Presas aconselhou-me a ajudar e proteger todos os compatriotas necessitados que se apresentassem diante de mim no Rio de Janeiro. Desse modo, eu ganharia, disse ele, a vontade dos espanhóis peninsulares para que se mostrassem receptivos ao plano de tornar-me regente da Espanha, ao qual eu começava a me inclinar, como contrapeso ao fracasso portenho.

Quase todos os navios mercantes que chegavam à Baía de Guanabara dos portos da Inglaterra levavam alguns marinheiros espanhóis que, em razão da aliança, acabavam de sair das prisões onde haviam sido enclausurados durante o tempo que durou a guerra entre nossos dois reinos. Careciam de recursos para voltar à pátria, e naquela época ainda não existia na corte do Brasil representante do governo da Espanha. Portanto, apenas eu, por caridade, podia amparar e proteger esses desvalidos espanhóis.

Adotada a recomendação de Presas, decidi que ele cuidaria dessa questão. Imediatamente começaram a se apresentar diante dele indivíduos de todas as classes, uns solicitando transporte para os portos

---

* Acredita-se que Bonaparte tenha sido apelidado assim pelo suposto alcoolismo. (N.E.)

da península e outros pedindo auxílios pecuniários, a fim de atender a suas necessidades extremas.

Para o primeiro, era necessário que meu secretário desse muitos passos, procurando navios, a cujos capitães apresentava minha intercessão. Para o segundo, a toda hora eu lhe fornecia de meu "bolso secreto" algumas pequenas quantias, de cuja destinação e distribuição Presas começaria a me dar um cálculo exato.

Depois de me entregar o primeiro deles, perguntei:

— Que papel é este?

— A conta — respondeu Presas.

Então, sem ler, rasguei e disse:

— Quando eu tenho inteira confiança em um sujeito, não preciso de documentos para estar segura de sua conduta.

— Agradeço, senhora, esse excesso de liberdade — disse ele —, mas preciso dizer que nem todos pensam como Vossa Alteza, tampouco todos os tempos são iguais. Não basta ter razão e justiça, também é necessário poder acreditá-la.

— Tu sabes — respondi — que não dou entrada a intrigas e cavilações dos cortesãos e nada tens que temer enquanto estiveres a meu lado.

De qualquer forma, não é de estranhar que o acordo entre Grã-Bretanha e Espanha voltasse a despertar minhas esperanças de ser senhora do rio da Prata. Continuava, é claro, ressentida pelo papel que Strangford tivera, impedindo-me, por meio de sua intriga com o doutor Trapalhadas, que eu partisse rumo ao rio da Prata.

Mas esperava que os bons contatos que o almirante Smith dizia ter na corte de Saint James, graças a seu pai, apoiassem minhas próximas combinações. Isso, por certo, levaria a uma curiosa competição entre João e eu para reconciliar-se com sir Sidney. De fato, o príncipe regente, como forma de distinguir os particulares serviços que o contra-almirante lhe prestara, livrando-o de cair em poder do general Junot, pouco tempo antes o presenteara com uma casa de campo, com suas terras e vários escravos para cultivá-la.

Ficava do outro lado do porto do Rio de Janeiro, ao pé de um morro e às margens de uma pequena baía. Smith, desejoso de que eu o honrasse com minha presença em lugar tão ameno, convidou-me por meio de uma carta; assim que a recebi, enviei a meu secretário acompanhada de outra, de meu punho e letra.

Nela, dizia-lhe: "Quero que vejas o que cabe responder sem me comprometer e manda-me logo a resposta, porque quero enviá-la; nesta noite, tenho o que fazer até as dez e meia, vem a esta hora porque antes não vou poder falar contigo, mas a resposta para sir Sidney manda-a de imediato".

O conteúdo da carta, além do convite, estendia-se também a tratar com o marinheiro dos negócios do rio da Prata. Por isso, Presas respondeu com a rapidez que exigia. Mas a prevenção que eu lhe fizera de que não fosse me ver até as dez e meia da noite, por ter eu o que fazer, não deixou de instigar sua curiosidade, a ponto de ele perguntar a um palaciano de sua confiança:

— Que coisa ou negócio poderá oferecer-se à princesa que eu não possa fazer? Não foi Sua Alteza que me confiou os segredos mais íntimos de sua vida particular e privada? Ou não saberia eu o quanto ela fez até aqui depois de ter lido a confissão geral que encontrei entre seus papéis quando os passou a mim para organizá-los? Que assunto pode ser tratado nesta noite que minha presença represente um incômodo para seu devido despacho?

De todo modo, chegou ao palácio na hora indicada e encontrou na antessala de espera a camareira que estava de plantão, a quem eu prevenira que, caso ele chegasse antes, o mantivesse ali até eu sair do quarto. Quando, por fim, saí de meus aposentos, Presas olhou-me surpreso (depois contaria que era porque havia me visto "com o semblante afogueado e risonho, como quem vem de dançar ou de outro exercício violento"), mas logo recobrou a compostura; foi então que lhe pedi que dissesse a Smith que, no dia seguinte, à tarde, iria com minhas filhas, as sereníssimas infantas, a sua chácara.

Avisado por Presas, o contra-almirante providenciou que se adornasse sua nova residência com tudo o que de melhor houvesse nos navios de sua esquadra e que fosse preparada uma esplêndida merenda. Chegada por fim a hora da visita, vários oficiais graduados da Marinha inglesa estavam com seus esquifes esperando-me no desembarcadouro diante do palácio. Haviam recebido ordens de seguir em comboio a grande falua que deveria conduzir a mim e minhas filhas à casa de Smith, cruzando toda a Baía de Guanabara.

Lembro-me dos vivas e das aclamações com que me saudavam os marinheiros das esquadras portuguesa e inglesa, de seus respectivos navios. Então, pensei que não devia ser tão odiada assim, sobretudo por meus súditos, como se dizia na corte. Ao desembarcar, fui recebida por Smith e, assim que me deu a mão para saltar em terra, uma banda próxima começou a tocar música inglesa.

Toda a festividade duraria até as nove da noite, quando eu quis me retirar e voltei com o mesmo séquito que me levara até ali. Como não poderia deixar de acontecer, depois dessa visita houve tal desgosto do governo de meu marido em relação a meu gesto de cortesia para com aquele verdadeiro *gentleman* que "foram tomadas medidas de grande rigor para impedir que minhas ideias se estendessem, começando por sequestrar toda a correspondência que eu enviava à Espanha, com a destruição daquilo que bem lhes parecesse".[1]

Mesmo assim, os diabinhos do governo não conseguiram evitar que chegasse a minhas mãos a carta com que o marquês de Astorga,[2] novo presidente da Junta Central da Espanha (Floridablanca falecera havia pouco), se transferira para Sevilha devido ao avanço dos franceses.

Na missiva, o marquês me comunicava, em nome da instituição que presidia e do próprio Fernando VII, meu augusto irmão, recluso contra sua vontade em Valençay, sua alegria por eu ter reconhecido a autoridade do legítimo rei, pois até havia bem pouco tempo eu não dera validade à abdicação de meu pai.

O marquês também me felicitava por minha intervenção para resolver as desavenças entre Montevidéu e Buenos Aires, em referência à carta que eu escrevera a Liniers, censurando-lhe os motivos pessoais que inflamavam sua disputa com o governador da primeira.

De maneira significativa daquilo que já se preparava na Espanha contra mim, Astorga pedia-me em sua carta que eu não empreendesse viagem a nenhuma dessas cidades "por haver desaparecido a causa que a motivava". E, embora me agradecesse "seu desejo de transferir-se à Espanha para assumir a liderança da regência", não me dava indicação precisa para que isso se realizasse.

O manifesto receio em relação a mim, demonstrado às claras pelos colaboradores do príncipe, foi incentivado – involuntariamente, devo reconhecer – por um conselho que me foi dado por meu secretário. Aconteceu depois que Presas se deu conta de que, depois de mais de um ano em que o contra-almirante chegara ao Rio de Janeiro, eu não lhe havia manifestado gratidão por ter me libertado com toda a minha família de cair em poder dos franceses.

Por essa razão, acreditou ser seu dever dizer-me que, dado que o príncipe o presenteara com uma casa de campo, eu também deveria fazer-lhe alguma demonstração de reconhecimento. Seguindo minha natural generosidade, manifestei-me muito disposta a isso, mas disse ao secretário que não sabia o que poderia lisonjear mais a vontade do contra-almirante.

— Eu acredito, senhora, que seria muito apreciável receber de Vossa Alteza uma espada com o punho guarnecido de brilhantes.

— Não me parece má ideia — respondi. — Desde já, aprovo, e a partir de agora ficas encarregado de providenciá-la.

— Farei o possível — respondeu.

Mas não era fácil para o secretário encontrar uma espada própria para a situação. E, entretanto, eu a toda hora lhe perguntava a respeito do objeto. "Presas, vê se consegues o espadim com o punho, e se possível já amanhã", escrevi um dia. No dia seguinte: "Presas, quero saber como estás, mas não te esqueças da espada para Smith".

Por fim, a particular consideração que tanto eu como João dávamos àquele marinheiro provocou a inveja de lorde Strangford. E isso o levou a pôr em movimento toda a intriga diplomática em Londres para desconceituar Smith junto ao governo, diante do qual passou a ser apresentado como inimigo dos interesses da pátria na região, ou seja, o plano de domínio britânico sobre os territórios do rio da Prata.

Não contente com isso, aquele poetastro irlandês entrou em conluio com os ministros e os secretários de João para induzi-lo a escrever uma carta ao príncipe regente da Inglaterra (o "compadre" a quem meu marido conhecia pessoalmente). Seu conteúdo, essencialmente, dizia que a conduta de seu contra-almirante era desagradável e que, por isso, pedia que o retirasse daquele lugar.

Tudo porque, segundo o não menos invejoso testemunho de alguns colegas de Smith, este havia herdado a capacidade de sedução de seu pai, que, enquanto servia à rainha Charlotte, esposa de Jorge III, pai do regente, tivera uma relação sentimental com ela.

Enquanto Strangford trabalhava para me privar de um aliado essencial para minha causa, eu, a conselho de Presas, continuava trocando correspondências com Felipe Contucci, o luso-italiano que me fora apresentado por meus partidários portenhos. Indo contra o "conselho" de deixar de lado os assuntos do rio da Prata, que o marquês de Astorga me dera havia pouco, minha intenção era fazer de Contucci uma espécie de emissário pessoal em Buenos Aires.

Sua missão seria sondar novamente a opinião dos autodenominados "patrícios" portenhos para ver se faziam andar as negociações a fim de estabelecer ali uma regência. Segundo escreveria depois uma estudiosa, Contucci converteu-se, assim, em um dos mais importantes adeptos do carlotismo,[3] corrente política que procurava minha instalação no rio da Prata. Outra instruída senhora, em contrapartida, chegaria a considerá-lo simplesmente "um aventureiro que dom Rodrigo colocara a meu serviço para espiar os movimentos e o crescimento dos partidários da princesa na colônia vizinha". De qualquer forma, graças "à inteligência, que unia a facilidade com as palavras, as maneiras insinuantes e certo poder de sugestão",[4] Contucci conseguiria "reavivar os espíritos a meu favor e por um momento pareceu que alcançaria seu objetivo".[5]

Apesar da fama de adulador impingida ao personagem, o panorama que ele pintava de Buenos Aires não era nada atraente. "No presente estado desta província", dizia em um de seus relatórios completos, "tudo é confusão e desordem, os ânimos estão acirrados; os interesses, divididos; e as visões dos habitantes destas províncias são diferentes".[6]

Para minha grande infelicidade, em agosto daquele ano, o contra-almirante teve que abandonar para sempre a cidade do Rio de Janeiro e ir para a Europa, a pedido das autoridades de Londres. Quase ao mesmo tempo que sofri essa perda irreparável para meus planos em relação ao rio da Prata, chegou à capital do Brasil o marquês da Casa Irujo, embaixador da Espanha nomeado pela Junta Central.

Como seguiam com ele toda a família, um secretário, um assessor e o capelão da delegação, meu secretário particular julgou que era uma ocasião oportuna e que eu deveria aproveitá-la para acreditar à oficialidade e à tripulação o apreço e particular distinção com que encarava os espanhóis.

Assim, como não há nada mais apetecível para os que fizeram uma longa navegação que alimentos frescos, verduras e frutas – eu sabia disso por experiência própria –, não foi necessária mais do que uma simples indicação para que Presas mandasse para a nau dois barcos menores carregados com toda espécie de comestíveis. Esse gesto de generosidade produziu o efeito que se desejava. De fato, os marqueses de Casa Irujo não viam a hora de me encontrar para agradecer-me pessoalmente.

Na época, eu atravessava um novo período de pessimismo passageiro, em razão das informações que me enviava Contucci, embora, de sua parte, Manuel de Belgrano, o portenho graduado em Salamanca, me dissesse em carta chegada naqueles dias que "uma resolução pronta e enérgica pode salvar da ameaça de perda de seus reais direitos e de sua augusta família". Então, com a ênfase típica de quem frequenta pouco as cortes, aconselhava-me a me valer "das armas que lhe empresta seu sexo. Lembre a seu digno esposo o amor filial e descubra os interesses que devem movê-lo por seus próprios filhos, por sua segurança, e engrandecimento da casa de Bragança".[7]

Esses conselhos não me geraram otimismo em relação aos assuntos platinos; como reação, fizeram-me considerar que não podia afrontar a Junta Central, da qual dependiam meus planos na Espanha, e por isso decidi receber o novo embaixador, nomeado por ela.

Dava-se a circunstância de que aquele homem de grande fortuna pessoal, fruto do comércio e da indústria, e de título nobiliário bastante recente não havia estado em situação de aprender a etiqueta do palácio, apesar de ter residido em Madri por algum tempo. Se o fez, encarou o assunto, "o de maior importância para os palacianos, como uma bagatela", com certo desdém, já que, nos Estados Unidos, onde havia permanecido por muitos anos no caráter de ministro plenipotenciário, e de onde era nativa sua mulher, as cerimônias são eventos supérfluos.

Por isso, nem ele nem a esposa conheciam o modo pelo qual deviam se apresentar pela primeira vez ao palácio. Tanto era assim que ambos decidiram realizar essa cerimônia como se costuma fazer com qualquer particular. Até que um dia, enquanto conversava com Presas, Casa Irujo disse-lhe:

— Amanhã penso em, com a marquesa, ver a princesa.

O secretário imaginou que a decisão havia sido precedida pelas diligências da etiqueta e, portanto, não fez nenhuma observação. De todo modo, pareceu-lhe oportuno me avisar disso, indicando-me a hora que o marquês lhe havia informado para que não me encontrasse desprevenida. Mas aquele atrevimento me indispôs com o novo embaixador, então respondi a meu secretário:

— Presas, vê se podes dizer de algum modo a Irujo que não traga a mulher hoje, podes dizer que estiveste comigo e que me disseste que hoje ela viria e que eu te disse que não seria possível, pois ela ainda não tinha escrito à condessa de Lumiares, solicitando-lhe dia e hora para vir.

Em virtude dessa ordem, o secretário viu-se forçado a exercer, de certo modo, a tarefa de introdutor de embaixadores. Sem muitos rodeios, sem medo de ofender a delicadeza do marquês de Casa Irujo, fez com que entendesse, da maneira que foi possível, minha insinuação,

> à qual era forçoso conformar-se, porque a condessa de Lumiares, minha camareira-mor, era mais rigorosa na observância de suas atribuições que na dos preceitos do decálogo e teria visto, certamente, como uma falha notável que eu tivesse dispensado àquele marquês de novo cunho um só ápice no cumprimento do Talmude palaciano.

XVI

La donna è mobile

(1809)

Se reflito sobre meu comportamento com o marquês de Casa Irujo no Brasil, pesa-me o erro de avaliação que cometi ao julgá-lo com tanta severidade. De fato, em um informe enviado por ele à Junta Central de Sevilha, pouco depois de sua chegada à capital carioca, de que acabo de ter conhecimento graças aos documentos enviados por minhas filhas que vivem na Espanha, sua opinião sobre mim era muito positiva. Expressava que:

> Quanto à pessoa de Sua Alteza, devo dizer com a franqueza que me caracteriza que a senhora infanta dona Carlota tem devido à natureza o talento mais distinto, que seu coração é digno de seu nascimento (e) que, apesar da depressão em que se encontra, seu trato é suave e cortês com todos. É espanhola de coração sem aparências de muita parcialidade à nação em que vive.[1]

Também destacava minha facilidade para os negócios e minha dedicação aos trabalhos de despacho, "sem por isso descuidar da educação de sua numerosa família, da qual podia ser chamada de primeira aia". De maneira pouco habitual para um homem de sua classe social, dizia, inclusive, que eu tinha "ideias corretas sobre assuntos cujo conhecimento é pouco comum em seu sexo e que era religiosa sem superstição".

O fato é que minha opinião sobre ele se viu condicionada, além de por outras questões a que irei me referir, também por sua maneira de gerir, pouco depois de sua vinda, a chegada à Baía de Guanabara de um bergantim inglês que levava em sua carga seis mil fuzis destinados aos *criollos* de Buenos Aires.

Em um momento como esse, em que eu sabia que aqueles revoltosos almejavam a independência da pátria e eu não parava de receber os alarmantes informes de Contucci daquela cidade, tudo o que fosse oposto a minha vontade não podia senão me contrariar.

Por isso, naqueles dias "eu quase não dormia e quase tudo era trabalhar e me antecipar para cortar o voo daqueles senhores que não iam pelo caminho certo, pois de caminhos tortuosos eu já estava farta". O caso é que, para fazer frente a essa questão, ordenei a Casa Irujo que reivindicasse o carregamento daquela nau, baseando-me em que ostentava a bandeira espanhola. Por sua vez, o embaixador mostrava-se cético a respeito. Temia que o resultado fosse contraproducente para mim.

Diante de minha insistência, não lhe restou nada a não ser passar o pedido ao governo português, reivindicando o embargo do navio e de sua carga. Souza Coutinho deu resposta favorável, e o bergantim ficou embargado. Dois dias depois, em virtude de uma carta enviada ao ministro por lorde Strangford, o sequestro foi levantado. Pedi, então, que meu secretário redigisse uma carta de protesto a meu marido, a qual depois copiei de próprio punho e letra para que o príncipe "a fizesse ver por sujeitos que entendessem da matéria".

Esse passo extraordinário chamou de modo particular a atenção de João, que, depois de tratar do assunto em junta de ministros, determinou que o bergantim se pusesse às ordens de Casa Irujo para que com pessoas de confiança o remetesse ao porto de Montevidéu.

Essa inegável demonstração de meu patriotismo teve, como imprevisível consequência, o obscurecimento de minha posição. Pois, se até agora eu podia assumir o vazio institucional como a mais alta representante espanhola na América, "a partir da chegada do marquês eu tinha que levar em conta as opiniões dele".[2]

A fim de compensar esse abatimento, aumentei o número de horas trabalhando com meu secretário, exigindo-lhe que me remetesse continuamente todos os papéis públicos que chegavam da Espanha e de Portugal. Certo dia, vi "um papel impresso em Madri, estando dominada pelos franceses, que revelou ser um manifesto das fraquezas (sic) da rainha Maria Luísa".

Depois de dar uma olhada no documento, comentei com Presas que "tal impresso diz verdades, mas é desavergonhado". Depois, meu secretário iria valer-se dessa resposta para insinuar que eu tivera a intenção de aludir a "fraquezas" morais de minha mãe com Godoy, quando, na realidade, eu quisera me referir às de governo. Estas, certamente, me parecem criticáveis, pois eu sempre fui da ideia de que os afetos familiares não devem impedir que os governantes julguem severamente os erros políticos cometidos por parentes. Prova disso é minha conduta com meu filho Pedro, desde que procurou a separação do Brasil. E, por aqueles dias brasileiros, a chamada de atenção que fiz a meu primo irmão, o infante Pedro Carlos, a quem João havia nomeado grande almirante da Marinha portuguesa.

Isso aconteceu após a chegada de outra fragata espanhola, nesse caso procedente de Montevidéu, em cuja tripulação vinham apenas três ou quatro marinheiros portugueses. Sem preceder ordem de aviso, mandou que esse infante, de noite, passasse uma lancha para revistar a nau. Então, depois de tê-la revistado, os encarregados levaram embora várias prendas de roupa e dois relógios pertencentes à tripulação espanhola.

No dia seguinte, os afetados fizeram, como era lógico, uma queixa formal, que em seguida chegou a minhas mãos. No ato, mandei chamar o grande almirante e lhe expus, em presença de meu secretário, o modo irregular como procedera com um navio cuja bandeira, por muitas razões, deveria respeitar. Meu primo se desculpou como pôde e ofereceu devolver aos marinheiros os artigos que os subalternos haviam subtraído.

Como isso não aconteceu "em todas as suas partes", instruí Presas a pedir ao infante que procurasse resolvê-lo como lhe havia dito, pois "sempre é bom saber isso de raiz, porque aqui há os seus mais e os seus menos para que, se não o fizesse por bem, fosse obrigado a fazer por outro modo, porque isso já é demais".

Com certeza, esse não seria o último episódio em que eu usaria todo o meu zelo, no Rio de Janeiro, para que se cumprissem com rigor as normas, pondo em evidência as más condutas de funcionários e serviçais portugueses e nativos.

De fato, em outra ocasião, o príncipe e eu nos encontrávamos passando com toda a família real uma temporada no sítio de Santa Cruz, antiga fazenda dos jesuítas, distante cinquenta e oito quilômetros do Rio de Janeiro e onde gostávamos de nos refrescar dos pestilentos eflúvios sofridos na capital. Ali soube que um espanhol alojado na casa de um comerciante português da capital havia sido denunciado por ele como autor do roubo de uma importante quantia de dinheiro, e de várias letras de câmbio, de modo que um juiz mandara prender o hóspede.

Por ordem minha e em meu nome, Presas foi ver o magistrado para me informar do caso. Soube, assim, que a investigação não fora realizada corretamente, pois não se havia interrogado a criada do denunciante. Com minha autorização, o secretário fez alguém seguir a suspeita – "e acabou que havia sido ela, pelo que o suposto culpado foi isentado".

Presas, nos momentos em que eu estava de bom humor, costumava dizer-me que eu pretendia que ele "reformasse os vícios e corrigisse os erros dos magistrados do Rio de Janeiro". Era justo, portanto, que eu aplicasse o mesmo procedimento comigo mesma.

Assim aconteceu um dia, depois da falha de meu primo, quando chegou à Baía de Guanabara uma carga que se salvara com outras muitas que se encontravam no palácio real de Aranjuez, quando a Junta Central se viu obrigada pelos franceses a se retirar para a Andaluzia. Uma das remessas continha os trezentos pares de sapatos que mamãe enviava para mim todo ano a Portugal. Desembarcado o caixote, foi levado por equívoco ao quarto do príncipe, na época em que João e eu estávamos ainda em Santa Cruz. Ao saber disso, encarreguei meu secretário "de recolhê-lo e dispor dele como lhe parecesse". Dias depois, no entanto, mudei de opinião e solicitei a Presas que "o caixote é bom entregá-lo a dona Maria Leonor, minha camareira particular, porque no quarto do príncipe não está bem".

Assim foi feito, e minha distração foi sanada pelo secretário. Ao perceber a eficiência com que ele havia resolvido meu descuido, comecei a encarregá-lo de outros assuntos privados.

Como ocorreu após nosso regresso ao Rio de Janeiro voltando de Santa Cruz, quando o chamei ao palácio para lhe dizer que, por meio de "Manuel, criado que varria meu aposento no palácio do Rio de Janeiro", eu ficara sabendo que "ontem um espanhol havia comprado três corais brutos bastante grandes por sete dobras". Pedi-lhe, portanto, para averiguar quem era, "porque tenho empenho em possuí-los; se os conseguires, diz-me o preço, assim como também se podes conseguir uma fieira deles do tamanho de ovos de pomba que tem um judeu".

Em outra oportunidade, ao saber que o encarregado da Companhia das Índias no Rio de Janeiro tinha em seus armazéns um landau, coche de cavalos descoberto que na época era ainda muito raro naquela corte, solicitei a Presas que fizesse o possível para comprá-lo para mim. No dia seguinte, deu-me conta do resultado positivo de sua missão.

— Quanto custou? — perguntei.
— Três mil duros — respondeu-me.
— Pois foi muito barato — disse eu.

Presas sorriu ironicamente e, em seguida, sentenciou:

— Agora pode ver Vossa Alteza a facilidade com que se enganam os príncipes. Se quisesse abusar de sua real confiança, ganharia de golpe o que normalmente levam os compradores de palácio de tudo que comercializam. Mil e quinhentos duros custou, e esta é a quantia que espero se disponha a me entregar para seu justo pagamento.

A respeito da familiaridade com que eu tratava aquele serviçal, lembro-me de uma vez que recebi um pacote com meias de seda que ele encomendara por ordem minha em Londres; na ocasião, tendo-se apresentado a mim com a respectiva conta, ele mereceu minha aprovação. Eu fiquei muito satisfeita, mas me esqueci de lhe entregar, como era de praxe, a importância que custara. O secretário deixou passar alguns dias; vendo que eu não me lembrava de saldá-lo, indicou-me que era mister fazer o pagamento ao fornecedor inglês.

— Já sei — disse eu —, mas que espere.

— Senhora, fui eu que me comprometi — respondeu Presas.

— Certo, certo — respondi.

Pela resposta, meu secretário viu-se obrigado a deixar de insistir, enquanto não parava de inventar desculpas para o inglês por não lhe pagar a fatura. Três meses depois de ter reclamado o pagamento da dívida das meias, enquanto Presas encontrava-se no palácio, chegou um enviado da cidade de Vilanova da princesa da Campanha para entregar-me as rendas daquela vila, de que o príncipe me fizera doação.

Presas, "aproveitando ocasião tão oportuna", renovou sua solicitação de que lhe pagasse o que lhe devia, pedido ao qual dessa vez não pude negar. Entreguei-lhe a importância. Daí em diante, nunca se verificou nenhuma compra sem que antes eu lhe entregasse o dinheiro para os contratos condicionais. O secretário sempre me levava ao palácio nota da importância dos gastos, assinada pelo vendedor, antes de levá-los do armazém ou da loja.

No final de outubro de 1809, quando eu estava novamente na fazenda de Santa Cruz, enviei a Presas um relato sobre uns impressos chegados de Buenos Aires, que ele me mandara dias antes do Rio de Janeiro. Dizia eu a respeito deles que, não obstante meus "frágeis conhecimentos, pensando bem, a coisa tinha aspectos muito sinistros, que o tempo revelaria, porque, sob uma boa capa, manifesta-se a vontade dos portenhos de fazerem sua independência".

Imbuída dessa ideia, decidi dar os passos necessários, na medida do possível, para frear os rebeldes separatistas. Comecei a procurar, pois, os recursos necessários para auxiliar a praça de Montevidéu, único baluarte capaz de assegurar a posse e a segurança daquelas províncias. Também comecei a preparar com Presas minha audiência seguinte com o marquês de Casa Irujo, que aconteceria em Santa Cruz, "com toda a etiqueta, porque assim deve ser". Dessa forma, ele poderia cumprimentar-me pelo dia de são Carlos, e eu aproveitaria a ocasião para pedir apoio ao plano de ajuda a Montevidéu.

Presas recomendou-me que, ao falar com o embaixador, insistisse "em que o novo vice-rei de Buenos Aires devolva Huidobro à Europa, sem que se entenda ser isso coisa minha" (de Presas). Sem refletir mais, segui seu conselho.

Enquanto eu prosseguia minha estadia em Santa Cruz com João e os meninos, soube que o general Wellesley (futuro duque de Wellington) havia sido nomeado generalíssimo das tropas peninsulares pela Junta Central. Então, deduzi que, dado o interesse que os ingleses demonstravam em recuperar os territórios peninsulares conquistados pelos franceses, poderia contar com sua ajuda para conseguir a regência da coroa de meu país.

No entanto, a convicção de que a família espanhola, prisioneira de Napoleão na França, nunca chegaria a recuperar a coroa levou o ministro Souza Coutinho a ponderar novamente a ideia de que meus direitos legítimos à coroa de meus irmãos podiam ser úteis ao príncipe regente no vaivém que levava com os britânicos na difícil gestão de Portugal continental.

Por isso, enquanto eu assistia pessoalmente meu marido, devido a uma forte indisposição, apresentou-se ali dom Rodrigo, solicitando ser recebido urgentemente. Disse que precisava conferenciar com ele para elaborar uma estratégia de modo que os deputados espanhóis instalados em Sevilha reconhecessem meus direitos ao trono.

Obtida a autorização, Souza Coutinho designou como representante português perante a Junta Central Pedro de Sousa Holstein, então marquês de Palmela, jovem diplomata que antes de deixarmos Portugal teve a ocasião de constatar em Mafra as rivalidades pessoais e políticas do regente comigo, assim como de repercutir de maneira sibilina os rumores sobre minhas supostas infidelidades a João.

De qualquer forma, "a missão destinada ao jovem diplomata assentava-se em três diretrizes: negociar um tratado de aliança e comércio com a nação vizinha (Espanha), conseguir a devolução de Olivença e, finalmente, defender meus direitos à sucessão espanhola, na falta dos irmãos".[3] A respeito desse último ponto, a tarefa de Sousa Holstein era conseguir, em primeiro lugar, que a junta reconhecesse publicamente que a Lei Sálica, absurdo impedimento de que as mulheres herdassem a coroa espanhola, havia sido revogada por sessão secreta das cortes espanholas quando eu era menina.

Ao regressarmos de Santa Cruz ao Rio de Janeiro, inteirei-me de que a situação em Buenos Aires havia piorado, o que eu já augurara com meses de antecipação, e também que naquela cidade "perseguiam-se os que estavam em contato comigo".

Como os navios que chegavam à Baía de Guanabara saídos da Península Ibérica levavam notícias de que os deputados espanhóis reunidos em Sevilha estavam divididos com relação ao reconhecimento de meus direitos, embora eu soubesse da recente nomeação de Sousa Holstein, decidi agir por conta própria.

Não queria, de modo nenhum, me restringir pelas diretrizes da corte do Rio de Janeiro a Palmela. Então, recorri à colaboração de Melchor de Jovellanos, um dos políticos (liberais) mais importantes e qualificados dos últimos tempos da monarquia de meu pai. Para honrá-lo, nomeei-o meu "procurador para tratar com a junta e as cortes" e "promover, instar, pedir e reclamar, com respeito às leis e à Constituição de minha nação, a justa legítima posse de meus direitos, devido à desgraçada sorte de meus queridos irmãos, ao trono da Espanha e das Índias".[4]

XVII

A caça aos subversivos

(1810)

Minha decisão de designar um iluminista espanhol de prestígio para que os deputados de Sevilha reconhecessem meus direitos à coroa espanhola incomodou a corte do Rio de Janeiro, como era costume acontecer com todos os negócios importantes que eu empreendia. No entanto, essa escolha foi muito bem recebida na Espanha, que era o que me importava, e produziu o efeito esperado: vincular minha imagem à nação espanhola, desprendendo-a de Portugal, enfatizando minha condição de infanta da Espanha, em um momento em que minha régia família se achava prisioneira.[1]

De modo paradoxal, foi Palmela, pessoa designada por Souza Coutinho (desde o final do ano anterior, conde de Linhares), que conseguiu o que eu mais desejava. De fato, no início de meu terceiro ano de prisão no Brasil, o conselho supremo da Espanha emitiu uma declaração em meu favor, pela qual se reconhecia a validade da revogação da Lei Sálica, de modo que uma mulher pudesse herdar a coroa.

Além disso, para destacar a influência portuguesa sobre essa medida, em Sevilha contava-se que os delegados da junta, indecisos a respeito, acabaram aceitando-a depois que "o ministro de Portugal" (Sousa Holstein) distribuiu entre eles "diamantes de pouco valor e outras pedras baratas" que levou consigo do Brasil.

Giulia Farnésio

"Meus antepassados Farnésio, de nobres romanos periféricos, passaram a ocupar o estratégico ducado de Parma, graças a uma hábil política matrimonial, sustentada pela inteligência e pela beleza de suas mulheres. Uma delas foi amante do papa Alexandre VI (Bórgia), encarregado por Isabel, a Católica, de dividir o continente americano entre Espanha e Portugal, em fins do século XV."

Carlos III de Espanha

"Quando meu avô perguntou a meu pai que tipo de mulher ele preferia como esposa, ele respondeu que qualquer uma, desde que fosse princesa, pois uma princesa não poderia enganar seu esposo como fazem as pessoas comuns. A isso seu progenitor (segundo se conta) respondeu com uma sonora gargalhada e lhe disse que as princesas podiam ser tão 'putas' quanto as demais mulheres."

Carlos IV da Espanha
"Meu pai era, nos primeiros dias de casado, um rapaz loiro um pouco tímido, alto e desengonçado, de olhos azuis e olhar sorridente, muito devoto e simples. Segundo um embaixador francês, muito receptivo às elegantes mentiras de minha mãe."

Marquês de Pombal
"Este ministro esclarecido, membro da maçonaria, opunha-se a que os netos do rei português se casassem com infantas espanholas, negando assim uma tradição que remontava ao século XIII. Pombal temia que, se a casa real de Portugal se extinguisse, a coroa portuguesa acabasse absorvida por via sucessória pela espanhola, como acontecera dois séculos antes, depois de uma invasão."

Primeiro retrato conhecido de Carlota Joaquina

"Como primogênita dos príncipes de Astúrias, herdeiros da coroa espanhola, depois de completar um ano fui retratada pelo pintor da corte, um judeu que se convertera ao catolicismo quando trabalhava para o papa. A não ser pelos grandes e imperiosos olhos negros da menininha, ninguém diria se tratar da mulher que a iconografia portuguesa, a partir de nosso regresso do Brasil, representaria quase sempre com um olhar ressentido."

As meninas, de Velázquez

"A alegria que minha mãe manifestou por causa do bom resultado de meus exames perante a corte me animou a pedir-lhe um presente especial. Seria possível que o novo retrato que o pintor da corte faria de mim, para mandar a Portugal, adotasse como modelo a infanta Margarida da Áustria, tal como aparecia naquele misterioso quadro que estava no palácio de Madri?"

Carlota Joaquina, ainda menina

"No entanto, minha mãe ordenou ao pintor que seguisse as linhas da pintura cortesã daquele período. A única concessão a meu pedido foi transformar o cão molosso que acompanha Margarida no canário alaranjado que está sobre meu dedo na pintura. A espetacular peruca decorada com lírios, rosas e *petites boites* que eu ostento era a versão espanhola dos penteados *poufs aux sentiments*, que alguns anos antes minha malfadada tia Maria Antonieta, rainha da França, começara a usar, escandalizando a alta burguesia iluminista de seu reino."

Maria I de Portugal

"Três dias depois da realização daquele matrimônio entre tia e sobrinho, o soberano português deixou de existir, o que provocou a imediata destituição de Pombal, por ordem da nova rainha, Maria I. A partir de então, minha futura sogra se propôs a afastar seu reino da influência da Grã-Bretanha e aproximar-se da Espanha."

Dom João, na juventude

"Quando meu avô morreu, meu futuro marido ainda ocupava lugar subalterno na família real portuguesa, embora nem tanto quanto sustentavam aqueles que eram contrários ao fato de que ele se casasse com uma infanta da Espanha. Em *Auto do levantamento*, que descreve com pormenores a cerimônia da aclamação de Maria I, esse infante é qualificado como 'condestável do reino', título de grande importância histórica – no protocolo da corte, situava-se imediatamente depois de seu irmão dom José, novo príncipe do Brasil."

Mariana, infanta de Portugal e princesa do Brasil

"O então príncipe do Brasil, ao completar vinte e um anos de idade, depois de cinco anos, ainda não conseguira que sua esposa engravidasse. Como é habitual, toda a responsabilidade é jogada nas costas da mulher, que, no caso, coitadinha, tentava remediar sua incapacidade de procriar por meio de banhos termais."

Palácio de Queluz

"Entre as mercês que minha futura sogra me concedeu, pelo casamento com João, encontrava-se a quinta de Queluz. Uma antiga fazenda perto de Lisboa que, por enquanto, continuaria nas mãos de seu marido, que anos antes havia convertido aquela paragem rústica em suntuoso palácio barroco com jardins à italiana. Muitos anos depois, ali eu daria à luz meu ingrato filho Pedro, atual imperador do Brasil."

Ilustração de uma menininha negra serviçal, fim do século XVII
"Pouco tempo após minha chegada à corte portuguesa comecei a ter desavenças com minha dama de honra. Uma viúva, mãe de uma filha com quem às vezes eu brincava... Se bem que eu preferia fazer isso com minha querida negrita, uma divertida menina mais ou menos da minha idade que fazia parte de minha equipe de serviço de quarto."

Francisco de Paula de Bourbon, infante da Espanha
"Como minha mãe tentava influenciar meu pai para que a Espanha declarasse guerra à Inglaterra, a mulher do embaixador britânico em Madri começou a dizer às esposas dos colegas de seu marido que meu irmão mais novo, à época um menino de sete anos, tinha 'uma indecente semelhança com Godoy'."

Manuel Godoy
"No mesmo dia em que me tornei princesa do Brasil, minha mamãe do coração conheceu, em Aranjuez, aquele que um dia abalaria meu trono, um jovem fidalgo de Estremadura, cuja 'maior formosura consistia em uma dourada e espessa cabeleira e no brilho de sua brancura corada'."

Dom Antônio de Bragança, príncipe de Beira
"Em pleno verão de 1794, a corte recebeu a gratíssima notícia de que eu estava grávida pela segunda vez. A notícia foi celebrada com júbilo por todos, a começar por meu próprio marido. Sua alegria aumentou quando dei à luz um varão, convertido *ipso facto* em herdeiro da coroa. Eu esperava que isso fosse reconhecido por meu esposo com algo politicamente substancioso, mas ficaria esperando."

Infanta Maria Isabel de Portugal
"O freio de meu marido, para que não me fosse permitida nenhuma intervenção na administração do governo, não me tiraria a felicidade de saber que daria outro possível sucessor à casa de Bragança. O feliz acontecimento produziu-se no dia 19 de maio de 1797, com o nascimento em Queluz de minha querida filha, a defunta rainha da Espanha."

O futuro Pedro I do Brasil, na infância, pintado por uma de suas tias portuguesas
"O conflito de lealdades com que me deparava – seguir as diretrizes da minha família de origem ou defender a que havia instituído com meu esposo, segundo os preceitos evangélicos – em nada me afetou na hora de dar à luz, no dia 12 de outubro de 1798, em um quarto de Queluz decorado com cenas do *Dom Quixote* de Cervantes, a esse louco do Pedro, hoje o vacilante imperador do Brasil."

Arquiduquesa Maria Carolina da Áustria, rainha de Nápoles (avó de dona Leopoldina)
"A ambição de minha mãe era casar minha irmã menor com o herdeiro do rei das Duas Sicilias, mas antes tinha que convencer a mãe do noivo, avó de Leopoldina, pois aquela temperamental austríaca não estava muito inclinada a isso, já que 'considerava que a monarquia espanhola cometera traição ao se aliar aos regicidas franceses que haviam guilhotinado sua irmã Maria Antonieta'."

Jean-Andoche Junot
"Enquanto João e eu protagonizávamos um beija-mão em Queluz por ocasião de meu trigésimo aniversário, o novo embaixador de Napoleão, futuro duque de Abrantes, fez chegar ao palácio uma nota urgente exigindo que meu marido declarasse imediatamente guerra à Grã-Bretanha."

Laura Junot, duquesa de Abrantes
"Meus gestos de cortesia e consideração para com o poderoso embaixador de Napoleão não só provocaram surpresa e crítica por parte dos colaboradores de João. Segundo me contaram, a embaixatriz costumava perguntar a seu gracioso maridinho, depois de este ter sido recebido por mim em Queluz, se era verdade que eu fora 'toda olhinhos' para ele durante a audiência."

Marquês de Marialva

"Com a perversa finalidade de minar a autoridade e o prestígio de meu marido, seus adversários fizeram circular o rumor de que João mandara raptar uma neta do marquês de Marialva, que meu marido teria supostamente engravidado. Na época, esse episódio provocou em mim certa surpresa, mas, se hoje penso nisso, não posso evitar ficar quase desconjuntada de riso, apesar do muito que me doem os ossos."

Pedro de Sousa Holstein

"Segundo o atual marquês de Palmela, João encontrava-se então 'mortificado pelas discussões domésticas e pelo aspecto tenebroso que ia assumindo nosso horizonte político. E vivia, por assim dizer, encerrado no palácio de Mafra, sem outra companhia, senão a dos frades e de um pequeno número de familiares e sem querer receber pessoa alguma estranha'."

Infanta Maria da Assunção de Bragança

"Com provas sem valor, similares às aportadas pela atual duquesa de Abrantes, nasceu então a lenda de que minha querida Assunção era filha de meu jardineiro do Ramalhão. Não há mulher honesta e ilustrada em Portugal – nem no Brasil – que acredite em semelhantes mentiras. No entanto, alguns varões de muitas luzes como Palmela pareceram emprestar--lhes certa credibilidade."

Lorde Strangford

"Por meio de 'arengas, ameaças e alusões pessoais ofensivas, tudo envolvido pelos tons da delicadeza diplomática', o embaixador inglês em Lisboa comunicou a meu marido que, para continuar contando com a proteção do governo britânico, teria que deixar Portugal e partir de imediato rumo ao Brasil."

Sir Sidney Smith

"Por fim, 'às duas da manhã do domingo 29 de novembro de 1807, um bom vento começou a soprar desde o leste'; às sete, o *sir* comandante da frota britânica que devia conduzir-nos ao Brasil deu a ordem levantar âncora. Por sorte, 'a manhã estava luminosa e soprava uma leve brisa, que embalava os navios até a saída do Tejo'."

Imagem de Salvador, Bahia, início do século XIX
"Acho que os baianos que naquela clara e levemente ventosa tarde de verão austral de 1808 tiveram o privilégio de contemplar a primeira princesa real que pisava em terras americanas devem ter ficado no mínimo assombrados ao ver o extravagante turbante que cobria minha calva desde que, tendo sido atacada pelas pulgas na parte final da viagem, não encontrara melhor forma de livrar-me daqueles insetos senão raspar a cabeça."

Imagem da baía da Guanabara, início do século XIX

"Se fecho os olhos, posso ver a fumaça das salvas de canhões de boas-vindas cobrindo parte dos morros da baía e ouvir o repicar dos sinos de centenas de igrejas da cidade do Rio de Janeiro, que não pararam de soar até que nossos barcos ancorassem no porto carioca, em cujo cais demos graças a Deus com uma missa por termos chegado sãos e salvos a nosso destino."

D. Rodrigo de Souza Coutinho, Conde de Linhares nasceo em Chaves em 4 d'Agosto de 1755. Ministro Plenipotenciario na Corte de Turim em 1778. Ministro da Marinha e Ultramar em 1796. Presidente do Erario em 1801. Ministro dos Negocios Estrangeiros e da Guerra em 1808. Conselheiro d'Estado e Grão Cruz das Ordens de S. Bento d'Aviz e da Torre e Espada. Falesceo no Rio de Janeiro em 26 de Janeiro de 1812.

Rodrigo de Souza Coutinho, primeiro marquês de Linhares
"Mais que o incômodo de ter que conviver por um período sob o mesmo teto que João, importunava-me ter de cruzar diariamente no palácio do Rio de Janeiro com seu novo ministro de Negócios Exteriores, chefe do partido inglês e artífice português de nossa mudança para o Brasil, um cortesão muito peculiar, por cujas veias, rumorejava-se, corria sangue africano e que, bem sabia eu, não me tinha em grande estima."

Imagem de Botafogo, início do século XIX
"Por volta do fim do inverno de 1812, instalei-me na chácara do abade dos monges beneditinos. Esperava que os ares marinhos me ajudassem a acabar com algumas sequelas que sofria de meus princípios de tísica, consequência do fortíssimo ataque de peito que tivera em maio. Graças a Deus, depois de dez ou quinze dias ali, já não tinha inflamações nem suores."

Imagem do palácio de Santa Cruz, início do século XIX

"Como estava melhor de saúde, deixei Botafogo e voltei ao palácio do Rio de Janeiro, onde minha relativa recuperação me permitiu resolver um problema criado por um agradecimento cortês e, acredito, sincero de meu marido, então residente na antiga fazenda dos jesuítas situada no caminho de São Paulo: 'Meu amor, estimei infinito tua carta por ter certeza de que estás boa e nossos filhos. Eu passo bem, assim como nossos filhos e neto; quanto ao que me dizes a respeito do furto dos pretos, aprovo o que fizeste e adeus meu amor. Esposo que muito te estima'."

Abdicação do imperador Napoleão I

"Os primeiros meses de nosso sexto ano de estadia no Brasil coincidiram com o ocaso e a queda de Napoleão, que, cercado por todos os inimigos, inclusive seu próprio sogro, o pai de Leopoldina, acabou abdicando à coroa imperial francesa no início de abril de 1814. No dia seguinte, meus irmãos Fernando e Carlos abandonavam para sempre a dourada prisão em que estiveram reclusos nos últimos seis anos. Calculei que isso, por fim, facilitaria minha volta a Portugal."

Chegada de Leopoldina ao Rio de Janeiro

"O navio que levava a nova princesa do Brasil ancorou na Guanabara. Os sinos de todas as igrejas do Rio de Janeiro soaram quando nos aproximávamos do cais em uma galeota. Sentia-me enjoada pela fraqueza que me provocavam os remédios que tomara para me manter em pé. Apesar de ter estado acamada até bem pouco tempo antes e sem vontade nem de trocar de camisola, havia posto esmerada atenção em ostentar minhas melhores galas e minhas valiosas joias. Não queria dar a todos aqueles que fingiam estar compadecidos de meus males físicos o gostinho de ver o quanto já havia piorado desde então."

Doutor Picanço
"Leopoldina havia feito em voz alta um comentário muito depreciativo sobre os médicos 'daqui, que são uns selvagens', porque, como o delegado austríaco no Rio de Janeiro contaria ao chanceler Metternich, fora designado a ela, para assisti-la durante a gravidez e o parto, um médico de quem ela não gostava. É que 'o príncipe seu esposo não queria outro a não ser Picanço, porque o rei, como consequência de algumas intrigas da rainha em Lisboa, não gostava daquele médico'."

José Bonifácio
"Por meio de meu discretíssimo agente em São Cristóvão, soube que minha nora comentara com seu secretário suíço que 'o príncipe está decidido [a fazer a 'separação do Brasil'], mas não tanto quanto eu desejaria'. A comentada abertura mental de Leopoldina, celebrada por aquele ladino ministro que ela cativara com o *savoir-faire* dos Habsburgo, era justamente o que eu mais temia naquela arquiduquesa."

Dom Pedro I, Ipiranga
"A saúde de meu esposo, que ao regressar da América havia se debilitado, piorou depois que se viu obrigado a assinar o decreto de separação daquela terra tão amada por ele – nunca consegui entender o que ele via no Brasil. Pior ainda ele se sentiu a partir de novembro, quando chegou ao palácio de Bemposta a documentação brasileira que a ratificava. *Malheureusement*, não pude arredar pé de Queluz para me despedir de seus despojos mortais, depois que me comunicaram seu falecimento."

Dom Miguel de Bragança
"O enviado brasileiro de Pedro a Viena não disse a Miguel que seu futuro casamento com Maria da Glória deveria acontecer no Brasil; limitou-se a entregar-lhe um retrato de sua futura mulher, mas os Habsburgo, alarmados porque os despachos diplomáticos procedentes do Rio de Janeiro pareciam confirmar o mau proceder de Pedro com Leopoldina, começaram a mudar de parecer a respeito daquele matrimônio e a sustentar que prefeririam que minha neta fosse educada na capital do império austríaco, como a imperatriz do Brasil lhes havia pedido antes de morrer."

Retrato de Carlota, já idosa
"Para castigo de minha vaidade feminina, as infecções, fruto das doenças, haviam provocado o surgimento de nódulos e desagradáveis manchas na pele, que enfeiavam minha aparência – é o que delata um retrato que me fizeram pouco depois de regressar do Brasil a Portugal; essa imagem, por outro lado, não deixa de me agradar, porque nela apareço exibindo meu melhor sorriso sarcástico."

No foro íntimo, eu não podia deixar de agradecer ao português por isso nem de valorizar sua capacidade, visando a futuras negociações; no entanto, certamente, eu não podia dar o braço a torcer ao governo do Rio nem, menos ainda, a meu marido – sobretudo porque minha relação com ele atravessava um dos momentos mais críticos de minha estadia no Brasil, e isso porque, pouco antes, um ministro de João me propusera, a pedido do príncipe, que minha filha Maria Teresa se casasse com o infante Pedro Carlos, ousado pretendente ao trono da Espanha durante meus primeiros dias brasileiros.

Era público e notório na corte que eu não via com bons olhos esse priminho, caso não raro de espanhol que odiava com loucura a terra em que havia visto a luz. "Além disso, carecendo ele da instrução que correspondia a seu berço de ouro e sem modos e maneiras indispensáveis para se apresentar com dignidade perante as gentes", certamente eu não o considerava à altura de aspirar à mão de minha primogênita. Além disso, eu sempre havia pensado que, se não chegasse a ocupar o trono da Espanha, pelo menos ele poderia ir para a princesa de Beira. Não por acaso, em plena "conspiração dos fidalgos", Godoy propôs à corte de Lisboa a possibilidade de um casamento dela com meu irmão Fernando.

De fato, esse era um dos temas favoritos de conversa com meu secretário nos intervalos dos despachos. Se bem que ele não deixava de argumentar, com escrúpulo, que eu deveria contar com a vontade de meu augusto esposo – sobretudo eu deveria considerar que a idade dos dois príncipes (cinco anos de diferença) jogava a favor do enlace de minha filha Maria Teresa com Pedro Carlos.

Essa união – ai! – também era favorecida pelo fato de que ambos obrigatoriamente se viam todos os dias à hora de jantar, pois a família real comia toda reunida, menos eu, que nunca me sentava à mesa e sempre fazia as refeições em meu quarto sozinha, à exceção de uma ou outra vez em que fazia com que tu, Assunção, ficasses comigo. Não sei se te lembras, já que então eras pequena. E isso porque, sempre, de todas as filhas, foste tu a predileta – o que não digo por dizer, tu me conheces.

Enfim, por força daquela circunstância gastronômica, minha filha Maria Teresa e meu primo faziam progressos no enlace amoroso, cujo afeto era fomentado sem dúvida por meu marido, persuadindo-os à mesa a se presentear mutuamente das melhores frutas que se apresentassem. É claro que não faltou entre teus irmãos quem me contasse tudo o que com ela se passava. Dessa maneira, um dia, ao saber que aquela união prosperava, perdi as estribeiras e exclamei:

— Se os pais não fossem alcoviteiros, as filhas não seriam putas.[2]

O que mais havia me irritado naquela decisão matrimonial de meu marido era que a notícia me fosse comunicada pelo conde de Aguiar, ministro de Estado, posto que João, como sempre, não tivera a coragem de me dizer pessoalmente algo que me importava, como era no caso o sagrado futuro de minhas filhas.

Por tudo isso, ordenei a meu secretário que fosse estendida ao príncipe uma nota cujo objeto era manifestar que eu, como princesa herdeira consorte (além de mãe da direta envolvida), opunha-me formalmente a tal casamento.

Presas fez-me notar outra vez o quanto era inútil semelhante trabalho, mas eu, desentendendo-me de suas reflexões, mandei que executasse e me entregasse a correspondente minuta, que, copiada por minha própria mão, foi entregue ao príncipe regente, a quem não deixou de impressionar. O resultado foi que voltou atrás em sua decisão.

※

Com o entusiasmo derivado dessa vitória (embora meu corpo começasse a sentir-se mais fraco que de costume), dediquei-me com ímpeto a combater a revolta independentista que os sectários portenhos haviam iniciado em Buenos Aires e que eu, sete meses antes, previra.

Nem é preciso dizer que a chamada Revolução de Maio portenha, iniciada pela assembleia daquela cidade, me obrigaria a fazer uma troca de alianças e a mudar meu comportamento em relação à grande maioria daqueles que, até havia bem pouco tempo, tinham sido meus mais ardorosos partidários e colaboradores. Sobretudo porque, desde o momento em que os dissidentes de Buenos Aires se apoderaram do comando e estabeleceram a Junta Suprema (em 25 de maio 1810), haviam decretado a liberdade de imprensa, por meio da qual não só propagavam suas ideias na capital portenha, como também na vizinha Banda Oriental, do outro lado do rio da Prata.

Era necessário, pois, fazer frente a essa outra forma de guerra, algumas vezes tão temível quanto a que pode ser feita com as armas (como explicou-me Presas). Acho que foi então que surgiu em mim essa capacidade de hábil propagandista que me foi tão útil para restaurar, recentemente, a monarquia tradicional em Portugal.

Voltando ao rio da Prata, como nem em Montevidéu nem no Rio havia imprensa, além da Real, a circunstância encarregou Presas de conseguir, por meio do conde de Linhares, esse recurso. A necessidade de fazer frente à propagação da peste republicana por meio de impressos era essencial não só para a manutenção da soberania espanhola na Banda Oriental, como também para a monarquia portuguesa no Brasil, pois, embora os brasileiros, por sua mansidão (aparente) não manifestassem grande interesse pelas ideias republicanas, com eles nunca se estava certo. Ninguém podia afirmar que, de uma hora para outra, de repente, não quisessem também ser independentes e republicanos como os portenhos.

Essa era uma possibilidade também prevista por Linhares, de modo que, por um breve período, contei com o apoio de meu maior adversário na corte do Rio, em uma tarefa que me proporcionaria especial prazer: a caça aos subversivos portenhos residentes no Rio de Janeiro, experiência da qual também me servi muito recentemente em Portugal.

Enquanto confabulava com o doutor Trapalhadas para fazer justiça no Rio, à maneira do Deus do Antigo Testamento, contra os que me haviam traído, recebi o pedido alarmado do governador de Montevidéu. O general Vigodet precisava de ajuda para reparar "a escassez que experimentava a tropa da guarnição e a vizinhança", ocupadas em fazer frente aos ataques dos portenhos.

As limitações de meu "bolso pequeno" me levariam a comentar com Presas:

— Não sei o que fazer neste caso, porque nem entendo nem tenho com o que comprar o que me é pedido; então, veja o que é possível fazer.

Depois de indicar a vários comerciantes do Rio de Janeiro a escassez de víveres em Montevidéu, o catalão não desmentiu suas origens, voltadas para os tráficos comerciais, e conseguiu que, dali a poucos dias, partissem da Baía de Guanabara, destinados àquele porto, barcos menores carregados de tudo o que se necessitava. A venda dos produtos gerou os juros e o lucro que se haviam proposto ao empreender tais especulações.

No entanto, não era suficiente para abrandar as necessidades da capital "oriental". Ao mesmo tempo, pedir dinheiro emprestado em meu nome em nada ajudava, porque em matéria de ganhos pecuniários eu estava inteiramente desacreditada. E meu secretário com certeza não teria encontrado em toda a praça do Rio um só indivíduo que lhe tivesse dado para a causa cem reais de boa moeda. Era necessário, pois, recorrer a toda sorte de estratagemas. Presas disse-me um dia que havia imaginado um expediente que sem me onerar em nada me encheria de glória imortal.

> Qual seja, senhora, reunir grande quantidade de pedras preciosas de propriedade de Vossa Alteza e enviá-las a Vigodet em Montevidéu para que, vendidas ou rifadas por aquela municipalidade, possam com seu produto pagar por algum tempo a tropa e os empregados.

Essa ação colocará V. A. ao lado de Isabel, a Católica, que o mesmo fez ao empenhar as suas para habilitar Colombo a descobrir aqueles territórios.

Essa proposta lisonjeava muito meu amor-próprio para que eu deixasse de aprová-la. Resolvi, assim, realizar o projeto. O que houve, então, foi que, enquanto meu secretário procurava fundos para a causa de Montevidéu, Casa Irujo recebeu a solicitação de que fossem destinados a ela cem mil pesos para a compra de armas.

O recurso de pedir empréstimo aos bancos ingleses já havia falhado, pois os britânicos perderam os escrúpulos e eram cada vez mais ousados em sua defesa da causa da independência do rio da Prata (por isso tinham obrigado meu leal sir Sidney a ir embora do Rio de Janeiro).

Fechada, pois, de antemão a porta dos banqueiros de Albion, o marquês tentou ver com alguns ricos comerciantes portugueses do Rio de Janeiro se lhe abriam pelo menos as suas, concedendo-lhe uma linha de crédito. Isso tampouco gerou resultado, o que provava, por certo, a boa dose de sangue de convertidos que circulava nas veias de muitos daqueles comerciantes. Casa Irujo decidiu, então, propor-me outra solução. Como mais tarde ele contaria, o fez com certo ceticismo, porque sua experiência a serviço de minha família na Espanha mostrara-lhe "que as pessoas da realeza não costumam ser muito generosas".

Como ele relataria em carta à junta (que também acabo de ver, pela primeira vez), depois de eu tê-lo ouvido pacientemente, tomei-o pela mão e, levando-o ao quarto em que guardava as joias, abri o cofrinho e mostrei-as todas. Tomando uma em minha mão, eu disse:

— Esta eu não posso dar-lhe porque é o retrato de meu marido. — Depois de esboçar um sorriso, continuei: — Mas todas as demais que vê aqui, e acho que valem sete ou oito vezes mais a soma que o senhor necessita, estão à disposição para vender, empenhar, fazer o que quiser, desde que preste socorro imediato a Montevidéu.

Casa Irujo me explicaria em ocasião posterior que o episódio lhe lembrou aquele de Isabel, a Católica, doando a Cristóvão Colombo suas joias. Gesto de extrema cortesia do marquês, que já havia sido feito por meu secretário para inflar meu amor-próprio. Tão limitado e repetitivo parece ser o conhecimento da história da Espanha de alguns de meus compatriotas!

Seja como for, depois de beijar minha mão, o embaixador disse que, antes de aceitá-las, tentaria fazer que o príncipe regente lhe concedesse o empréstimo para pagar as armas e que, se ele dissesse que não, insistiria com o embaixador britânico, ao que respondi que, se ele não conseguisse o que pretendia, não deveria hesitar em aceitar o oferecimento, já que eu não duvidaria um minuto em responsabilizá-lo se a cidade de Montevidéu fosse perdida por sua causa.

Estava claro que o marquesinho pediu de imediato audiência com o conde de Linhares para explicar-lhe a situação, solicitando também uma com o príncipe. O conde respondeu-lhe que meu marido não teria inconveniente em proporcionar-lhe o empréstimo, mas em troca a Junta da Espanha deveria me autorizar "a constituir uma regência na América meridional, encabeçada por ela mesma para evitar a perda total das colônias espanholas".[3]

Casa Irujo observou que carecia de instruções da junta para tratar de assunto tão importante e comentou que parecia humilhante pedir tão alto preço por uma soma que na realidade não era nada exorbitante. O conde de Linhares assegurou-lhe que, com isso, não pretendia mais que justificar o pedido à vista da Inglaterra. Acrescentou que, de todo modo, ainda havia que esperar a resposta do príncipe. Dirigiu-se, então, a lorde Strangford a fim de solicitar-lhe que intercedesse junto ao príncipe.

Poucos dias depois, o enviado espanhol recebeu uma nota oficial do governo, na qual constava que João negava-se a conceder o empréstimo e que só ajudaria aqueles que reconhecessem meus direitos a ocupar a regência na América.

Um mês depois, enquanto Casa Irujo estava em uma recepção oferecida por meu marido, ele foi testemunha de como eu jogava na cara de Linhares aquilo que fizera fracassar a negociação. Para sair da incômoda situação, o doutor Trapalhadas respondeu-me que, na realidade, não havia feito mais que seguir o conselho do governo britânico, que, por nota do embaixador, Strangford – presente na cena! –, havia-lhe comunicado que a Grã-Bretanha esperava que a corte portuguesa não se imiscuísse nos assuntos do rio da Prata.

Com raiva pelo que me parecia uma nova intriga contra mim, dirigi um olhar altivo a Casa Irujo e, diante de todo mundo, com voz muito expressiva, disse-lhe, em castelhano (compreendido por todos), que, já que ele não conseguia o empréstimo, eu continuava disposta a lhe dar as joias. Assim fiz em seguida, cumprindo minha palavra. Depois de pedir a avaliação delas, despachei-as para Montevidéu com a seguinte carta:

> Conheço minhas obrigações e sei que, tendo a honra de ser a primeira espanhola, devo ser também a primeira a me desapegar do mais precioso para ajudar a salvação desse povo. Recebei, vós que tendes a honra de ser seus representantes, as joias indicadas pela adjunta para que possais empenhá-las ou vendê-las e, com sua importância, socorrer vossas necessidades.[4]

Sei que, depois, na corte do Rio de Janeiro, disseram que seu valor era muito inferior à cifra implicada e que não valiam "sete ou oito vezes mais que a soma que necessitas", como eu dissera antes a Casa Irujo. Também fizeram troça dizendo que, entre as peças doadas, não havia rastro de coroas, tiaras e joias de brilhantes nem rubis e esmeraldas com que eu posara em alguns retratos da corte no Rio de Janeiro.

A verdade é que aquelas valiosas gemas soberbamente engastadas não me pertenciam, pois faziam parte do tesouro da coroa. Só faltou que me censurassem por não ter doado "os corais grandes como um ovo de perdiz que havia comprado de um judeu", que nada valiam. Pelo menos, consegui resolver a tarefa de prover Montevidéu com alguns recursos para lutar.

※

Encerrado o assunto das joias, pude dedicar-me com mais tranquilidade à deliciosa tarefa da vingança, cujo gozo se alcança, como aprendi então, quando se está assistido pela justiça da causa que a origina. Comecei encomendando a Presas a tarefa de localizar no Rio de Janeiro os sectários de Buenos Aires que me haviam traído e de quem me havia aproximado pelas circunstâncias políticas no rio da Prata.

Não vou negar que essa incumbência era também uma oportunidade de colocar à prova a lealdade de meu secretário, já que muitos daqueles haviam sido seus amigos ou, pelo menos, pessoas próximas, naquela pestífera cidade. Nisso Presas teve sorte, posto que o único lugar onde, naquela época, os portenhos podiam temer alguma coisa era o Rio de Janeiro – pela proximidade com Buenos Aires e por estar ali a principal interessada (ou seja, eu) em que não se realizassem suas ideias. Portanto, encarregaram vários sujeitos dos que haviam ido ao Rio de Janeiro, ou ali residiam, de ficar atentos a tudo e dar-lhes notícias precisas do que acontecia a meu redor.

Era regra que, a uma mulher atenta como eu, não se pudesse ocultar por muito tempo a existência de tais agentes. Pois eu também tinha os meus (melhores que os deles) para observar seus movimentos. As informações diárias que eu recebia de meus reservados colaboradores logo me levaram a pedir a Presas a encomenda particular de dar caça a uma presa em especial.

Para realizar a tarefa, o secretário precisou vencer, antes, a resistência do conde de Linhares, porque, segundo ele, meu marido "não ficara impressionado com a proclamação, em idioma espanhol, em que os revolucionários de Buenos Aires indicavam aos pacíficos habitantes do Brasil que se conjurassem para se constituírem também sob um governo republicano".

Era exatamente o oposto do que pensara Linhares. O que hoje me leva a reconhecer que meu marido conhecia melhor os brasileiros que aquele ministro, ao contrário do que eu achava então. Por isso, tão logo soube do conteúdo daquele manifesto, disse a meu secretário:

— Isso tudo é uma desgraça! Ficaria feliz de me ver fora daqui antes que exploda esta mina chamada El Brasil, que está bem carregadinha. Deus nos acuda e nos tire daqui!

Enquanto isso, não insistia para que Presas averiguasse em que lugares do Rio de Janeiro residiam aqueles subversivos. O acaso quis que o primeiro a cair na rede fosse um frade em cuja bagagem encontraram várias cartas e papéis, segundo meu secretário, com conteúdo suscetível a diferentes interpretações. Não obstante, mandei a meu serviçal a seguinte nota: "Presas, remeto as cartas do frade de minha alma, vá ver dom Rodrigo com elas e diga-lhe que quero esse frade preso e quero que, quando o prendam, fique sob minhas ordens, com todos os seus papéis em minhas mãos, porque pretendo mandá-los à Espanha".

Segundo meu secretário contaria a um confidente, depois de ler essa mensagem, pensou consigo: "Pobre frade, se ficar sob as ordens da princesa, um bom *miserere* o aguarda". No entanto, como era dócil e servil, o catalão logo foi falar com o conde de Linhares, que lhe explicou que, "para fazer o que pede a princesa, é preciso que o príncipe participe; porém, convém que o senhor, Presas, aconselhe Sua Alteza a se tranquilizar e refletir bem sobre a resolução, porque a partir de agora duvido que o príncipe, meu amo, concorde com ela".

Seguindo o conselho do ministro, o secretário voltou de imediato a meu quarto. Assim que o vi, perguntei-lhe:

— Então, o frade já está preso?

— Senhora, tenha paciência, porque não se prende um frade assim com tanta facilidade.

— O quê? Ele fugiu?

O secretário respondeu:

— Segundo dom Rodrigo, não existe tanta razão assim para prender o frade.

— Sempre há de haver gente para proteger essa canalha — retruquei, enquanto sentia meu sangue ferver.

— Como tem que ser, senhora; a opinião dele é respeitável, e sua influência, temível — disse Presas, referindo-se ao ministro.

— Sim, porque são uns intrigueiros — respondi, sentindo ao mesmo tempo a ira me chegar à garganta. — São os que transtornam tudo, metendo-se onde não são chamados, procurando sempre sua conveniência à custa dos demais.

— Congratulo-a por essas opiniões. Que as aproveite se algum dia chegar a governar. Mas temo que, então, sucumbirá, como os demais, aos males de sua astúcia — respondeu Presas, com um atrevimento de que, levada pela emoção, naquele momento não estive muito consciente.

— O que sinto agora — disse a ele — é não ser senhora absoluta do governo para que esse frade pagasse em pouco tempo sua iniquidade.

— Por que um frade ocupa tanto sua real atenção? — perguntou-me, retoricamente, Presas.

— Vê-se que não sabe o que são os frades — adverti-o. — Um frade sozinho é capaz de transtornar uma monarquia inteira. Foi o que aconteceu em casa.

Então, contei-lhe o que ocorrera em Portugal, quando, por causa da enfermidade mental de minha sogra, o príncipe começara a exercer a regência de fato - e isso graças a uma intriga de pessoas descontentes com o justo governo de minha mãe política, que desejavam fazer sua fortuna e que, por meio de um frade, conseguiram levar dona Maria à loucura.

— Sabe-se do que é capaz um frade — sentenciei. — Desde então, começaram as desgraças de Portugal, porque, entregue sempre o príncipe a seus favoritos e privados, isso não fez mais do que engrandecê-los, com a ruína do reino e o descontentamento geral, como sucede hoje com os irmãos Lobato. Enfim, quero que o frade saia daqui, que seja para os infernos, e irás agora mesmo dizer isso a dom Rodrigo.

— Obedeço, senhora, e nesta noite trarei a resposta — replicou o secretário.

— Não! Quero a resposta agora mesmo, porque, sem saber a conclusão, não comeria com gosto.

Depois de receber a ordem decisiva, o coitado passou "a instruir dom Rodrigo, que concordou em enviar o frade a Buenos Aires, de onde havia saído, pois era a única providência a ser tomada para contemporizar com Sua Alteza".

Quando o secretário me deu a notícia, eu estava de novo às voltas com minhas cavilações. Por isso, pude dissimular minha decepção, fazendo-o ver que me parecia "ter obtido uma grande vitória", quando, na realidade, havia sido apenas uma vitória de Pirro.* Por estar bem consciente de meu fracasso, não deixei de fustigá-lo nos dias seguintes para que procurasse os demais indivíduos que a polícia denunciara.

O catalão dizia que não podia atender a tudo e que, encarregado dessa tarefa, não a cumprira inteiramente. Passaram-se dois dias sem que fosse ao palácio. No terceiro, impaciente para saber o que fora feito dele, escrevi: "Presas, manda-me os nomes de todos os conspi-

---

* Refere-se a uma vitória obtida a alto custo, cujo esforço tenha sido enorme e possivelmente com prejuízos irreparáveis; ou seja, vitória com ares de derrota. (N.E.)

radores; manda-me uma lista com cada nome separado e ao lado a rua e o número da casa e a que horas costumam estar lá e também onde se reúnem (rua e número); quero tudo aqui à uma".

Nesse mesmo dia, ele passou no palácio e, assim que entrou em meu quarto, me entregou a lista. Dei uma olhada e, ao ver que não constava o principal nome que eu esperava ver, perguntei-lhe:

— Por que Perichon não está aqui?

— Porque essa mulher não se mistura com esse tipo de negócio, e sua situação é tão infeliz que é mais digno que Vossa Alteza se compadeça dela — respondeu o secretário.

— Como? Agora viraste protetor de boas moças! — exclamei.

— Senhora, sou homem, mas a essa senhora tenho elogios. Caso ser boa moça não a favoreça nessa situação, tampouco é algo que deve prejudicá-la, uma vez que não há motivo.

Depois de ouvir essas palavras, lembrei-me da reação que eu tive quando lhe exigi que detivessem o frade portenho, algo de que, certamente, não me senti orgulhosa quando minha ira régia amainou. Assim, refleti sobre o que o secretário acabava de me dizer a respeito daquela francesa.

Por fim, fiz com que retirasse o nome da ex-amante do ex-vice-rei de Buenos Aires da lista das pessoas a castigar. Por isso, aborreceu-me ainda mais saber que Presas, mais tarde, comentara com um companheiro que não era "fácil explicar o ódio e a ojeriza com que as mulheres feias odeiam as bonitas, defeito de que não estão isentas nem as próprias princesas".

Minha obra de aniquilação – política, é claro – de todos os inimigos da coroa espanhola no Rio de Janeiro durou um longo período, ainda que poucos deles tenham caído em minhas mãos, já que muitos dos conspiradores de Buenos Aires chegaram a prever que seriam observados e, fugindo, se salvaram, dado que se achavam sob a proteção do ministro da Inglaterra, lorde Strangford, que precisava deles para executar o plano de independência.

Era uma combinação que muito de antemão seu governo projetara para Buenos Aires a fim de estendê-la depois ao resto da América espanhola. Era assim que a Grã-Bretanha pagava, na mesma moeda, a Espanha, que ajudara as colônias da Nova Inglaterra a se libertar da mãe-pátria!

Desanimada pelo quase fracasso de uma tarefa em que investira muita energia e muitos recursos financeiros próprios, só me faltava a marretada dada por meu marido no final daquele fatídico 1810, quando fiquei inteirada de que meu querido do coração não abandonara a ideia de casar minha filha Maria Teresa com meu primo Pedro Carlos, apenas havia retardado esse casamento por três ou quatro meses.

Como eu disse, fui mantida na ignorância a respeito dos preparativos da iminente boda a fim de que não interferisse; informaram-me do evento pouquíssimo tempo antes de o matrimônio se realizar. Por mais que tivesse me oposto com convicção a que essa bela filha minha fosse sacrificada desse modo, suas altezas se casaram, faltando um mês para o ano acabar.

Um sectário inglês chegou a dizer que fiquei tão furiosa quando me contaram que não hesitei em chamar João de "proxeneta" e afirmar que teria preferido atirar minha filha num poço antes de vê-la casada com meu primo.

XVIII

O sexo de Sua Alteza

(1811)

*N*o início de um novo ano de paraíso no Rio de Janeiro, eu me sentia frustrada pela impossibilidade de reunir as "cortes" em Buenos Aires, humilhada porque o casamento de minha filha Maria Teresa fora realizado contra minha vontade e insegura a respeito de conseguir a regência na Espanha. A única coisa que estava em minhas mãos, no momento, era lutar para que a rebelião dos sectários portenhos não se alastrasse à Banda Oriental. Mas até mesmo nisso me caberia engolir uma boa dose de fel, dada a impossibilidade de outorgar ou conceder auxílio de armas e dinheiro a Montevidéu.

As limitações de meu "bolso pequeno" e a falta de crédito geraram a necessidade de admitir o concurso de tropas portuguesas no rio da Prata, que me foi oferecido pelo conde de Linhares, já que o governo temia que, se os revolucionários de Buenos Aires tomassem posse daquela cidade, eles teriam mais facilidade em estender o sistema republicano aos domínios brasileiros. Por esse motivo, dom Rodrigo enviou para lá um poderoso exército sob o comando do general Diego de Souza.

Embora, como disse, não tivesse me restado nada a não ser aceitar essa decisão, certo aspecto dela não deixava de ser de algum modo grato para mim, pois o militar designado a encabeçar a operação fora um dos fidalgos que participara em 1806 da conspiração organizada para me levar ao poder em Portugal. Dado que pertencia a uma antiga linhagem e que naquela ocasião era ainda um rapaz, meu marido decidiu perdoá-lo. Isso me levou a dizer a meu secretário:

— É preciso conseguir uma ordem do conde de Linhares para que dom Diego coopere com Goyeneche e acabe com aqueles demônios.

Para vencer os rebeldes, parecia-me essencial que esse Souza prestasse apoio ao chefe do exército do Alto Peru que marchava em direção à cidade portenha. No entanto, ocorreu que, diante de tal possibilidade, lorde Strangford não podia permanecer indiferente. Assim, ele cobrou o cumprimento da palavra que lhe dera o príncipe regente de não interferir nos assuntos do rio da Prata.

Enquanto o governo ponderava uma decisão a respeito, o novo vice-rei de Buenos Aires, refugiado em Montevidéu, reunia secretamente a junta de guerra para propor-lhe "se seria mais conveniente cair em poder da junta de Buenos Aires que chamar a senhora princesa dona Carlota". Por fim, adotou-se "o critério que mais favorecia a pátria, desde que eu reconhecesse a soberania das cortes gerais e observasse suas leis e seus decretos".

Ao saber da decisão, Casa Irujo ficou "alarmado" com as possíveis consequências. E como, segundo ele, aquilo ia contra as instruções recebidas da Espanha, decidiu reunir-se com Strangford para impedir que acontecesse. A visita do embaixador espanhol a meu grande opositor britânico – e, sobretudo, o motivo que a provocara – foi a gota que fez transbordar o copo da antipatia dissimulada que eu sempre sentira por aquele marquesinho. Como consequência, sem consultar Presas sobre o assunto, escrevi de próprio punho e letra ao conselho de regência da Espanha, que fora trasladado para Cádiz devido ao avanço dos exércitos franceses pela Andaluzia.

> Há muito tempo deveria ter comunicado a desairada situação em que se encontra o marquês de Casa Irujo e vosso ministro plenipotenciário, mas a esperança que sempre tive de restituir a confiança

nele, que tanto me custara ganhar da primeira vez, retardou a participação dessa notícia.

Não posso, nem é próprio de meu caráter, representar-vos toda a série de acontecimentos e fatos que poderiam comprometer a honra e a conduta do marquês; portanto, direi apenas o que julgo digno de vossa consideração.

À chegada do dito marquês a este destino, haviam precedido já vários informes de Londres, dos Estados Unidos e ainda da Espanha, pouco favoráveis a sua conduta política. Na época, considerei-os fruto de ódio de inimigos. Bem, agora, recentemente, como resultado da interceptação de correspondência privada, foi visto que o marquês tratava nela de modo pouco decoroso meu marido, incluindo na mesma censura minha filha Maria Teresa e meu genro, tachando cada um com diferentes notas de que não devo falar.[1]

Com essas palavras muito sinceras, eu esperava que o conselho desse de uma vez e para sempre o golpe final àquele homem que atrapalhava minhas ações. Por outro lado, querendo evitar que na Espanha tivessem uma ideia equivocada de mim, por ter sido obrigada a aceitar o concurso de forças portuguesas em domínios espanhóis, ordenei a Presas que preparasse as minutas das missivas que pensava enviar a significativos patriotas na Espanha.

Em especial, recomendei ao catalão que se esforçasse em uma delas, muito arisca. Isto é, bem colocada, instrutiva e impositiva, destinada ao deputado José Pablo Valiente, que, uma vez que a recebeu em Cádiz, "decidiu por si só, e sem contar com ninguém, propor às cortes que, nas críticas circunstâncias em que se encontrava a nação, a regência seja presidida pela infanta dona Carlota Joaquina, princesa regente de Portugal, que para esse efeito seja chamada imediatamente" à Espanha.

O parlamentar nem havia terminado de fazer essa proposição quando se alarmaram algumas pessoas alojadas nas galerias do salão das cortes e pediram a morte de Valiente. Passaram, então, a expor em altos brados as desgraças e o abismo de males em que os havia submergido a conduta de minha mãe, exclamando que temiam que sua filha fosse igual ou pior.

O general Wellesley, que passara a ser representante da Grã-Bretanha perante a junta, escreveu de imediato a Palmela, dizendo-lhe que conhecia muito bem os sentimentos do governo de Sua Alteza, o príncipe regente, sobre esse assunto que as cortes tinham em consideração, mas que, embora não houvesse objeção da parte britânica para que se reconhecessem meus direitos ao trono da Espanha, no presente estado da península havia muitas razões que tornavam inconveniente minha nomeação. Portanto, se as cortes não se conformassem com a proposta da Grã-Bretanha, esta consideraria sua influência sobre o governo português finalizada e deixaria de exercê-la.

Ao saber disso, Palmela escreveu ao conde de Linhares para colocá-lo a par do ocorrido nas cortes, assim como do conteúdo da carta de Wellesley. Ignorando esse epistolário, eu continuava ocupando-me de passar a limpo as cartas cuja redação encomendara a Presas.

Tive, então, a ideia de dirigir-me aos frades, que na nação espanhola sempre foram determinantes para formar a opinião de meus compatriotas. Assim, ordenei a Presas que, com os dados que eu lhe forneceria, preparasse a minuta de uma carta circular dirigida a todos os diretores das ordens religiosas da Espanha.

De meu punho e letra, explicava nela que, quando na Europa se erguera o domínio de Napoleão, eu desejara "evitar as calamidades que atualmente a península experimentava. Mas, obrigada por meu estado a ser uma simples espectadora do que ocorria nas cortes de Lisboa e de Madri, nunca pudera realizar meus justos anseios, apesar de algumas diligências praticadas em meio a riscos e perigos".[2]

Agora, encontrando-me em circunstâncias muito diferentes,

> os deveres que me impõe o direito de sangue de defender e velar pela conservação do trono de meus muito queridos irmãos, *e dos*

eventuais direitos que em sua ausência me pertencem, moveram-me a encarregar-te e rogar-te (sublinhado no original) que ponhas todos os teus bons ofícios que caibam à esfera da jurisdição de teu cargo para que os indivíduos de tua santa religião cooperem no sentido de que se restabeleça o quanto antes em seu antigo ser o governo de minha augusta casa da Espanha.

Palmela, porém, voltou a escrever a Linhares. Insistia que

a proposição feita nas cortes por dom José Pablo Valiente, da qual enviei cópia, me pareceu extremamente intempestiva, porque todos os partidos contrários à regência da princesa nossa senhora encontrariam nessa pretensão pretexto plausível para impedir a declaração de seus direitos. *E porque está claro que nem se pode nem convém dar no presente momento uma regência na Espanha, sem que plenamente se faça isso com o acordo do gabinete inglês.*[3]

De maneira significativa daquilo que, segundo esse português, pensavam os deputados espanhóis sobre a possibilidade de serem governados por uma mulher, Palmela explicava a Linhares que, no que se referia a minha nomeação como regente da Espanha, "se reúnem os maiores obstáculos principalmente pelo sexo de Sua Alteza, que serve de pretexto a todos os que a querem excluir".

Naquela época, no Rio de Janeiro, meu marido acabara cedendo às pressões de lorde Strangford, que depois da visita de Casa Irujo voltara a pedir ao príncipe que as tropas portuguesas na Banda Oriental não se metessem nos assuntos de Buenos Aires e fosse assinado um armistício que incluísse os rebeldes. Quando soube do resultado, fiquei de novo decepcionada com a conduta de meu compatriota.

— É impossível que o marquês não goste dos guinéus ingleses — disse, então, a meu secretário, insinuando que Casa Irujo havia sido comprado com moeda inglesa. — E, se eu pudesse, mandava-o agora mesmo para a costa da Guiné.

Imediatamente e com a intenção de não ficar de modo nenhum comprometida pelas consequências que podiam resultar contra a Espanha semelhante trégua, como "sou muito escrupulosa", pedi a Presas que rascunhasse uma carta reservada, dirigida à regência espanhola e que nela "se declare que minha conduta sempre é correta e quero que saibam que eu não contribuí para que a ordem fosse assim, que soube de tudo depois que Casa Irujo, Linhares e lorde Strangford ajustaram a referida ordem".[4]

Semanas depois, o embaixador de Portugal em Londres informava à corte do Rio de Janeiro que Wellesley, então primeiro-ministro britânico, havia-lhe comunicado em recente audiência que, "dos direitos eventuais de Sua Alteza, a princesa, à coroa espanhola ninguém podia duvidar", mas que, naquele momento, eu não podia ser regente da Espanha. Recebida essa informação, Linhares concordou com meu marido sobre a redação de uma carta, como se eu a tivesse escrito de próprio punho e letra e cujo conteúdo era o seguinte:

> Meu querido esposo, o cuidado e a inquietude que me causa a triste e arriscada situação da Espanha me obrigam a autorizá-lo a, em meu nome, informar isto a Sua Majestade britânica: a força do Império francês só pode continuar a encontrar resistência apropriada se os fiéis leais e generosos espanhóis se virem governados pela legítima e suposta herdeira.
> Portanto, me parece conveniente autorizar Vossa Alteza para que, em meu nome, declare a Sua Majestade britânica que, desejando muito eficazmente a salvação da monarquia espanhola e reconhecendo os direitos que tenho a ela, não hesitaria em estabelecer governadores na Espanha que, como em Portugal, a governassem de acordo com o governo inglês.

Deixo livre Vossa Alteza para fazer o uso que julgar conveniente desta minha real declaração, que jamais retratarei e farei observar com o mais religioso escrúpulo.[5]

Foi o próprio Linhares quem me entregou essa infame epístola para que a passasse a limpo e a assinasse com minha rubrica oficial de princesa. Assim, uma vez pronta, ele poderia mandá-la ao príncipe regente inglês, "compadre" de meu marido, para que os ingleses pensassem que eu estava de acordo com essa traição.

Um pérfido britânico afirma que, quando terminei de ler tal carta, perdi a cabeça e perguntei, gritando, ao conde se meu marido pensava desse modo em renovar "a farsa de Baiona", em alusão à dupla abdicação de meu pai e meu irmão, ocorrida naquela cidade francesa. Ato indigno que, na interpretação do inglês em questão, era o que eu havia pensado que o príncipe tentava repetir, fazendo com que eu cedesse meus direitos a meu primo, o infante Pedro Carlos, como meu pai e meu irmão haviam feito para depois cedê-los a Napoleão.

Segundo essa versão mentirosa, meu desgosto foi tão grande, depois de conhecido o conteúdo daquela carta, que, "vítima de emoção e de alta febre, Carlota caiu gravemente enferma". Ao contrário, a verdade é outra. Mesmo convencida de que só quem não tivesse a menor ideia do caráter dos espanhóis poderia conceber que meus compatriotas admitiriam ser governados por chefes escolhidos pelos britânicos e mandados por militares estrangeiros, decidi utilizar o recurso da elegante dissimulação aprendido de minha progenitora para responder a tamanho desatino.

Esta foi a resposta que escrevi a meu marido:

Meu querido esposo, considerada atentamente a atual situação dos negócios do governo espanhol, creio ser minha obrigação dizer a Vossa Alteza que, não tendo autoridade nenhuma de minha fiel e generosa nação, seria intempestiva qualquer explicação feita sobre os pontos da nota de V. A.

Cheia da maior gratidão pelos bons ofícios, declaro que, em qualquer tempo que a nação espanhola depositar em mim sua direção e seu governo, procurarei ocupar seus votos defendendo-a do inimigo comum, conservando com V. A. e Sua Majestade britânica a mais estreita união e aliança.[6]

Depois de assinar a missiva, da qual ainda me sinto orgulhosa, ordenei que fosse entregue imediatamente ao príncipe, que se encontrava na ilha do Governador. No mesmo dia, João me respondeu:

Meu amor, recebi tua carta com o maior prazer por me dizeres que estás bem. Recebi a resposta à nota que por minha ordem te entregou Linhares; como não a aprovaste, remeto esta por um portador, a quem entregarás os ditos papéis, pois tenho necessidade deles. Adeus, meu amor, até a vista. Teu esposo que muito te ama.[7]

Posto que o governo de meu marido atribuiu a ideia dessa carta a meu secretário – tão pouca era a estima em que tinham minhas capacidades –, por volta do final daquele ano urdiu-se "no Rio de Janeiro que o catalão saísse daquela corte".

Dessa intriga participou – como não?! – lorde Strangford, posto que ele também pensava que a oposição que eu fazia a todas as suas propostas e suas gestões dimanava dos conselhos de meu amanuense catalão e que, enquanto Presas estivesse a meu lado, nunca poderia dar a sua corte respostas satisfatórias sobre as pretensões que tinha a Inglaterra em relação à independência das possessões espanholas na América.

Portanto, escreveu a Londres para dizer que era de absoluta necessidade pedir ao príncipe regente de Portugal que separasse meu secretário de minhas ordens imediatas, pois sua presença no Rio de

Janeiro era incompatível com os interesses da Inglaterra. Como se vê, foi o mesmo procedimento que o embaixador utilizara para tirar sir Sidney de perto de mim.

Nos mesmos dias em que esta "espanhola de coração" era humilhada por portugueses e ingleses, que confabulavam de novo contra ela, um compatriota meu, deputado das Cortes de Cádiz, propunha em sessão secreta que se discutissem os direitos eventuais ao trono da senhora infanta Carlota Joaquina. Na primeira parte de sua alocução, perguntava se as mulheres estavam ou não preparadas para governar.

Remontando-se aos tempos bíblicos, concluía que não só existiram mulheres capazes de governar, como houve aquelas que exerceram o poder com grandíssimos benefícios a seu reino, como minha ilustre antepassada Isabel, a Católica. Na segunda parte da exposição, perguntava a seus colegas se eu era digna de obter o reconhecimento de meus direitos à coroa espanhola, "sendo filha legítima da rainha Maria Luísa", a quem chegou a comparar (e me pesa muito dizer isso, Assunção) com "Agripina ou Messalina".

A prova de que, para meus compatriotas, eu não tinha os problemas de reputação de minha mãe é que a maioria da câmara votou (em 21 de dezembro de 1811) – e por maioria! – que eu, sim, estava apta a ocupar a regência da Espanha.

Desse modo, antes que terminasse o ano, Palmela escreveu-me para dizer que "o grande barranco (permita-me, V. A., essa expressão) está transposto com felicidade; esta lei, que restabelece em todo o vigor seu antigo método de suceder ao trono da Espanha, vai ser promulgada solenemente no ato em que se publique a Constituição de que ela faz parte".[8]

XIX

A "tísica" de Botafogo

(1812)

*D*urante uma discussão que o príncipe regente teve com seu ministro de Negócios Estrangeiros, no início de um novo ano no Brasil, o conde de Linhares sofreu um colapso. Rodrigo de Souza Coutinho morreu no final de janeiro, sendo imediatamente substituído pelo conde de Aguiar, que era um dos poucos portugueses a serviço de meu marido que conhecia de verdade aquele grande e estranho país, já que havia sido seu vice-rei. No entanto, "carecia da mobilidade" de Linhares e, como ele, sofria de falta de visão política.[1]

Ainda pairava na corte do Rio de Janeiro o mistério sobre o que provocara de verdade a morte do doutor Trapalhadas (acredito que eu tive algo a ver com isso) quando chegou a confirmação do reconhecimento de meus direitos à regência da Espanha. A notícia causou sobressaltos, receios e temores no governo. Temia-se que essa decisão, tomada à margem da vontade dos britânicos, me tornasse totalmente independente em relação aos poderes portugueses e que eu aproveitaria esse louvor das cortes espanholas para me mudar para a Banda Oriental e ocupar-me dos ataques de Buenos Aires, ao contrário do que queriam os britânicos.

O certo é que meu marido se comportou como se não tivesse se inteirado de meu triunfo, apesar de ter sido conseguido, em grande parte, graças a um enviado de seu governo. Apenas uns poucos cortesãos leais a mim me felicitaram. Isso evidencia que, embora o governo português desse apoio a minhas pretensões espanholas, serviu-se delas apenas para resolver suas complicadas relações com a Grã-Bretanha em Portugal. E agora temia ficar fora do jogo.²

Por outro lado, naqueles dias João sentia-se muito deprimido pelo agravamento da enfermidade que acometia o infante Pedro Carlos, seu caríssimo sobrinho (e genro). Fontes do palácio diziam que meu amado primo atravessava uma fase aguda de "febre nervosa", mesmo mal de que eu sofria. O mais provável, porém, é que tivesse sido afetado pela pestilência que caíra sobre a cidade havia pouco – eflúvios que levaram João a suspender seu passeio diário pelo Rio e a se trancar em sua residência em São Cristóvão, na periferia da cidade, onde vivia com meus filhos homens, com Maria Teresa e com aquele tal infante.

Apesar do clima insalubre, em todos os sentidos, que me rodeava no Rio de Janeiro, eu não deixara de fazer meus trâmites, por meio do mensageiro de Sua Santidade, para que o corpo diplomático me cumprimentasse oficialmente por meu sucesso na Espanha. Mas, "inteirado o príncipe do propósito, não lhe mereceu aprovação e negou a permissão para que se realizasse".³

Enquanto eu ainda não me havia recuperado do efeito causado pelo veto de meu esposo a uma simples cerimônia, chegou à Baía de Guanabara a notícia de que as cortes de Cádiz haviam rechaçado, por maioria, que eu assumisse a regência, embora, em uma sessão do ano anterior, os deputados tivessem votado, também por maioria, que esta mulher espanhola estaria, sim, apta a esse honroso cargo. Havia-se produzido uma denegação graças à influência que a Grã-Bretanha exercia sobre um considerável número de deputados liberais espanhóis.

Dias depois desse outro golpe em minhas esperanças, o embaixador inglês recebeu de Londres a anuência para tirar Presas do panorama brasileiro, como havia tramado com o falecido doutor

Trapalhadas. Assim, "não hesitou em pedir ao príncipe regente que, no prazo de vinte e quatro horas, fizesse sair do Rio de Janeiro" meu secretário particular.

Depois que lorde Strangford apresentou a solicitação ao governo do Rio de Janeiro, no início de março de 1812, o príncipe precisava que eu fosse informada, por meio do conde de Aguiar, de que o catalão deveria deixar meu real serviço e sair daquela corte o mais breve possível.

Por mais que eu já cultivasse algumas dúvidas sobre a lealdade de meu secretário (não sobre sua capacidade), a comunicação dessa providência alterou tanto meu ânimo que me fez prorromper, diante dele, em uma multiplicidade de imprecações contra os governantes da Inglaterra.

— Este governo é o que transtorna os povos e as nações, o que perturba a paz e a tranquilidade dos Estados, o que conspira contra os príncipes — disse, a ponto de explodir. — É o que fomentou a Revolução da França!

Era tanta ira que me provocavam, no momento, aqueles ilhéus presunçosos que afirmei a Presas minha convicção de que a aliança britânica com Espanha e Portugal a fim de expulsar os franceses da península era mais prejudicial à sorte da Espanha do que os exércitos do próprio Napoleão.

— Conheço essa gente há muito tempo. Sempre se opuseram a que eu fosse regente da Espanha, e ainda temo que, se chegassem a faltar meus pais e meus irmãos, iriam se opor também a que eu me colocasse no lugar que por direito me cabe.

Esse foi o preâmbulo com que me desafoguei da justa ira que havia excitado em meu espírito a notícia da resolução que, por influência do governo inglês, fora tomada por meu marido de me separar de meu secretário. Não tanto por lamentar perder tão eficiente colaborador (embora também por isso), mas porque me parecia humilhante que João me rebaixasse a ponto de intervir pessoalmente para tirar de meu serviço um amanuense.

— Apesar da determinação do príncipe, não quero que vás embora, pois eles não podem me impor o que querem — disse a Presas.

— Senhora, eu opino que Vossa Alteza não está agora em condições de resolver com acerto esse assunto — respondeu. — Convém que se tranquilize e, quando a razão e a prudência não estiverem perturbadas pelo ressentimento nem pela ira, então, com claro juízo, verá todos os inconvenientes que se apresentarão para semelhante deliberação.

— Então queres ir embora? — perguntei. "Só me faltava essa!", pensei.

— Senhora, eu até agora sempre procurei fazer sua real vontade — disse ele. — Mas neste caso vejo como algo impossível, porque nem V. A. nem eu temos meios, tampouco faculdades, para contrapor às soberanas disposições do príncipe, menos ainda às da Inglaterra, à qual, como vê V. A., seu próprio esposo está sujeito — explicou o secretário. Então, continuou: — Acredito que não resta a V. A. nem a mim recurso senão nos adequarmos às circunstâncias e cumprirmos com a resolução do príncipe ou, melhor dizendo, com a que decretou o gabinete britânico.

Cumprindo a ordem do governo, o catalão decidira partir para Montevidéu, ponto mais imediato dos domínios da Espanha. Quando me comunicou, não aprovei essa ideia e lhe propus que fosse para Cádiz, a fim de prosseguir com minha causa de poder exercer os direitos à regência.

Dias antes de partir, foi ao palácio me entregar os papéis e os livros que estavam sob seus cuidados e me estendeu uma nota de instruções que, segundo ele, talvez me fossem úteis em sua ausência. Ainda lembro que me chamou a atenção uma delas, em que me recomendava que, "no caso de voltar à Espanha, levasse o menor número possível de criados, nenhum deles de alto escalão".

Como Presas servira-me com eficácia, decidi designar-lhe uma pensão de três mil pesos, pagáveis de meu patrimônio em Lisboa.

Deixando-me levar pela generosidade, dei-lhe contados, de minha própria mão, e em moedas de ouro, uns quinhentos duros para custear a viagem. Antes que partisse, cheguei a redigir de próprio punho e letra a seguinte recomendação, dirigida à regência espanhola em Cádiz:

> Eu, dona Carlota Joaquina de Bourbon, infanta da Espanha, princesa do Brasil, certifico que o doutor José Presas, desde o mês de novembro de 1808, em que decidi por bem nomeá-lo meu secretário particular, correspondeu completamente a minha real confiança, servindo-me e muito bem e com a maior fidelidade.

Depois de ler nota tão expressiva e honrosa, que fora antecedida pela promessa de uma renda anual substanciosa, pareceu-me Presas muito satisfeito. Então, manifestei-lhe o grande desejo de que continuasse a me servir quando eu regressasse à Europa. Cheguei a designar o aposento que deveria ocupar no palácio do Ramalhão.

No dia 1º de abril daquele ano, apresentou-se no palácio pela última vez. Eu entreguei-lhe as pastas para o supremo conselho de regência e várias cartas para alguns deputados. Por último, dei-lhe minha mão para que beijasse.

— Adeus, Presas — disse-lhe. — Não se esqueça de mim e nunca deixe de me escrever.

— Senhora — disse ele —, as palavras que com tanta ternura acaba de proferir V. A. ficarão para sempre gravadas em meu coração, e nunca poderei esquecer a particular demonstração de afeto que neste momento acaba de manifestar. Adeus, senhora.

— Adeus, Presas — repliquei.

Na manhã seguinte, quando já se encontrava embarcado, fiz-lhe chegar, por meio de um ajudante de ordens do palácio, uma caixa que continha a faixa da Ordem das Damas Nobres de Santa Isabel para a mulher de Palmela e um bilhete de meu punho e letra que dizia: "Adeus, Presas. Deus te dê boa viagem. Até a vista. Perdoa tanto trabalho que tiveste comigo".

Duas semanas depois da partida de meu ex-secretário, o marquês de Casa Irujo, "duvidando da lealdade de uns e de outros, desconfiando de todos, sem excluir as próprias autoridades espanholas nas colônias, resolveu, sem autorização da regência, afastar-se do Rio de Janeiro". Rumou para os Estados Unidos.[4]

A partida de Casa Irujo, que eu mesma havia propiciado, gerou-me verdadeiro prazer. Ao contrário, embora a nostalgia seja um sentimento que poucas vezes provei, não passara sequer uma semana da partida de Presas e já comecei a sentir falta dele. Uma estranha forma de desalento tomou conta de mim. Tive a impressão de que "todas as maldades e as intrigas de que se servem os maus para enganar os inocentes acabariam por vencer-me".

Para piorar as coisas, soube que o doutor Pastorinha (apelido que eu colocara no conde de Galveas, efeminadíssimo ministro de meu marido) enviara a Buenos Aires o general José Rademaker (futuro professor de meu filho Pedro). Soube disso quarenta e oito horas depois que havia saído pela barra afora, pela boca do médico Azevedo, que não me contou mais nada, acreditando que eu já soubesse de tudo – e, para não lhe demonstrar que eu nada sabia, fiquei sem conhecer o motivo da viagem.

Suspeitava, porém, que tinha a ver com o armistício em Montevidéu propiciado pelos ingleses. Naqueles dias, o único acontecimento favorável a meus interesses foi a morte de meu querido primo, o infante Pedro Carlos, que, ao chegar ao Brasil, tentara usurpar meus direitos à coroa espanhola.

Naturalmente, lamentei sua morte, como ser humano que era. Mas não estava mais para me preocupar muito com os que haviam se colocado contra mim, pois minha saúde não era lá das melhorzinhas. Tanto que, em meados daquele outono, sofri "um ataque fortíssimo de peito, que quase me matou com calores contínuos, inflamações todas as tardes, suores de madrugada, tosse com dor no peito, secreções ruins e às vezes com sangue, além de afonia e muita fraqueza".

Quando recuperei um pouco as forças e consegui segurar a pena, escrevi a Presas e relatei-lhe os detalhes da "inesperada notícia da morte de meu sobrinho. Deus, que tem tirado do caminho todos os estorvos que podiam me prejudicar, tirou-o deste mundo". Naquela época, eu havia superado o estágio mais grave da tísica e me sentia com ânimo suficiente para juntar à carta dirigida a Presas uma lista de livros que queria que me comprasse na Espanha e enviasse assim que possível ao Brasil, "com a importância de tudo o que lhe encomendara".

Graças a minha relativa melhora, retomei a comunicação epistolar com o governador de Montevidéu que, enquanto eu estivera muito doente, não parara de me pedir ajuda para defender a cidade das ameaças dos portenhos independentistas.

Em uma das cartas àquele leal espanhol, eu lhe dizia que

> tenho que fazer o possível para conseguir o que me pedes e sinto na alma não poder dar resposta conforme meus desejos, pois bem sabes que não posso afiançar nada, tampouco prometer, senão aquilo que depende de minha pessoa, porque bem viste que mandaram Rademaker a Buenos Aires e que eu não soube de nada, a não ser três dias depois de ele ter saído – e ainda nem sequer sei o que foi fazer lá.

O governador disse-me que os verdadeiros responsáveis pelas negociações que o governo do Rio de Janeiro mantinha com "o subversivo governo de Buenos Aires" eram os "emissários embarcados, que vêm mais pelas vias de Londres, e outros que fixaram o escritório de seu maquiavelismo na cidade da Filadélfia".

Decidi, então, escrever ao município onde residia o governador.

> Eu, como boa espanhola muito amante de meu irmão, rogo-vos, com o maior afinco, que olheis com todo cuidado e busqueis socor-

rer o povo de Montevidéu e Vigodet, em conformidade com o que solicitam. Cuidai (coisa que digo com todo meu sentimento) que, se vós não os socorrerdes assim que for perdida aquela praça, porque os revoltosos são bastantes e não deixam de trabalhar um momento sequer para conseguir seus malditos fins, e se ela se perder, toda a América do Sul será perdida.

Eu não tenho outros meios para auxiliá-los e apoiá-los senão minha pluma e pedir a este governo (a regência espanhola) que continue a socorrê-los. Espero que o faça, mas, como não depende só de mim, não posso prometer; portanto, respondo apenas pelo que posso fazer. Estou certa de que vós conheceis minhas intenções – eu, verdadeira espanhola – e de que sabeis que, se fosse necessário derramar até a última gota de meu sangue para o bem de minha amada pátria, eu a derramaria.[5]

No início de julho de 1812, depois de mais de três meses de navegação atlântica, meu ex-secretário no Brasil, agora meu agente pessoal perante as cortes, chegou por fim ao porto de Gibraltar. "Debilitado pela viagem, bastante enfermo e quase impossibilitado de andar." Nessa situação, nada pôde fazer a não ser recorrer a um correio para enviar a pasta que lhe havia ordenado entregar em mãos ao general Ballesteros, valente soldado cujas tropas se encontravam então muito perto dos franceses invasores, a quem eu lhe pedira por escrito que cumprisse "a árdua e arriscada tarefa de fazer que todo teu exército me proclamasse regente da Espanha. Minha intenção era que, seguindo seu exemplo, as demais tropas fizessem o mesmo e obrigassem as Cortes de Cádiz e o supremo governo a se submeter a essa extraordinária medida".

Uma semana após sua chegada, Presas, por fim, empreendeu a viagem de Gibraltar a Cádiz, onde então "se encontrava o excelentíssimo conde de Palmela, revestido do caráter de embaixador de Portugal". Depois de reunir-se com ele, Presas se encarregaria de distribuir "as demais cartas que eu havia lhe dado para deputados e outras pessoas". Aproveitaria a oportunidade, segundo me informou, para descobrir o verdadeiro modo de pensar e a opinião de cada um sobre o pronunciamento a fazer em meu favor. Pois, apesar de meu fracasso no ano anterior, eu ainda contava com o apoio de considerável número de deputados. O que mais me interessava, no entanto, era saber o que pensavam desta infanta da Espanha seus opositores.

Como me contaria Presas muito tempo depois, tais pessoas sustentavam conhecer "acontecimentos particulares de minha vida e não ignoravam os distúrbios que, por minha causa, haviam ocorrido no palácio de Lisboa". Os mais atrevidos chegavam a assegurar que minha intenção nunca fora remediar então (suponho que se referiam a 1806, quando da "conspiração dos fidalgos") os males da Espanha e Portugal, e sim dominar a todo custo e vingar-me completamente de meu augusto esposo.

A julgar pela primeira carta que Palmela me enviou depois de ter conhecido o catalão, a impressão que este lhe causou fora positiva. Nela dizia que,

> com dom José Presas, falei sobre o quanto poderia convir a Vossa Alteza, para ganhar popularidade naquele partido (liberal), voltar ao trabalho de escrever às cortes, às quais seria bom manifestar que eu havia recebido com satisfação a notícia da publicação de uma Constituição pela qual seriam restabelecidas as antigas instituições da Espanha.

Conselho desnecessário, porque eu já havia escrito uma carta bastante arisca ao conselho supremo da Espanha para dizer-lhes que,

> cheia de regozijo, congratulo-me pela boa e sábia Constituição que o augusto congresso das cortes acaba de jurar e publicar com tanto aplauso de todos – muito particularmente o meu. Eu a considero

fundamental para a felicidade da nação, pois, *mantendo exatamente assim a Constituição, venceremos*" (destaque no original).

Esse louvor à Constituição liberal de Cádiz, datada de 1812, causou-me a injusta (e equivocada) crítica de "perjúrio" pelos deputados liberais portugueses "exaltados", que, além de mal informados (eu nunca a jurei), censuraram-me por ter aprovado algo que depois, em Portugal, me coube atacar com afinco. Em todo caso, uma semana depois de escrever essas palavras, por realismo político, mudei-me para Botafogo e instalei-me na chácara do abade dos monges beneditinos.

Esperava que os ares marinhos de agosto me ajudassem a acabar com algumas sequelas que sofria de meus princípios de tísica, consequência do fortíssimo ataque de peito que havia tido em maio. Graças a Deus, após dez ou quinze dias ali, já não tinha inflamações nem suores.

Por aqueles dias, recebi uma carta do catalão, dizendo-me que "estávamos no melhor do trabalho, quando o conde (de Palmela) teve que partir para Lisboa e dali a Londres para cumprir ordens do príncipe". Lamentavelmente, até o final do ano não pude "responder com detalhes a Presas porque ainda estava muito delicada do peito e, além disso, com obstrução no fígado".

Lembro que "o médico de Corcovado me receitou alguns remédios que me fazem bem, mas diz que é preciso ter extremo cuidado comigo, porque estou muito debilitada; se tivesse me dado medicamentos mais fortes, com certeza teria me matado".

Quando, por fim, consegui pegar papel e pluma, expliquei a Presas que,

> para mim, a retirada de Palmela de Cádiz era obra do mesmo autor que te tirou do Rio. Estou no canto e não faço nada, porque acho que prometeram e juraram ao diabo fazer felonias para ver

se assim me matam de desgosto; mas não vão conseguir, eles que se arrebentem, malditos. O que eu quero é me ver fora daqui.

Depois de escrever essas palavras que me saíam da alma, tive o estimulante consolo que a leitura proporciona às pessoas que de verdade amam os livros, pois pouco antes haviam chegado à Guanabara, num caixote, todas as obras da lista que eu pedira que Presas me enviasse de Cádiz.

XX

Minha irmãzinha do coração

(1813-1814)

Antes de cair gravemente enferma no Rio de Janeiro, comecei a receber resposta às numerosas cartas que Presas entregara na Espanha. Em especial às dirigidas a pessoas de comprovada fé monárquica para que me ajudassem a conseguir a regência da Espanha. Mas só pude lhes responder quando me mudei para Botafogo e passei a me sentir um pouco melhor.

Da chácara dos beneditinos, rodeada de laranjais, como os que me embriagavam com flores brancas enquanto passeava pelos jardins de Queluz, roguei a essa gente que me fizessem um grande favor. "Tirem-me deste presídio o quanto antes, porque, se ficar aqui muito mais tempo, vou morrer; minha enfermidade física e moral aqui não pode ser curada."

A verdade é que também me sentia deprimida, porque, desde que se promulgara a Constituição liberal de Cádiz, as cortes haviam entrado em crise – sobretudo por causa das graves dissensões entre conservadores e liberais. Mesmo assim, Presas continuava trabalhando para "melhorar minha imagem" nas bancadas destes últimos, nas quais se localizavam as maiores resistências a que eu fosse nomeada regente da Espanha, já que, segundo havia-me escrito, "a ideia que têm os inimigos de Vossa Alteza em toda a Espanha, singularmente em Castela, é pouco favorável".

Mas nem todas as notícias eram ruins. Na verdade, depois que na capital gaditana espalhou-se o rumor de que parte de minha bagagem havia chegado a Lisboa, "uns se alegraram e outros se consternaram com tal acontecimento". Segundo meu ex-secretário, quando alguém contou que eu havia desembarcado no Restelo a pretexto de tomar os banhos em Caldas, foi tal a sensação que causou a notícia que Presas não conseguiu naquele dia se livrar de pessoas de todas as classes que iam até sua casa e seu escritório saber o que havia de verdade naquilo. Ou para dar-lhe os parabéns.

Tudo isso, segundo ele, evidenciava a boa acolhida que eu teria recebido se tivesse me permitido regressar à Europa. Portanto, dizia-me, essa simples consideração devia estimular-me a convencer meu marido da urgente necessidade de que nossa família voltasse a Portugal. Ou, pelo menos, de que me permitisse viajar sozinha a Lisboa, já que lá, não passariam quinze dias sem que antes os espanhóis me chamassem para tomar as rédeas do governo, enquanto persistia a ausência de meus augustos irmãos.

Como eu intuíra, o contínuo choque entre os partidos em Cádiz prejudicou meus interesses. Além disso, os indivíduos encarregados do poder Executivo, que eram homens de ideias antigas, sem aquele caráter nem aquela firmeza que precisam ter os governantes, perderam a maioria nas cortes. E, dado que meu ex-secretário devia sua nomeação aos regentes destituídos, a quem eu o havia recomendado, também foi relevado do cargo que ocupava e acabou nomeado para desempenhar um cargo secundário, na província de Granada.

Atenta a isso, escrevi de Botafogo para contar-lhe que, na realidade, a separação da secretaria que havia ocupado até então fora obra de Joaquim Severino Gomes, representante português perante as cortes que substituíra Palmela depois da transferência para Londres.

"Mas cale o bico", escrevi-lhe eu. Na mesma carta, comuniquei-lhe que minha representação perante as cortes, a partir daquele momento, seria desempenhada pela pessoa que lhe havia entregue minha mensagem, isto é, frei Bernardo Diaz, "de cuja amizade e honradez não deves duvidar. Ele, se puder, te dirá bonitas coisas. Quando me escreveres, entrega a ele as cartas". Tempo depois, soube que Presas não recebera nada bem o fato de eu colocar fim a seus serviços dessa forma e o atribuiu a uma intriga desse frade. Mas o que poderia eu fazer? O mais conveniente para mim era contar com um agente vinculado a uma instituição forte como a Igreja. Pouco depois de escrever essa nota de despedida, como estava melhor de saúde, deixei Botafogo e voltei ao palácio do Rio de Janeiro, residência em que minha relativa recuperação me permitiu resolver um antipático problema criado por um agradecimento cortês e, acredito, sincero de meu marido, que então residia em Santa Cruz com meus filhos.

"Meu amor, estimei infinito tua carta por ter certeza de que estás boa. Eu passo bem, assim como nossos filhos, e nosso neto; quanto ao que me dizes a respeito do furto dos pretos, aprovo o que fizeste. Adeus, meu amor. Esposo que muito te estima."[1]

Meu marido sempre gostou que eu me ocupasse, sobretudo, de coisas domésticas. Voltou a me escrever outra nota, não menos gentil que a anterior, sempre daquela fazenda, às onze da noite, do dia em que regressei a Santa Cruz:

> Meu amor, o camareiro recebeu uma carta de teu viador dizendo que ontem, quando chegaste da cidade, tinhas tido um grande ataque de respiração, mas que já hoje estavas alguma coisa melhor e tinhas bebido caldo com apetite; bem podes crer quanto sentiria teu incômodo e quanto me alegrei que tenhas princípio de melhora.[2]

Essa mensagem levou-me a perguntar se essas gentilezas, muito próprias de sua maneira de ser, eram naquele momento fruto exclusivo de um cálculo, dado que ele já sabia, então, que "o vento da história" começara a soprar a meu favor na Europa. Portanto, era conveniente estar bem comigo.

De fato, os primeiros meses de nosso sexto ano de estadia no Brasil coincidiram com "o declínio e a queda" de Napoleão, que, cercado por todos os inimigos, inclusive seu próprio sogro, pai de Leopoldina, abdicou da coroa imperial francesa no início de abril de 1814. No dia seguinte, meus irmãos Fernando e Carlos abandonavam para sempre sua dourada prisão no castelo de Valençay, onde estiveram reclusos nos últimos seis anos. Eu soube dessa liberação por meio de uma carta de minha irmã mais nova, a infanta Maria Isabel, que eu havia visto apenas um mês em minha vida, quando João e eu viajamos a Badajoz, em 1796, e que minha mãe conseguira que se casasse com o herdeiro da coroa das Duas Sicílias.

A duquesa de Calábria havia escrito para dar-me "notícias de quem jamais poderias imaginar, e não podíamos esperar agora, e são de nossos augustos e amados pais, que estão em Roma há vinte e seis meses".[3]

Para mim, isso não era novidade, pois havia tempo eu ficara sabendo, por meio do núncio apostólico no Rio de Janeiro, que os velhos reis da Espanha, depois de deixarem o castelo de Compiègne, onde foram "convidados" a residir por Napoleão, após a "farsa de Baiona", conseguiram, por mediação papal, instalar-se na Cidade Eterna. Soube também que ali tinham como companhia minha outra irmã, a ex-rainha da Etrúria. Como esperado, dado o modo de ser de minha mãe, sempre "malandro", havia levado para Roma consigo seu favorito.

Godoy, embora totalmente desprestigiado e sem um tostão, graças aos dotes de casamenteira de mamãe, conseguira se casar, em segundas núpcias, com uma princesa de uma antiga família romana, embora passasse mais tempo no palácio Barberini, onde residiam meus pais, que no de sua mulher.

Maria Isabel voltou a me escrever poucos dias depois de ter assinado sua primeira nota, para me dizer que

> na última carta minha querida mamãe me enterneceu e me dá horror até agora a situação dela, pois fala com tanto interesse e carinho de

ti, quer saber como estás, teus filhos, quantos são, enfim, me fala de tudo. Concordas, irmãzinha minha, que é uma dor ver que não se sabe nada há seis anos, não digo do mundo, mas dos próprios filhos?[4]

Realmente, a última vez que eu escrevera a meus pais foi na época em que acabava de saber da dupla abdicação em Baiona, quando ainda não tinha conhecimento da responsabilidade de minha mãe nessa farsa. As insinuações de Maria Isabel para que eu expressasse, por via epistolar, à minha progenitora sentimentos que não sentia no coração chegariam ao extremo de solicitar-me o "favor de enviar os retratos teu e de tua família, pois mamãe os pede".

Não atendi a esse pedido nem escrevi a minha querida mamãe do coração. Eu tinha em relação a ela um ressentimento parecido ao de Fernando, em função da conduta da rainha em Baiona, onde ela acabara fazendo o jogo de Napoleão, que tanto prejudicara a ele e a mim.

Pouco depois de receber a primeira carta de Maria Isabel, chegara uma breve, mas muito carinhosa, nota do jovem rei da Espanha, em que me confirmava que ele e meu irmão Carlos acabavam de pisar em Valência e seguiam viagem até Madri. Especial sentimento produziu-me ler a última frase: "Sempre me lembro de ti, de quando nos vimos em Badajoz há dezenove anos. Te amo muito e desejaria te dar um abraço".[5]

Além de estimularem o afeto por aquele irmão, que eu só vira durante um mês em toda a vida, mas que me deixara impressão muito positiva, essas palavras estimularam minhas esperanças de voltar à Europa – pareceu-me que aqueles sentimentos eram expressão sincera de um monarca importante.

Na situação de instabilidade política em que então encontrava-se Portugal continental, o apoio do rei da Espanha era fundamental para meu marido, sobretudo porque João continuava obstinadamente decidido a não querer voltar a Portugal, algo que era muito necessário, dada a situação portuguesa.

Chegou a ponto de seu compadre, o príncipe regente da Grã-Bretanha, escrever-lhe uma carta pessoal para que reconsiderasse essa decisão. Coube a lorde Strangford a desagradável tarefa de ler para ele em voz alta o "desejo" de *His Royal Highness* de que João voltasse a Portugal. No entanto, nem isso fez meu marido mudar de ideia. Razão adicional para que eu não perdesse a ocasião que o destino europeu me oferecia de voltar por minha conta. Eu já havia pensado em como. Em resposta à carinhosa missiva de Fernando, respondi, portanto, detalhando os trabalhos que me havia tomado em defesa de suas possessões da América do Sul.

Meu irmão comportou-se da forma que eu havia desejado, pois em sua segunda carta agradeceu-me o "empenho em promover meus interesses de minha preciosa parte de meus domínios".[6] Assim como a pintura que eu lhe fiz "da situação no rio da Prata e dos precedentes e advertências para que desconfiasse da missão do governo revolucionário de Buenos Aires".

Além disso, Fernando levantou-me a necessidade de solucionar o problema da devolução da praça portuguesa de Olivença, da qual a Espanha se apoderara durante a "Guerra das Laranjas".

Enquanto eu sentia uma grande felicidade pela possibilidade, implícita nessas palavras de meu irmão, de ser útil a Portugal em uma questão de primordial interesse para os portugueses – orgulho ferido pelos espanhóis –, recebi uma terceira carta de minha irmã, insistindo que "nossos amados pais sempre me escrevem e perguntam por ti".[7] Isso tampouco levou-me a escrever a eles. Nem sequer o fiz depois da quarta carta em que Maria Isabel contava-me que "mamãe me diz: 'Avise minha amada Carlota que respondi com regozijo a uma carta dela com data de cinco anos atrás'". Depois, dizia:

> Minha irmãzinha do coração, não posso mais resistir. Quando leio o estado de miséria em que se encontram (nossos pais); se eu pudesse ajudá-los, o faria até derramando meu sangue.

> Dói-me muito dizer-te essas coisas, pois uma filha não resiste a semelhante dor, mas em confiança abro meu coração, não sei como Fernando até agora não fez nada por eles, sendo o primeiro dever, mas quem sabe como é a verdadeira causa.[8]

Em sua quinta e última carta desse ano, minha irmã confiou-me que: "Mamãe sempre me diz tantas coisas para ti e quer saber notícias tuas e me encarrega de te dar recados".[9] Tampouco isso me levou a escrever a minha mãe. Menos ainda desejei fazer isso depois de receber novas e otimistas notícias de Fernando.

> A Providência não deixará que o extravio de alguns instigados sectários desmembre de meus Estados essas formosas possessões, mas, se por desgraça acontecesse um exemplo tão sedutor e tão à vista dos teus, estão nossos interesses, minha irmã, tão unidos que nem o bem nem o mal de um deve ser indiferente aos do outro.
> No caso de ajudar (Portugal) a Espanha por todos os meios (na América), eu não me esquecerei de nada que possa contribuir a tuas satisfações e aos desejos desse gabinete, em particular os que se dirigem à devolução da praça de Olivença. Eu desejo, querida irmã, que se restabeleçam a franqueza e a intimidade mantidas entre as duas cortes durante o reinado de meu augusto avô (Carlos III).
> De minha parte, asseguro que nada será omitido para chegar a uma aliança tão importante a duas famílias que devem ser vistas como uma só pela identidade de interesses. Se achares conveniente, poderás fazer ver esta carta ao príncipe para que reconheça minha pronta disposição em manter maior intimidade e franqueza.[10]

Embora minhas dores de cabeça naqueles dias fossem tão terríveis que até meu marido se preocupava com meu estado, sinceramente, quando terminei de ler o último parágrafo da carta de meu irmão, senti como se me tirassem um pesado elmo de ferro da testa.

Por fim, tinha em mãos um valioso documento, assinado por ninguém menos que o rei da Espanha, que meu marido não podia tratar como havia feito com todos os que tentaram ajudar a realizar meus planos até então (Alorna, Maria de Moscoso, Ponte de Lima, sir Sidney Smith, Presas).

Na seguinte carta que me enviou, o rei Fernando VII solicitava, tal como eu havia pensado e desejado, a mão de minha filha Maria Isabel para ele e a de Maria Francisca para meu outro irmão, Carlos Isidro. No entanto, para que isso realmente desse certo, eu deveria ter a cautela que minha mãe tivera desde a primeira carta enviada por minha "irmãzinha" Maria Isabel, já que minha querida mamãe do coração não via a hora de se mudar para Nápoles, pois se entediava mortalmente em Roma e desejava que Fernando e Carlos se casassem com princesas napolitanas cunhadas de sua irmã. Isso também era algo que importava à casa real das Duas Sicílias. Conhecendo muito bem os procedimentos da velha rainha da Espanha, eu sabia que ela teria feito qualquer coisa para boicotar as núpcias de minhas filhas com meus irmãos.

Assim, logo após iniciadas as tratativas matrimoniais secretas com Fernando, começaram a circular no Rio de Janeiro rumores sobre uma iminente partida de nossa família para Lisboa.

Eu conhecia meu marido tão bem quanto conhecia minha mãe, então, num primeiro momento, não dei credibilidade àqueles boatos. Porém, mudei de ideia quando, antes do fim do ano, chegou à Baía de Guanabara uma frota enviada pelos britânicos para nos servir de escolta na viagem de volta a Portugal.

XXI

Senhora do Reino Unido de Portugal, Brasil e Algarves

(1815-1816)

Eu esperava, embora com certo ceticismo, que a potência naval da Grã-Bretanha convencesse meu marido a cumprir o "desejo" de seu "compadre", o príncipe regente inglês, de que a casa de Bragança regressasse a Portugal. Enquanto isso, não podia deixar de experimentar certo deleite, por ter recuperado, no Rio de Janeiro, parte da importância que um dia tivera na arena ibérica, agora graças à volta de Fernando ao prestigioso trono da Espanha. Além disso, eu me deixava cortejar pelas duas facções de espanhóis residentes no Rio de Janeiro, que lutavam para obter o favor de "sua" infanta, irmã mais velha daquele monarca.

Naquele tempo, os hispânicos da cidade dividiam-se em dois bandos opostos e irreconciliáveis. O dos "moderados", capitaneados pelo embaixador Villalba, que substituíra Casa Irujo, e o dos "obstinados", cujo cabeça era Felipe Contucci. Apesar de este ser luso-italiano e já ter sido sócio dos sectários portenhos, eu confiava nele. Quando regressou de Buenos Aires, depois da Revolução de Maio portenha, graças às artes e ao zelo manifestado pelos interesses de meu régio irmão, soube ganhar minha especial consideração.

De fato, era na casa de Contucci que se faziam as intrigas contra o traidor governo daquela pérfida cidade, e ele não poupava meios para fomentar meus planos a serviço da Espanha. Por isso, os rio-

-platenses exilados na corte do Rio de Janeiro, sob a proteção dos ingleses, tentavam difamar seu antigo correligionário, dizendo que carecia de escrúpulos e que era capaz de utilizar documentos falsos para desprestigiá-los.[1]

Por sua vez, o embaixador Villalba não escondia o ódio que sentia por seu rival, a ponto de, numa carta que enviou a Madri a um secretário de Estado do meu irmão, interceptada por meus agentes, não se privar de escrever uma série de infâmias a respeito de meu agente especial que me tocavam diretamente:

> Quase posso assegurar que a princesa, aconselhada por Contucci (já que ela se vê isolada na corte, pois as pessoas de classe e juízo não se aproximam de seu quarto para não caírem em desgraça com o príncipe), dá ouvidos a este e a outros que por ali vão porque não têm nada a perder, adulam-na e a alucinam, conhecendo seus bons desejos e suas vontades, com esse e outros planos quiméricos com que a deixam sem um tostão.[2]

Como reação a esse infame atrevimento, não pude fazer menos que escrever a meu irmão que "Villalba não te pode ser de proveito aqui com a investidura que representa. O que necessitas é de um homem de talento, de probidade, de boa intenção, de respeito, que ame a ti e a teus vassalos, político, de caráter e generoso".[3]

Assim eu estava quando se produziu a imprevista e comentadíssima saída de lorde Strangford do Rio de Janeiro. Ofendido pela teimosia de meu marido, que continuava opondo-se a voltar a Portugal, o diplomata britânico embarcou rumo a seu país, sem aceitar sequer o habitual presente de doze barras de ouro que o príncipe oferecia aos embaixadores quando deixavam a sede.

Claro está que esse astuto irlandês, finalizado o "interregno" napoleônico, farejara o momento estelar que viviam as potências vencedoras do corso, em especial a grande Grã-Bretanha e o império da Áustria. De fato, desde o final do ano anterior, os representantes diplomáticos das grandes e pequenas potências europeias estavam reunidos em Viena, traçando um plano político de ambiciosas dimensões.

Nada menos que a restauração do Antigo Regime, por meio do qual depois seria a Santa Aliança. Como os portugueses tampouco queriam perder a oportunidade de ter algum peso no jogo que começava, durante uma das reuniões oficiosas do mais tarde conhecido como Congresso de Viena, um de seus delegados aproximou-se do ministro de Negócios Estrangeiros francês, o príncipe de Talleyrand, e pediu conselhos sobre como proceder diante das pressões da Grã-Bretanha.

O tempo que eu não gastava tratando sobre os dois partidos de espanhóis no Rio de Janeiro, eu empregava em terminar meu grande projeto pessoal: a aliança matrimonial e dinástica de minhas filhas com meus irmãos. Minha discrição fora frutífera e, até aquele momento, mamãe nem sequer ficara sabendo de meu intercâmbio epistolar com Madri.

Finalmente, no início do verão europeu de 1815, o ministro das Índias do reino da Espanha, dom Miguel de Lardizábal, e um sacerdote que mais tarde seria nomeado, graças a meu irmão, cardeal arcebispo de Toledo partiram em sigilo de Cádiz para o Rio de Janeiro, onde sua nau ancoraria no final de agosto. Eu dava quase por concluídas as negociações.

No entanto, os palacianos de meu marido mostraram-se ofendidos com o fato de os personagens designados pelo rei da Espanha para tal fim não terem o grau hierárquico exigido para solicitar a mão de uma infanta portuguesa. Teriam desejado, no mínimo, a presença de um grande da Espanha. Para piorar as coisas, os negociadores espanhóis em Viena mostravam-se reticentes em devolver a Portugal a praça de Olivença, como Fernando me prometera, em troca da aliança matrimonial com minhas filhas.

Um ministro do governo do Rio de Janeiro chegou a sugerir que, no caso de a restituição não ser concretizada, eu acompanhasse minhas filhas à Espanha ostentando o título de duquesa de Olivença para deixar clara perante "o espanhol" a irritação portuguesa. Apesar do contratempo que tudo isso significava em meus planos, alegrei-me de que na corte se desse como certo que eu voltaria à Europa com minhas filhas e que essa decisão havia sido assumida até pelo governo.

Na época, Talleyrand acabou aconselhando o marquês de Marialva, representante português em Viena, a adotar uma inteligente estratégia para fazer frente à soberba da Albion. Essa velha raposa da diplomacia, que havia passado, sem solução de continuidade, de servir Napoleão a servir meu primo Luís XVIII, novo rei da França, propôs que Portugal alterasse as antigas estruturas institucionais e elevasse o Brasil a reino. Disso resultou a criação do Reino Unido de Portugal, Brasil e Algarves, mediante a carta de lei de 16 de dezembro de 1815.[4] Algo que permitiu, por certo, que se desobstruíssem as negociações matrimoniais com os enviados de meus irmãos.

Com isso, na última semana de fevereiro de 1816, foi possível assinar os capítulos. Verdadeiro sucesso político, fruto unicamente de meu esforço. Para conseguir isso, eu me restringira a representar o papel que a antiga tradição na Península Ibérica concede a uma consorte régia. Ou seja, procurar alianças dinásticas convenientes para seu reino à hora de casar suas filhas – como havia feito minha mãe comigo e minhas irmãs. No entanto, dada a aversão que minha figura despertava na corte, assim que foram rubricados aqueles capítulos, começaram a circular rumores de oposição dessa corte à parte complementar e final, mas não menos importante, daquele meu projeto: o regresso a Portugal.

"Na Europa, sozinha, seria impossível de controlar",[5] diziam. "Seu aparecimento em Lisboa teria sido incendiário." Alguém chegou a escrever: "A exemplo do que havia já feito no passado, a princesa regente poderia mesmo ter tentado uma espécie qualquer de golpe de Estado, forçando a agir contra vontade".[6]

Sem que eu interpelasse a respeito, o doutor Paulo Fernandes Viana, médico do príncipe, decidiu de modo casual desaconselhar absolutamente minha viagem. Segundo ele, poderia agravar meu estado "por causa das inevitáveis privações de uma viagem a tão longe". É claro que "eram apenas pretextos delicados para omitir preocupações mais profundas",[7] mas eu não lhes dei o gosto de entrar no assunto e limitei-me a responder com um relatório elaborado por meus próprios médicos sobre meu estado de saúde: "Se ficar mais tempo na América, não haverá cura para sua enfermidade".[8] O diagnóstico a respeito do qual estavam todos de acordo era que eu sofria de febre reumática. Para isso, não teria sido necessário passar anos abrindo cadáveres às escondidas em Coimbra! Eu mesma poderia ter explicado a eles o que significa padecer de uma enfermidade como essa. Diagnosticar a causa das dolorosas inflamações nas articulações que me prostravam por longos períodos. Ou a de meus ataques de ansiedade, agitação, gemidos, "sonhos incômodos, dores abdominais e escasso apetite", males que meus médicos combatiam havia anos à base de acônito, sulfureto, arsênico, mercúrio e beladona, o que teve como consequência estropiar meu fígado.

Ainda me pergunto por que João decidiu, ao final, conceder-me autorização para que eu partisse com minhas filhas. O caso é que meus criados começaram a ocupar-se de levar à nau em que viajaríamos "cofres tão grandes que eram necessários vinte negros para transportá-los". Poucos dias antes da partida, minha sogra caiu gravemente enferma. Havia uns nove anos que dona Maria se consumia quase muda em seu aposento. As únicas palavras que às vezes proferia limitavam-se a "eu me condeno e os diabos me carregam".[9]

A soberana, que tão gentil havia sido comigo durante minha difícil mocidade em Portugal, morreu no mesmo dia em que estava prevista minha volta àquele país. Se não a tivesse apreciado tanto, teria pensado que confabulara com seu filho (ou com os diabos) contra mim, pois, naturalmente, adiei a despedida para que fossem celebradas as exéquias.

Lembro-me da reação de dor que manifestaram por ela alguns súditos que apenas haviam conhecido a falecida. De minha parte, era lógico que me sentisse profundamente tocada por sua ausência. Daí que, ao entrar em seu aposento para beijar-lhe a mão pela última vez, ao ver o cadáver vestido de preto, em parte coberto por um manto carmesim e circundado por plantas aromáticas (para disfarçar os eflúvios de suas carnes), não contive as lágrimas.

O obrigatório luto oficial acabou sendo apenas uma desculpa formal, utilizada por meu marido para, por fim, proibir-me de voltar a Portugal com minhas filhas. A verdadeira causa era que eu me convertera em rainha de Portugal, Brasil e Algarves. Para a mentalidade portuguesa, era inconcebível que a nova consorte régia viajasse à Europa sem o marido. E pensar que Isabel, a Católica, passara metade de seu reinado indo de lá para cá pela Europa sem a companhia de Fernando!

Então, não me restou nada a não ser contentar-me em acompanhar as infantas, minhas filhas, ao navio *San Sebastián* no dia da partida e permanecer a bordo com elas até que o barco passasse diante do Pão de Açúcar. Depois, arrependida por ter desembarcado, subi de imediato em uma pequena lancha que me conduziu ao mar aberto para acompanhar por um longo trecho minhas queridas meninas. Minha dor aumentou quando voltei definitivamente ao porto, ao ser testemunha de "um acidente epiléptico que fez cair sem sentidos S. A. o príncipe herdeiro, sendo infelizmente já a sexta vez que ele experimenta esses cruéis ataques que o privam de consciência".[10]

Naquele momento, pensei em um ataque desse tipo que minha filha Maria Isabel tivera dois anos antes. Tinha sido tão grave que ela permanecera inconsciente por vinte minutos. Sobre esse episódio eu tive a honestidade de contar a meu irmão Fernando, antes que fossem assinados os capítulos matrimoniais de seu casamento com a infanta.

A partir do dia em que minhas filhas "casadas na Espanha" foram embora, durante quatro ou cinco meses sofri de grande ansiedade, esperando suas cartas. Por fim, depois de semanas e semanas de indizível angústia, recebi de Sevilha notícias da nova rainha consorte espanhola. Uma epístola em que minha querida Maria Isabel beijava "mil vezes a mão pela grande honra e pelo prazer"[11] que lhe proporcionara ler uma carta minha que chegara antes dela à Espanha.

"Não consigo explicar a Vossa Alteza o que meu coração sentiu naquele momento. Chorei, enfim, tal era minha alegria que não sabia o que fazia", dizia minha cândida filha.

Como eu manifestara muita preocupação com sua saúde, ela me tranquilizava dizendo que "nem sequer tive um só acidente, embora tenha tido um pequeno defluxo, mas tomei um vomitório e passou". Depois, colocou-me a par de que se sentia bem de "físico, mas de moral cada vez estou pior; quer dizer, as saudades cada vez são maiores e, para que veja que nunca esqueço suas ordens, envio-lhe cinco leques que não são lindos, mas são de pele e finos, embora bem saiba que Vossa Alteza diz que disso eu não entendo".

Da Andaluzia, minhas filhas partiram para Madri, de onde a mais nova, ao chegar, enviou-me uma breve carta em que, "com o maior respeito e a ternura de meu coração",[12] aproveitava "a ocasião para manifestar a Vossa Majestade meu amor e meu respeito, desejando muito que goze de perfeita saúde, para meu consolo e o de meu homem (sic), que a saúda muito. V. M. não imagina o quanto sou feliz com meu adorado Carlos, pois é um anjo e me estima o quanto é possível".

As poucas, mas significativas palavras de Maria Francisca tiveram sabor de glória, pois eu sabia que, antes de se comprometer com minha filha, meu irmão Carlos Isidro fizera votos de castidade e eu temia que ele quisesse continuar nessa intenção depois de casado.

Mas, pelo visto (ou melhor, escrito), aquela infanta, bem orientada por sua mãe antes de partir do Rio de Janeiro, conseguira que o marido se rendesse a seus indiscutíveis recursos femininos. Não em vão, é a filha que mais herdou meu gênio.

Não se tratava de mera questão íntima nem do cumprimento dos sagrados preceitos assinalados pela Igreja Católica no matrimônio para a perpetuação da espécie, mas de um tema de grande importância para a dinastia, já que, como Fernando não tinha herdeiros de seu primeiro casamento, caso Maria Isabel não lhe desse descendência, Carlos e Maria Francisca seriam os novos reis da Espanha. E de nada teria valido que ambos o fossem, se tampouco gerassem filhos. De nada me serviria ter duas filhas, sucessivamente, rainhas da Espanha pela metade.

XXII

Mal de amores

(1816-1818)

A depressão que sofri por não ter viajado com minhas filhas para a Espanha ainda durava quando, na corte, começou-se a planejar outro casamento régio: o de meu filho Pedro com a arquiduquesa Leopoldina de Habsburgo, de cuja negociação fui excluída pelo governo com a desculpa de estar "muito doente".

Apesar de ter me manifestado desde o primeiro momento contrária a esse enlace, não me restava dúvida de que se tratava de um acerto do ponto de vista estratégico e político, pois o Império austríaco não só era a potência católica mais importante naquela época, como seu apoio também podia ser útil a Portugal para fazer frente às pressões da protestante Inglaterra.

No entanto, o fato de eu não ter sido sequer consultada levou-me a dizer, a quem quis ouvir, que considerava má ideia do ministro Araújo, antigo chefe do "partido francês" em Portugal e novo factótum de João, desde o esfriamento de suas relações com Albion.

Na verdade, nem sequer a meu filho Pedro perguntaram o que achava do matrimônio com Leopoldina. Em alguma gaveta de algum palácio do Rio de Janeiro ou dos arredores ainda talvez se possa encontrar um maço de cartas que ele me escreveu no período, por interessar-se pela "saúde de Vossa Majestade". Se bem me recordo, nelas falava-me da futura esposa com a mesma despreocupação que então demonstrava pelos negócios de Estado.

Se alguém que não tivesse sido testemunha da relação que tive com esse ingrato as lesse hoje, pensaria que "elas demonstram, sem dúvida, uma distância e uma quase frieza entre o missivista e a destinatária. Pois, em cerca de vinte, apenas uma foge do mais seco formalismo".[1] De fato, acho que a máxima expressão de sentimento desse meu filho maluco aparece quando me perguntava pela saúde de sua irmã mais nova, a infanta Ana de Jesus, que ele chama carinhosamente de Anica.

Hoje, quando é público e notório que nossas relações estão definitivamente rompidas, embora eu saiba que não acreditarão em mim (exceção feita a ti, Assunção), afirmo que nunca em minha condição de primeira aia do reino estive tão por conta de um de meus filhos como desse menino. Ainda me causa espanto pensar nas noites que passei em claro em Bemposta quando ele era bem pequeno e eu temia que morresse de "febre vermelha". Eu teria dado metade de meu reino ao doutor Picanço para que o salvasse. Ainda assim, embora minha imensa gratidão por esse médico permaneça, pensar em Pedro me dá calafrios.

Seja como for, "a preciosa saúde de Vossa Majestade" seria muito afetada quando passei a ter conhecimento dos detalhes do trato que meu irmão Fernando dispensava a minha filha Maria Isabel. Eu sabia que o rei da Espanha, antes de casar-se com ela, se divertira em sua prisão dourada de Valençay com francesas de vida leviana, contando para isso com a cumplicidade de seu secretário e amigo, um duque tão rico quanto dissoluto e um servidor de baixa estirpe. Levada por meu amor de mãe, quando negociava o matrimônio de minhas meninas, imaginei que ele abandonaria esses hábitos assim que tivesse ao lado minha romântica e carnuda Maria Isabel.

Mas, pelo que essa minha filha me revelava de sua vida íntima, em cartas cada vez mais explícitas, eu soube que Fernando, depois de ter se sentido muito atraído por ela (o que o levou a visitar o aposento de sua mulher todas as noites nos primeiros tempos de casado), começou a se afastar do tálamo real assim que teve certeza de que a rainha engravidara.

Isabelica averiguou que, com a cumplicidade do marquês e servil palaciano, seu marido frequentava até altas horas da noite tabernas e "mancebias" dos "bairros baixos" de Madri. Mas a rainha da Espanha, em vez de aceitar e calar, como fazem quase todas as mulheres, agiu de maneira que surpreendeu a todos (menos a mim), com um temperamento que ninguém (exceto eu) teria esperado dela. Primeiro, protestou; depois, rebelou-se. Segundo me contou Maria Francisca, numa noite chegou a esperar fora de seu aposento que o marido aparecesse de suas aventuras noturnas. Assim que o viu, proferiu uma série de insultos em português que deixaram sem palavras um homem instruído no uso de expressões vulgares como meu querido irmão Fernando.

Minha pobre filhinha sofria da mesma desgraça que depois afetaria Leopoldina. Como outras mulheres de sua geração, que leram os nefastos livros do primeiro período de Goethe, acreditava nessa invenção da literatura cortesã medieval chamada amor. Pior ainda! Estava autenticamente convencida de que esse era um sentimento que podia ser experimentado por reis e imperadores! Mas pelo menos minha Maria Isabel soube sublimar sua frustração em algo para o que eu a havia preparado: a arte pictórica (não foi em vão que escolhi como mestre dela o grande Domingos). Desses conhecimentos ela se serviria para a criação de uma casa de pinturas* na capital do reino, onde expôs, para alívio de seus vizinhos, obras pertencentes à família real que se encontravam encostadas nos palácios de Madri e San Lorenzo del Escorial.

---

* Museu do Prado de Madri. (N.E.)

Embora não me lembre de Pedro ter lido o Goethe romântico (na verdade, não recordo de tê-lo visto ler alguma vez), também ele me saiu apaixonadiço. De fato, nos dias de seu noivado com Leopoldina, dizia-se muito apaixonado por uma bela comediante francesa – relação com a qual eu tentava contemporizar, pois sabia que com essa experiente dançarina as ameaças não dariam resultado e só exasperariam o príncipe.

Ao mesmo tempo, como eu não desejava que o ressentimento causado pelo fato de terem escolhido a arquiduquesa sem pedirem minha opinião gerasse malquerença a minhas relações com aquela que viria a ser a segunda mulher mais importante do Reino Unido, dei-me ao trabalho de agradar sua família. Empenhei-me para que sua segunda madrasta (bávara) recebesse as insígnias da Ordem das Damas Nobres de Santa Isabel, e no ato foram assinados os capítulos matrimoniais em Viena. Para quem ignora o quanto custava fazer chegar algo a tempo do Brasil à Europa, afirmo que exigia uma tenacidade digna dos antigos hebreus em busca da Terra Prometida.

Desse esforço louvável, no entanto, eu me arrependeria mais tarde, ao saber que meu primo, o imperador Francisco I da Áustria, no momento em que anunciou a Leopoldina que os portugueses solicitaram sua mão para Pedro, pediu à filha para "conseguir a confiança do rei João VI, mas evitar a da rainha Carlota Joaquina". Depois desse anúncio, minha futura nora comentou com sua irmã predileta (segunda mulher de Napoleão) que a única coisa que lhe dava medo quanto a seu futuro brasileiro era eu, apesar de que "diz o querido papai que o rei a refreia, afastando-a o quanto possível dos filhos".[2]

Empenhada em atenuar o mal de amores de dois de meus rebentos, era lógico que, em um primeiro momento, não desse importância a uma nova carta de Presas, meu ex-secretário no Brasil, na qual me reclamava pagamentos atrasados por seus serviços. Ao que parece, não tivera muita sorte depois que deixara de estar sob minhas ordens na Espanha. Mesmo assim, no final, decidi ajudá-lo, escrevendo a meu irmão Fernando:

> O doutor Presas desempenhou, com minha total satisfação, o cargo de meu secretário particular por quase quatro anos. Restituído à Espanha, foi empregado por influência minha. Sua constante e pública adesão a minha pessoa e a meus direitos fizeram com que se afastasse da corte; com menos recursos, mas igual empenho, continuou ali atuando em defesa de minha causa.
> Por esse motivo foi caluniado e processado como perigoso naquele tempo e por tão particulares serviços é credor de minha consideração, não menos que da tua. Recomendo, pois, eficazmente suas pretensões como um vassalo zeloso e fiel, digno das recompensas.[3]

Ao terminar de redigir essa carta, pensei ter cumprido mais que minha obrigação. Ainda hoje acredito que não há muitas rainhas no mundo que gastem tempo escrevendo de próprio punho e letra a um rei para que um doméstico receba uma velha dívida. Mas o catalão não pensava como eu. E, quando meu irmão não lhe deu o que esperava, começou a espalhar que

> a conduta que comigo tem observado a princesa desde que me separei (sic) de seu lado não tem sido mais generosa nem mais justa que a de seu irmão Fernando.
> Esses senhores, quando necessitam de alguma pessoa ou de alguma coisa, estão sempre dispostos a oferecer muito, mas, depois de conseguirem seu intento, são bem reticentes em cumprir suas ofertas e suas palavras. Eu decidi ir a Cádiz, confiando que Sua Alteza seria exata em cumprir com sua real palavra e que as mesadas correspondentes à pensão que me havia designado me seriam satisfeitas pontualmente.

Embora eu ainda não soubesse nada sobre essas infâmias, expressas por ele a meu respeito e de meu irmão, decidi não dar ouvidos a uma carta seguinte do catalão, na qual, em suas palavras, fazia uma "respeitosa exposição sobre a falta de exatidão no recebimento" de suas mesadas. Missiva que chegou ao Rio de Janeiro bem na época em que os formalíssimos portugueses faziam-me perder a paciência nos ensaios do ato de elevação de João. Cerimônia que aconteceria por meio de uma parafernália que um francês testemunhou e qualificaria como pomposa.

No entanto, posto que depois desse ato me sentia melhor de saúde, uma tarde me dispus a responder à reclamação de Presas. Expliquei que estava persuadida de que não lhe pagaram as mesadas atrasadas, o que "devia ter sido por falta de fundos. Pois está agora minha casa em um estado que o tempo deverá organizar melhor".

Poucos dias depois, caí de cama. Porém, fui obrigada a me levantar do leito ainda convalescente para entabular "delicadas negociações" com a amada de meu primogênito, que aquele imprudente acabara de alojar no palácio da Boa Vista e, segundo se dizia, convertera em sua esposa pelo sagrado vínculo do matrimônio. Algo que nunca quis indagar (pela tranquilidade de minha consciência). O certo é que a havia engravidado.

Quando avisei Pedro que Leopoldina já embarcara em Livorno rumo ao Brasil, ele se recusou a se livrar de "minha mulher", como se empenhava em chamá-la. Negou-se inclusive a despedir-se dela, apesar das ordens e das ameaças de ser deserdado – feitas pelo tonto de seu pai.

Pegando o touro pelos chifres (embora talvez essa não seja uma imagem adequada), falei então com a *belle*. Noémi, acho que se chamava. A "dançarina de teatro, filha de artista francês", cuja beleza impressionara Pedro desde a primeira vez que ele a viu, era extremamente educada. Na realidade, conseguira dar a meu filho, no tempo que estiveram juntos, um verniz mundano de que o pobrezinho carecia.

Eu, invocando a felicidade do próprio príncipe e a possibilidade de que fosse deserdado, consegui que a apaixonada mulherzinha consentisse em abandoná-lo, com a condição de que lhe fosse permitido ir a alguma região do Brasil, já que seu parto não estava longe. Não lhe demos tempo de voltar atrás.[4] A essa altura, a nau de Leopoldina estaria próxima à Madeira.

Finalmente, no início de novembro de 1817, o navio que levava a nova princesa do Brasil ancorou na Guanabara. Os sinos de todas as igrejas do Rio de Janeiro não paravam de tilintar (um clássico, que me fez recordar o fatídico dia de minha chegada àquela cidade, nove anos antes). Quando nos aproximamos do cais em uma galeota, eu mal parava em pé. Sentia-me enjoada pela fraqueza que me provocavam os remédios que havia tomado para me manter de pé. Mesmo assim, apesar de recém-acamada, sem vontade nem de trocar de camisola, coloquei esmerada atenção em ostentar minhas melhores roupas e minhas valiosas joias.

Era o primeiro ato público de que participava com meu marido depois da aclamação de João como rei, e eu não queria dar a todos aqueles que fingiam estar compadecidos de meus males físicos o gostinho de ver o quanto havia piorado desde então. Instantes depois de chegar nossa galeota à nau de Leopoldina, nós, os Bragança e os Bourbon, nos posicionamos na ponte para dar as boas-vindas à princesa.

Como estabelecia o protocolo, ela desceu da embarcação para saudar o monarca; assim que esteve diante dele, aproximou-se e atirou-se a seus pés de modo tão suntuoso que me surpreendeu. João apresentou o filho, que lhe entregou uma caixa de ouro cheia de brilhantes lapidados.

— São frutos desta terra — disse-lhe Pedro.

Como era de esperar, nossos olhares e os dos membros de ambos os séquitos, o português e o austríaco, estavam nos noivos; melhor dizendo, no olhar do noivo. Lembro que Pedro estava sentado diante da princesa, com os olhos baixos, levantando-os furtivamente para olhá-la de vez em quando, e que ela fazia o mesmo.⁵

Leopoldina passou sua primeira noite em terras brasileiras na embarcação que a levara da Europa. Seu desembarque final ocorreu no início do dia seguinte, ao som de bandas musicais. Assim que chegou às docas, meu filho Pedro pegou a mão de sua esposa e a ajudou a subir na carruagem real, toda revestida de veludo carmesim, na qual estávamos sentados eu e o rei.

Os príncipes do Brasil foram depois até a capela real celebrar a cerimônia religiosa do casamento, e eu fiquei encarregada de levar Pedro à direita e conduzi-lo até os pés do bispo do Rio de Janeiro. Junto ao restante da família real, acompanhei depois os casados até aquela que seria sua residência permanente, a Quinta da Boa Vista. Já nos aposentos principescos, minhas infantas e eu nos encarregamos de conduzir a princesa ao leito nupcial, onde uma dama do séquito austríaco a desnudou e a ajudou a entrar na cama, esperando que o príncipe, ajudado por seu pai e seu irmão, fizesse o mesmo.

Poucos dias depois, eu soube que por volta das oito da manhã do dia seguinte à primeira noite de núpcias, meu filho levou sua mulher à casa de seu guarda-roupa, onde almoçaram,⁶ e que Pedro voltara a levar Leopoldina para lá nos dias seguintes. Segundo contaram-me, o príncipe se servia desse subterfúgio para encontrar-se com a amante de sempre.

Assim, durante um espetáculo musical oferecido no Teatro Real, naquela mesma semana, "pessoas reparam nessas coisas" e notaram "que, no palco real, eu constantemente chamava a atenção do príncipe para que cuidasse da esposa e que ele obedecia às indicações com relutância e maus gestos, o que fez rolarem lágrimas dos olhos da arquiduquesa".⁷

Um diplomata presente no espetáculo escreveu em um despacho que o desinteresse do príncipe se devia ao fato de ter experimentado de novo a paixão pela francesa, sentimento que, como não podia deixar de ser, provocou minha decepção e meu desejo de ajudar minha nora, na medida do possível.

Por isso, muito me desagradou saber depois que, segundo Leopoldina contara a uma amiga, a situação em que naquele momento ela se encontrava era consequência lógica e direta da maneira pela qual tanto Pedro como seu irmão Miguel haviam sido (mal) educados por mim.

De acordo com o testemunho dessa amiga de Leopoldina,

> os jovens príncipes haviam sido afastados, na medida do possível, de todo conhecimento dos negócios públicos e casos de Estado. Passavam mais tempo no aposento da velha aia, que os havia acompanhado de Portugal, em uma espécie de pequenas caças, que são permitidas aos príncipes do sul de Europa, ou em diversões, das quais a única respeitável era a música.[8]

Tudo isso acontecia, segundo minha nora, por culpa minha.

Um mês depois de sua chegada ao Rio de Janeiro, a camareira-mor de Leopoldina manifestou sua vontade de voltar a sua pátria, como, por outra parte, já havia sido estabelecido em Viena. A condessa de Kuenburg escrevera a seus familiares na Áustria que nem por todo o ouro do mundo permaneceria no Brasil, lugar muito diferente de sua terra natal.

Segundo carta de Leopoldina à irmã Maria Luísa, ao se referir a essa serviçal dizia que

> meu sogro não confia nela, por ela estar constantemente com a cara-metade dele (referência a mim), que se comporta de maneira vergonhosa – não comigo, tenho todo o respeito possível por ela; lealdade e consideração são impossíveis, nem sequer meu esposo as tem, embora ele se comporte exemplarmente.[9]

Além da falta de consideração por mim que esses comentários de minha nora denotavam (gostaria de lhe pedir que me detalhasse qual comportamento meu era suscetível de causar vergonha e o que entendia ela por vergonha), senti-me indignada porque, para mim, isso era fruto de um preconceito que ela formara já na Áustria e que não tinha nada a ver com a minha pessoa.

Na verdade, Kuenburg havia me contado, durante um desses colóquios que, segundo Leopoldina, incomodavam tanto minha "cara--metade", que, na festa que o marquês de Marialva oferecera em Viena para celebrar a proclamação de João VI, a anfitriã do evento, esposa do embaixador espanhol naquela cidade, levara Leopoldina para longe dos convidados e fizera a ela comentários irreproduzíveis aqui sobre a suposta leviandade moral de minhas filhas, as infantas. Acrescentou que a ingênua leitora de Goethe acreditara neles.

Na véspera do Natal daquele ano, as condessas de Kuenburg, Sarnthein e Lodron deixaram de estar a serviço direto de minha nora. A princesa do Brasil começou, então, a ser atendida por um trio de nobres portuguesas, cujo ofício maior era ocupado pela condessa de Linhares, viúva de meu antigo adversário.

Então, compreendi que devia seguir atentamente os movimentos da austríaca a fim de evitar possíveis intrigas contra mim. Embora ela não fosse má, as artimanhas que esse tipo de pessoa cria costumam ser as mais prejudiciais. Um de meus agentes em Boa Vista arrumou para mim cópia de um par de cartas escritas por minha nora a seus parentes em Viena.

Em uma delas, dirigida a sua irmã preferida, dizia que: "Meu maior empenho é ser simpática e agradável a minha nova família, apesar de isso me custar um pouco!".[10]

Na outra, destinada a um tio arquiduque, explicava a ele que

> a partida das damas, que acontecerá em alguns dias, oferece-me a oportunidade de escrever algumas linhas sinceras. Estou feliz

> porque assim decidi ficar, apesar de todas as falas intrigantes, as grosserias e os preconceitos que precisamos suportar aqui; só a paciência e o absoluto silêncio são comportamentos adequados. Encontrei tudo muito pior do que o senhor, querido tio, com boas intenções, havia profetizado quando ainda estava em minha pátria.[11]

Leopoldina voltaria a escrever à irmã, "convencida de que esta carta não chegará a outras mãos se não às tuas, minha querida",[12] para contar que o príncipe, "com toda a franqueza, diz tudo o que pensa, e isso às vezes com certa brutalidade. Acostumado a fazer sempre sua vontade, todos têm que se adequar a ele".

> Até eu sou obrigada a aceitar alguns comentários ácidos. Apesar de toda a violência e de seu modo particular de pensar, estou convencida de que me ama ternamente, mesmo com o retraimento resultante de numerosos acontecimentos infelizes em sua família. Comporta-se impecavelmente com seus pais, o que é muito difícil naquela situação infeliz em que um está contra o outro.

Ao referir-se na carta à relação de Pedro comigo, Leopoldina escreveu que me respeitaria "sempre, como mãe de meu esposo", mas que meu "comportamento é vergonhoso, e infelizmente já podem ver-se as tristes consequências nas filhas menores, que têm uma péssima educação e com dez anos já sabem de tudo, como a gente casada".

Essas palavras provaram a mim que era verdade o que havia dito a condessa de Kuenburg sobre o ocorrido na festa oferecida por Marialva. Então, parabenizei-me por ter sido uma vez mais clarividente: bastou vê-la lançar-se aos pés de meu marido de maneira exagerada, assim que desceu de sua nau, para que eu concluísse que essa arquiduquesa da Áustria era uma dissimulada perigosa.

XXIII

Sobre mães e filhas

(1818-1821)

*N*o fim de meu nono verão no Brasil, recebi de Madri a notícia de que minha filha, a jovem rainha da Espanha, voltara a engravidar e de que isso alegrara muito meu irmão, pois o primeiro filho morrera logo após nascer. Para mim, foi uma notícia agridoce, porque desde o início os médicos haviam receado que a gravidez apresentaria dificuldades.

Enquanto isso, eu precisava estar atenta ao comportamento assumido por minha nora depois da partida de suas serviçais. Segundo diziam os despachos diplomáticos, enviados a Viena pelo encarregado de negócios austríaco no Rio de Janeiro, Leopoldina comportava-se com tato suficiente para que, em uma corte onde existiam três "partidos" – o do rei, o meu e o do príncipe do Brasil –, ninguém pudesse dizer que havia um "partido da princesa".

Esses papéis explicavam que "sua" arquiduquesa havia se dado conta de que as "desinteligências" entre o rei e o príncipe eram exploradas pelos mal-intencionados para atiçar o fogo entre pai e filho e que eu tentava aproveitar esse rio revolto para obter vantagens. Algo difícil, à luz de minha experiência, pois, se havia alguma coisa em que meu marido e meu filho Pedro estavam de acordo, era em manter-me à distância deles, como a própria Leopoldina havia dito a sua irmã Maria Luísa.

Certamente, a rainha de Portugal, Brasil e Algarves que dita estas linhas nunca cairia nas práticas de sua italianíssima mãe, que, segundo me constava, havia levado ao aposento as peças íntimas de sua nora, Maria Antonia de Nápoles, antes de serem lavadas, a fim de averiguar tudo o que fosse possível sobre seus ciclos menstruais e, assim, estar atenta a qualquer novidade sobre uma provável gravidez.

Meus métodos de acompanhar a reprodução dos herdeiros, questão fundamental nas monarquias hereditárias, eram mais confiáveis. Eu os fizera, muitos anos atrás, em Portugal, durante a infância de Pedro, e até agora nunca me haviam falhado. A primeira ocasião de colocá-los em prática aconteceu depois que foi anunciada oficialmente na corte a primeira gravidez de minha nora – acontecimento que eu fiz celebrar, de maneira oficial, com uma missa no templo de Nossa Senhora da Glória do Rio de Janeiro, igreja construída nos altos da cidade no início do século anterior e que eu havia tirado de sua deplorável decadência com dinheiro saído de meu "bolso pequeno".

Como patrona do lugar de culto onde receberia as águas batismais o suposto herdeiro (ou herdeira) do novo Reino Unido de Portugal, Brasil e Algarves, eu me assegurava certa influência espiritual sobre o mesmo. E a isso, por certo, se somaria o fato de ser sua madrinha, como ordenava a tradição.

Foi a indelicadeza da própria Leopoldina, devido a uma de suas habituais indiscrições ("incontinência verbal", teria dito Presas), que criou a oportunidade que eu esperava. Como bem sabiam as condessas austríacas, minha nora tinha dificuldades em calar o bico; sobretudo quando algo a contrariava demais, ela revelava seu verdadeiro temperamento, nervoso e colérico, que havia aprendido a controlar com um esforço louvável. Não ocorria o mesmo quando se zangava, algo que ela mesma reconheceria em duas cartas ao pai.

Na primeira, de modo implícito, ela o advertia do regresso a Viena de seu médico pessoal (austríaco). "Porque não posso ajudá-lo a se manter aqui, por motivos que ele irá explicar-lhe; é um excelente médico e ao mesmo tempo uma pessoa nobre e boa, e lamentavelmente aqui se desprezam e oprimem as pessoas boas e as cabeças talentosas."[1] Na segunda, explicitamente, narrava ao imperador que, antes da partida de seu médico, ela lhe outorgara uma pensão de mil cruzados, "já que fui a causa involuntária de todos os seus desprazeres em um país onde tudo é dirigido pela vileza e pelos ciúmes e onde um austríaco autêntico não consegue viver".[2]

Tudo isso porque, algum tempo antes, a princesa havia expressado em voz alta um comentário muito depreciativo sobre os médicos "daqui, que são uns selvagens", em comparação com o austríaco. E porque, como o delegado austríaco no Rio de Janeiro contaria ao chanceler Metternich, fora designado para assisti-la durante a gravidez e o parto um médico de quem ela não gostava, já que "o príncipe seu marido não queria outro a não ser Picanço, porque o rei, como consequência de algumas intrigas da rainha em Lisboa, não gostava daquele médico".[3]

Assim, do primeiro parto de Leopoldina – e era de esperar que também dos posteriores –, ficaria encarregado aquele excelente médico que eu havia incentivado depois que evitou que Pedro se contagiasse com a "febre vermelha" em Bemposta. Um galeno descendente de médicos hebreus, que em nossa península haviam praticado sofisticadas técnicas ginecológicas quando na Áustria ainda comiam com as mãos e cujo prestígio pessoal aumentara no Brasil graças à proteção com que eu o havia brindado para que pudesse desenvolver várias inovações no campo da obstetrícia, como uma cadeira especial para parir.

Assim, pois, no domingo 4 de abril de 1819, "às cinco horas da tarde, três grandes girândolas do morro do Castelo anunciavam aos habitantes do Rio de Janeiro"[4] o nascimento da princesa de Beira, herdeira do herdeiro da coroa, por meio de um parto assistido pelo doutor Picanço de maneira exemplar, embora Leopoldina não parasse de criticá-lo depois pelo quanto achou rústica a cadeira em que havia parido!

Segundo tradição das casas reinantes da Península Ibérica, a menina deveria ser batizada nas quatro semanas seguintes. No entanto, sua entrada no reino dos cristãos teve que esperar, pois chegaram da Europa duas notícias que impactaram nossa família.

A primeira, que afetou especialmente a mim, foi a da morte de minha augusta mãe, a velha rainha da Espanha, que, depois de quebrar as duas pernas em uma queda, permaneceu prostrada em seu palácio de Roma, acompanhada por minha irmã, a ex-rainha da Etrúria. E *ça va sans dire* pelo "amigo Manuel" (Godoy). No momento da partida dela, meu querido papai do coração encontrava-se na corte dos Bourbon de Nápoles e tampouco pôde estar presente aos funerais de sua augusta esposa, porque um ataque de gota o impediu.

O segundo percalço que atrasou o batizado de minha neta foi a notícia da inesperada morte de minha filha Maria Isabel durante o parto. Uma jovem rainha da Espanha que, depois de ter sofrido um "acidente" enquanto dava à luz, fora dada como morta pelos parteiros. Apesar de sua irmã, minha filha, a infanta Maria Francisca, ali presente, insistir com veemência que ela não havia morrido, mas que, devido à enfermidade dos nervos de que padecia (hoje chamam de "epilepsia"), apenas desmaiara profundamente.

Meu irmão Fernando, dando já por perdida a esposa, temeroso de que o mesmo ocorresse com o herdeiro que havia esperado ansiosamente durante anos, deu autorização para a cesariana. Assim que o cirurgião começou a abrir o ventre de minha filha, ela despertou com a dor. Como a incisão fora muito profunda, não conseguiram estancar a hemorragia, de modo que a coitadinha sangrou até a morte em meio a uma carnificina.

Mais tarde, Leopoldina criticaria a frieza com que, segundo ela, comportei-me durante o batismo de sua primeira filha, logo depois do período de luto da família real. A respeito desse evento, a *Gazeta* da cidade diria que se havia celebrado "com real magnificência e universal prazer de toda esta capital".[5] A propósito, aconteceu na igreja sob meu patronato dedicada a Nossa Senhora da Glória, cujo nome recebeu a princesa.

Hoje meus inimigos políticos acusam-me de querer a desgraça dessa neta, a quem denominam "rainha constitucional" de Portugal. Dizem que é o ressentimento que sinto por ela, desde a morte de minha querida filha Maria Isabel, o que me dá forças para lutar e impedir que essa princesinha brasileira possa pisar o reino que ilegitimamente lhe atribuem.

No primeiro dia de 1820, um pequeno batalhão de soldados espanhóis amotinou-se no porto próximo à cidade de Cádiz. Ninguém em sã consciência pensaria, então, que uma série de circunstâncias fortuitas transformaria essa marginal insubordinação militar na centelha a eclodir uma revolução liberal na Espanha nem, menos ainda, que a reação de meu irmão, o rei Fernando VII, diante desse episódio, provocaria o regresso de nossa família a Portugal – algo que nem sequer o atual rei Jorge IV da Inglaterra conseguira.

De fato, "pouco depois da capitulação de Fernando, um oficial britânico embarcou para o Rio de Janeiro numa tentativa desesperada de garantir o regresso a Portugal de pelo menos um membro da família real e acalmar a agitação reinante. Deixava atrás de si um país à beira da revolta".[6]

Isso porque o ocorrido na Espanha despertara o proverbial instinto de imitação dos liberais portugueses, em relação a seus correligionários espanhóis, favorecidos pela forçada cessão política de meu irmão. Esses lusos ansiavam que se instalasse também em seu reino "o fantasma da liberdade", como, por certo, Leopoldina temia que também acontecesse no Brasil.

A morte de minha mãe e de minha filha Maria Isabel haviam me deixado em um estado de prostração espiritual que, somado aos mal-estares físicos, converteram-me em um verdadeiro trapo. Então, até eu me surpreendi com o efeito revigorante que me causou saber daquelas revolucionárias notícias peninsulares.

Movida por uma força que só posso atribuir ao Altíssimo, passei a escrever a contatos espanhóis – inclusive a minha filha Maria Francisca, que, em razão da morte da irmã, ocupava na corte uma importante posição, pois, até que Fernando se casasse de novo e tivesse descendência, o marido de Maria Francisca continuava sendo o herdeiro ao trono da Espanha.

Pelas respostas a minhas cartas, sabia dos rumores que circulavam na península sobre um iminente regresso da família real portuguesa a Lisboa. Esses boatos – como não?! – eu também tinha ouvido de meu ex-secretário Presas, que, portanto, escreveu a um sujeito de Lisboa relacionado com minha casa para reclamar o que eu supostamente lhe devia.

O sujeito respondeu-lhe que meu almoxarife do Ramalhão lhe havia deixado impossibilitado de entregar qualquer dinheiro tanto agora quanto depois, posto que eu "não lhe deixara nada para administrar além daquela quinta, cujo produto não dava para pagar metade das obras" que eu mandara fazer. Tal personagenzinho "insinuou ter escrito a minha casa, na corte do Rio de Janeiro, diferentes vezes", perguntando se devia abonar a Presas suas mesadas, mas jamais recebera resposta.

Informada dessas mesquinharias, era óbvio que eu não tinha disposição de espírito nem tempo para me ocupar delas – menos ainda depois de me inteirar que, na cidade do Porto, havia-se produzido uma revolta popular liberal, cujo principal pedido era a convocação dos Estados portugueses. Uma cópia em versão lusa dos episódios ocorridos na França vinte anos antes e que haviam dado origem à queda da monarquia.

Enquanto na corte do Rio de Janeiro circulava o rumor de que os ministros haviam voltado a pedir com "respeitosa veemência" a meu marido que regressasse a Lisboa (uma das solicitações à coroa dos liberais do Porto), chegou àquela cidade o conde de Palmela, "com um sem-fim de más notícias para o rei".[7] Sousa Holstein tinha, também, uma série de conselhos para tentar salvar a coroa de um "colapso iminente".

Nem fanático revolucionário nem conservador reacionário, no fundo aquele conde era o típico liberal transigente, que aconselhava um lento giro em direção a uma monarquia constitucional, controlada por um parlamento, como no sistema britânico. Com essas credenciais, naturalmente, não era de estranhar que, pouco tempo depois de chegar à corte, ele se sentisse vítima, segundo suas próprias palavras, do "ódio e da calúnia de ambas as partes".

Na primeira audiência que lhe concedi – já que, como cortesão gentil e pessoa distinta que era, a primeira coisa que fez ao pisar no Rio de Janeiro foi solicitar beijar a mão desta senhora –, dei-me conta de que não podia confiar nele para meus planos portugueses. Sentimento compartilhado. Segundo ele comentaria logo depois, apenas começamos a conversar, sentiu como "se duas pessoas pertencentes a dois séculos muito distantes um do outro tivessem se encontrado".

Ao que parece, o conde ficou horrorizado com a completa falta de compreensão que eu demonstrava ter dos problemas políticos da época, com minha vingativa inimizade contra certas personalidades, e meus "rotundos e inapropriados juízos baseados nos mais duvidosos mexericos". Para ele, eu ainda não escolhera de que lado da batalha ficaria. Se tivesse que escolher um "partido", teria sido o dos liberais, que naquele momento causava maior ansiedade em meu marido, um rei que continuava hesitando se era conveniente ou não regressar a Portugal.

Um dia, ele e meu filho Pedro acordaram em São Cristóvão com a alarmante notícia de que um grande número de soldados armados se reunira sem autorização no centro da cidade do Rio de Janeiro. Depois de várias cavilações, meu marido decidiu mandar seu herdeiro jurar perante os presentes naquele local que honraria uma Constituição liberal redigida em Lisboa e que teria validade para todo o Reino Unido de Portugal, Brasil e Algarves.

Sem que fosse preciso ninguém me pedir, cheguei ao local do evento em minha própria carruagem, acompanhada por minhas filhas menores, quase imediatamente após João. Logo, toda a família real reuniu-se no balcão principal do palácio da cidade para saudar o povo. O encarregado de negócios da França me diria mais tarde que lhe pareceu, pela expressão triste de meu marido, que, se não tivesse sido obrigado por essa circunstância, o rei jamais teria desejado voltar a Portugal.

O efeito que isso teve em mim foi muito diferente. Os gritos da multidão que me rodeava haviam me tirado da profunda sensação de tédio que me levava a pensar, nos momentos de desalento, que um destino malévolo me obrigaria a permanecer no Brasil por toda a vida. Agora me sentia quase uma menininha disposta a aceitar qualquer desafio, desde que pusesse fim a anos de monotonia. Quando, diante da multidão, apareci, com ostentação, com meu filho Pedro – a quem todos consideravam o "herói" do dia –, na realidade o fiz para humilhar ainda mais meu reservado marido.[8]

No dia seguinte, o rei anunciou que iria a Lisboa. Embora João não fosse mais, pelo menos em palavra, um monarca absoluto, eu, "ainda que não fosse constitucionalista, estava encantada com o que se passava".[9]

A Providência quis que em poucos dias Leopoldina desse à luz seu segundo rebento, o príncipe João Carlos. Do sexo mais apropriado, segundo o modo de pensar dos varões, para exercer o poder sem problemas. Era óbvio que esse verdadeiro *criollito* de São Cristóvão ultrapassava, imediatamente, na ordem sucessória, a irmã, Maria da Glória. Como acontecera comigo (e com meus irmãos) na Espanha.

Depois do nascimento do ansiado herdeiro varão dos príncipes do Brasil, anunciou-se publicamente que meu filho Pedro ficaria no país como regente e que eu, meu marido e o restante de nossos filhos, junto com toda a corte portuguesa, regressaríamos a Lisboa.

Destinado a se integrar às cortes de Lisboa, um grupo de deputados brasileiros nos acompanharia. A mim, muito particularmente, a partir de então, acompanharia uma falsa lenda, que teve origem no dia de meu embarque, quando completei quarenta e seis anos. Segundo essa fábula inglesa, com interpolações portuguesas e interlúdios brasileiros, ao subir a bordo da embarcação que me levaria de volta a Portugal, proferi palavras muito ofensivas dirigidas a negros e mulatos do Brasil.

Não me interessa desmentir essa infâmia antiespanhola. Só quero lembrar que uma das poucas lembranças felizes de minha não muito afortunada infância em Portugal me fora proporcionada por atazanar minha negrita, de quem um dia, ao sair de uma missa em Mafra, eu levantara as saias, na presença do arcebispo de Lisboa, para grande escândalo de quem nos rodeava. E para enorme diversão de nós duas.

XXIV

Exageradas gesticulações

(1821-1822)

*N*o dia 3 de julho de 1821 (como poderia esquecer a data?!), as naus que transportavam nossa família ancoraram no Tejo. Havíamos vestido nossas melhores roupas, diamantes, cintos e ordens, pensando que desembarcaríamos em seguida. No entanto, nos vimos obrigados a receber primeiro a visita das autoridades de Lisboa e de uma comissão de deputados das cortes.[1]

A maior parte dessas pessoas havia combinado que, uma vez diante do rei, não procederiam a cumprir o tradicional beija-mão. Mas, chegado o momento, não conseguiram evitar e se puseram de joelhos perante o soberano.

Com seu uniforme ricamente bordado em ouro, todas as condecorações portuguesas e brasileiras no peito, chapéu de plumas e um fino bastão na mão, devo reconhecer que meu marido brilhava majestoso, não obstante sua gordura.

Agitando com rapidez meu leque para controlar os nervos, conversei com o deputado Borges Carneiro, comentando a proverbial ambiguidade política de João e meu desprezo pelas cortes. Fazia isso em tom de voz suficientemente alto para que as pessoas próximas pudessem ouvir. Eu dizia que, se aquela recepção ultrajante era o que a monarquia constitucional significava para os deputados, mais teria valido declará-los traidores e ordenar de imediato que os canhões da nau disparassem sobre o palácio das Necessidades, onde aqueles sectários se reuniam. O que mais surpreendia os ouvintes era que eu fizesse esses comentários a um parlamentar que desfrutava da fama de liberal exaltado.

Como havia comentado o transigente Palmela, eu ainda não escolhera de que lado ficar no jogo político que se estabelecia em Portugal após o regresso de nossa família – esperava que meu marido se definisse para eu escolher a posição contrária.

Assim, quando tive permissão para desembarcar, segui direto para o palácio de Queluz e me fechei num ostensivo silêncio. Alguns dias depois, quando um grupo de deputados das cortes foi até lá e solicitou audiência, mandei dizer que não podia vê-los porque me encontrava enferma. Um deles contaria depois que, quando saíram do palácio, eu apareci em uma janela que dava para a rua onde eles se encontravam e lhes dirigi uma careta de desprezo.

João, por sua vez, encontrava-se no palácio de Bemposta, de onde se trasladava quase toda manhã para Lisboa a fim de acompanhar as sessões das cortes, em que se discutia artigo por artigo a futura Constituição que ele prometera honrar antes de sair do Brasil.

De vez em quando, alguns "exaltados" introduziam com veemência no debate o tema de minha atitude em relação a eles. Perguntavam-se se, com a desculpa de enfermidade, o que eu pretendia era negar legitimidade às cortes.

O certo é que, desde minha chegada a Queluz, eu tornara aquele palácio o núcleo para onde iam todos aqueles membros da alta nobreza que não estavam de acordo com a passividade do rei diante do desafio daquela instituição.

A vitalidade que algumas dessas pessoas me atribuíam, depois de me ver, contrastava com a imagem que alguns fanáticos da liberdade faziam circular a meu respeito: a de uma mulher envelhecida prematuramente, que passeava pelos jardins palacianos ostentando um extravagante chapéu de castor e uma longa saia de algodão barato com dois bolsos que chegavam até os joelhos. "Cheios de relíquias."

É verdade que, para castigo de minha vaidade de mulher, as infecções, fruto das enfermidades, haviam provocado o surgimento de nódulos e desagradáveis manchas na pele, que enfeavam minha aparência, como entrega um retrato que fizeram naquela época e que, por outro lado, não deixava de me agradar, porque eu aparecia nele com meu melhor sorriso sarcástico.

Então as missas, as jaculatórias e o culto aos santos, que eu agora invocava para que melhorassem minha saúde, ocupavam o tempo que antes eu dedicara a buscar nas obras dos enciclopedistas o antídoto para os males provocados pela Revolução Francesa.

Lembro, porém, que, por aquela época, lia *O gênio do cristianismo*, de René de Chateaubriand, livro que logo pararia na biblioteca do palácio da Ajuda. Pois, apesar do que defendia Palmela, eu não comungava com o liberalismo extremo e, no foro íntimo, já me sentia profundamente identificada com o máximo representante literário do pensamento católico tradicionalista, crítico daquela revolução igualitarista. Portanto, era solidária, do ponto de vista político, a meu irmão, o rei da Espanha. Fazia mais de um ano que Fernando estava submetido à tirania das cortes, regidas pela Constituição liberal de Cádiz, que muitos deputados portugueses continuavam vendo como modelo para aquela que estavam redigindo.

Naturalmente, eu ficava horrorizada quando ouvia as notícias que chegavam do Rio de Janeiro. Pedro passara de ser o chefe do "partido português" para considerar a possibilidade de liderar a corrente independentista brasileira. Preocupava-me a influência política que vários personagens do círculo mais íntimo de meu filho poderiam ter sobre ele e me inquietava ainda mais o efeito pernicioso que Leopoldina era capaz de exercer sobre seu passional e volúvel marido.

De fato, após a chegada de uma ordem das cortes portuguesas ao Brasil, exigindo que o príncipe regressasse à Europa, minha nora tentava, em acordo com os patriotas brasileiros, retardar a partida do esposo. E, como se encontrava nos últimos meses de uma nova gravidez, alegava que não podia dar à luz no navio. A grande artista chorava, implorava e fingia inquietação com a longa viagem que a esperava. Com isso, solicitava que se comunicasse às cortes o atraso na partida, em vista de seu interessante estado.

O encantador de serpentes Metternich tentaria depois justificar "sua" arquiduquesa, dizendo que a princesa do Brasil chegara a uma sábia conclusão: se era para salvar a forma monárquica de governo (pelo menos daquele lado do Atlântico), não havia mais nada a ser feito senão Pedro permanecer no Brasil, "separando" esse país de Portugal.

Por meio de meu discretíssimo agente em São Cristóvão, soube que minha nora comentara com seu secretário suíço que "o príncipe está decidido (a fazer a separação), mas não tanto quanto eu desejaria". A "abertura mental" de Leopoldina, celebrada por aquele astucioso do Bonifácio (ministro que ela cativara com o *savoir-faire* dos Habsburgo), era justamente o que eu mais temia dela.

A prova de minha clarividência ficou evidente para todos no dia 12 de março de 1822, quando o "príncipe rebelde" enviou ao pai uma carta em que incluía a petição dos governos locais de São Paulo, Rio de Janeiro e Minas, implorando a Pedro que permanecesse no Rio de Janeiro.

Graças a alguém leal a mim em Bemposta, soube que a leitura dessa carta deixara meu marido triste e deprimido. Para mim, o Brasil nunca havia sido mais que um úmido e calorento *intermezzo* em minha atribulada vida, mas eu não ignorava que, sem os benefícios financeiros que os extensos cafezais, os férteis bosques e as ricas minas brasileiras levavam a Portugal, este pequeno e pobre reino europeu marcharia a passos forçados para o empobrecimento e a decadência.

Por tudo isso, durante os primeiros meses de 1822, a falta de manifestação pública de minha parte em relação à questão da separação começou a levantar suspeitas em alguns membros do governo. Eles sabiam que eu não deixara de receber no palácio assíduas visitas de partidários, que se opunham a um sistema constitucional em ambas as margens portuguesas do grande oceano.

Realmente, desde o final de 1822, alguns dos meus começaram a tramar a chamada "Conspiração da Rua Formosa". Tempos depois, alguém escreveria que

> os suspeitos – os que foram presos, mandados para outra localidade ou postos sob vigilância – eram na maioria militares, clérigos e fidalgos. O plano consistiria em dissolver as cortes e convocar outras, à maneira antiga; depô-lo (o rei) por um conselho de regência presidido por Carlota Joaquina; e nomear dom Miguel comandante do Exército.[2]

Dado que alguns dos envolvidos naquela trama eram assíduos em Queluz, a relação que essa "conspiração" tinha comigo era muito evidente para os "exaltados". Alguns evocariam (por comparação) a "Conspiração dos Fidalgos" de 1806. Estava claro, no entanto, que havia duas diferenças fundamentais. Primeiro, o beneficiado direto dessa operação teria sido meu segundo filho, não eu. Meu mau estado físico naquele momento não me permitia exercer o poder diretamente. Por outro lado, tomei cuidado para não deixar os torpes rastros que haviam feito fracassar a trama de 1806, quando ainda era uma jovem sem experiência nessas questões.

Essa era a situação política no reino quando, por volta do fim de maio de 1822, em Lisboa, correu a notícia de que, dentro de uma cova em Carnaxide, aparecera Nossa Senhora da Conceição. Isso provocou uma imediata peregrinação de centenas de pessoas àquele lugar. Homens e mulheres das classes sociais mais baixas misturavam-se ali com aristocratas de linhagem e, ajoelhados, juntos, veneravam a aparecida. O milagre foi atribuído ao desagrado da

Virgem com as medidas ímpias que os deputados radicais queriam incluir na Constituição.

Eu ignorei os conselhos médicos e submeti-me, de bom grado, à tortura que os golpes das rodas da carroça contra o pedregoso e acidentado caminho até Carnaxide provocavam em meus quebradiços ossos. Tudo para doar uma lâmpada de prata à mãe de Nosso Senhor. O governo, por fim, ordenou o traslado da imagem, que foi para a Sé de Lisboa, onde creio que ainda permanece.

Um dia em que os vapores do verão lisboeta haviam-me obrigado a molhar minhas magras pernas em uma fonte do palácio onde havia dado à luz aquele infeliz do Pedro, recebi a terrível notícia de que o ingrato assinara a ordem para convocar uma assembleia geral constituinte no Brasil.

Durante alguns dias, parecia que eu enxergava tudo preto. Depois, comecei a considerar aquela decisão uma vontade da Divina Providência, já que, como consequência, até os liberais portugueses começaram a propor seriamente a possibilidade de servir-se de meu filho Miguel como "reposição" para a coroa de Portugal – algo que se tornou necessário, depois que, em 7 de setembro daquele fatídico ano, depois de ler uma carta de Leopoldina (que Bonifácio havia escrito), Pedro deu a ordem de separar o Brasil da mãe-pátria. Como sua mulher insinuava, com sutis artimanhas, havia bom tempo.

Portanto, se até bem pouco antes eu me vira conduzida pelas circunstâncias a "agir cautelosamente, durante a terceira semana de novembro, uma surpreendente notícia circulou de boca em boca em Lisboa: dona Carlota Joaquina se recusara a jurar a Constituição".[3] Eu podia deixar de dissimular (ou, nos termos de Palmela, "escolher de que lado ficar no jogo político").

A delegação que se trasladara a Queluz com a ideia de realizar mero trâmite formal, feito em consideração a uma mulher dolente, não só me encontrou em pé, vestida de preto e cheia de vigor, mas também drasticamente convencida a não jurar aquela pestífera Carta.

"Não por desafio ou ódio às cortes", foi o que disse a seus componentes, com displicência, mas porque já havia assegurado antes que nunca juraria e, sendo eu uma pessoa de honra, não podia voltar atrás. A situação se complicou (como eu queria) porque, de acordo com um artigo daquela Constituição, a recusa de um membro da família real a jurar essa lei fundamental implicava a pena do exílio.[4]

Alguns parlamentares propuseram, então, que eu fosse para a França. Por sua vez, os liberais, apoiados pela diplomacia britânica, julgaram a proposta descabida. Minha presença naquele poderoso reino europeu, governado por um monarca tradicionalista como meu primo Luís XVIII (irmão do guilhotinado Luís XVI), era um risco que os interesses de sua graciosa e liberal majestade britânica não se podiam permitir.

Então, *Pérola*, a fragata que esperava ancorada em Belém para me levar a lares gálicos, continuaria aguardando. A situação política europeia também jogava a meu favor. No Congresso de Verona, ocorrido no inverno de 1822, as potências realistas, contando com uma frágil oposição britânica, decidiram intervir militarmente na Espanha para apoiar as aspirações absolutistas do rei.

Essa notícia causou grande impacto em Lisboa, pois, se um numeroso e ardoroso exército invadisse a Espanha, alguns batalhões desviados para Portugal poderiam acabar com as cortes. Senti-me renascer! Atenta ao movimento das tropas francesas, graças à correspondência que mantinha com minhas filhas na Espanha, quando voltamos da Europa, Maria Teresa reunira-se com sua irmã, Maria Francisca e eu já estava pronta para lançar às cortes um aberto desafio.

Foi o que sucedeu quando elas me pediram pela segunda vez que jurasse a Constituição, dessa vez por escrito. Nem sequer me dei ao trabalho de responder (não por falta de educação, mas por cálculo). Usando um "castelhano básico, mas pungente", segundo um de meus críticos mordazes, escrevi a João para comunicar-lhe que eu já fizera uma solene e formal declaração de que não juraria e que a confirmava.

Considerando o possível exílio que me auguravam por essa negativa, disse a meu marido que estava disposta a lhe obedecer no que dispusesse, mas que me sentia obrigada a contar-lhe que estava muito indisposta. "Muito mais do que as pessoas imaginam",[5] certa de que "nem o rei nem o governo queriam que morresse pelo caminho", algo que ocorreria se me obrigassem a deixar Portugal imediatamente.

Para demonstrar obediência, assegurei que aceitava deixar Queluz e instalar-me na quinta do Ramalhão com minhas duas filhas mais novas (tu, minha querida, lembras disso? Junto com tua irmã Anica). Elas deveriam permanecer sempre comigo, até que, uma vez recuperada a saúde e chegada a boa estação, fosse-me permitido partir para Cádiz por via marítima.

Alguns ressabidos fanáticos da liberdade considerariam minha recusa a assinar a Constituição o ato político mais importante de minha vida. Quão pouco conheciam minhas peripécias esses pretensiosos! Seja como for, minha negativa teve enorme repercussão política em Portugal, devido ao grande descontentamento que havia no reino em relação à atitude de alguns deputados "exaltados" das cortes. Uma parte importante da população julgava-os responsáveis pela radicalização da política, pela independência do Brasil e pela crise econômica em Portugal.

Até aquele momento, minhas estratégias e meus planos haviam contado, no geral, com o apoio de alguns membros da nobreza conservadora, do Exército e do clero. Como resultado de minha bem calculada e rotunda recusa pública à Constituição liberal portuguesa, ocorreu o que alguns tanto haviam temido.

O "forte e desarticulado sentimento de desafeição" em relação às cortes, alimentado por um bom número de pessoas de todos os setores da sociedade lusa, cristalizou-se a meu redor e me outorgou uma capacidade de poder extraordinária, que jamais tivera antes.[6]

Enquanto isso, um comitê formado por dezesseis médicos, escolhidos por meus prosélitos (pelo menos isso), chegou à conclusão que eu estava doente de verdade. Depois disso, as cortes, "com muitas discussões, hesitações e retificação de pareceres, decidem pela perda dos direitos civis e políticos e pela retirada para o Ramalhão enquanto a situação de perigo de morte se mantivesse e a saída do reino logo que fosse viável".[7]

Com precisão escritural digna do anúncio de um futuro ajuste de contas, escrevi em meu diário: "No dia 4 (de dezembro de 1822), saí de Queluz (como me mandaram). Faltavam sete minutos para a uma da tarde".[8]

A amenidade da sentença, a ser cumprida em lugar tão próximo à capital, foi muito criticada pelos "exaltados". De fato, meus confidentes demorariam bem pouco para começar a ir e vir de Lisboa; meus correios, disfarçados de camponeses, driblavam os guardas colocados pelas cortes, de maneira a fazer chegar minhas cartas à Espanha.

De qualquer modo, vi-me obrigada a voltar ao Ramallhão, residência que, além de não ser tão confortável quanto Queluz, encontrava-se bastante deteriorada. Portanto, assim que me instalei, coube a mim empreender obras em grande parte do edifício. Enquanto as reformas eram realizadas, eu usava a grande sala de jantar, com afrescos de maravilhosas árvores brasileiras e aves do paraíso. Ali eu me reunia com meus colaboradores, cada vez mais numerosos e mais seguros de meu triunfo.

Nos setores mais tradicionais da capital – não necessariamente reacionários –, o apoio a minha augusta pessoa aumentava à medida que os "exaltados" se dedicavam a fazer, de suas bancadas, "provocações" contra mim. Algumas das mais insólitas podiam ser ouvidas durante as sessões da comissão criada para julgar o caso da rainha, presidida por Borges Carneiro, deputado com quem eu havia conversado amavelmente na embarcação que nos levou do Brasil.

As "violentas discussões" em que aqueles se engalfinhavam com os mais moderados tinham como propósito elucidar que poder do reino deveria julgar o caso da rainha. O Executivo ou o Judiciário? Outro tema que manteve ocupados vários dias esses presunçosos "representantes do povo" tinha a ver com o estabelecimento da pena que me correspondia pelo fato de ser estrangeira e mulher.[9]

Graças a essa atividade de liberais de todas as cores, os jornais conservadores e contrarrevolucionários de Lisboa conseguiram tornar-me símbolo da oposição ao governo e às cortes liberais.[10]

Assim, depois de quase vinte anos, eu chegava a ser de fato uma "divindade tutelar", como uma vez havia escrito um lindo e imprudente marquesinho português. Mas, ao contrário do que aconteceu em 1806, meus cúmplices já não eram um grupo de jovens nobres de ambições pouco realistas, justamente despachadas pelos mais velhos como "rapaziadas".

No momento em que o Brasil iniciava sua marcha como Estado independente, meus seguidores em Portugal eram pessoas que até pouco tempo antes detinham grande poder tradicional. Sentiam-se economicamente prejudicados pela separação da joia do antigo império colonial português e, por isso, estavam dispostas a defender por meio da propaganda (e das armas, se preciso fosse) a sobrevivência da monarquia – por certo, segundo os ditames do Antigo Regime, nos quais se fundamentavam seus anseios e seus legítimos privilégios.

É verdade que essa "consagração política" chegava a mim um pouco tarde, considerando o mau estado de meu corpo e a idade avançada. Eu estava a ponto de completar quarenta e oito anos e me encontrava em péssimas condições físicas. No entanto, a divina Providência me concedera a graça de ter a meu lado um lindíssimo jovem de vinte anos, muito leal, a quem nomeei porta-voz de minha causa. Era um viril infante de Portugal, de quem as cortes portuguesas, escaldadas pelo comportamento do mulherengo imperador do Brasil, haviam decidido recentemente melhorar a deficitária formação intelectual. Isso ocorreu devido a nossa precipitada transferência para aquele país, em uma idade determinante para sua formação, embora as más línguas "constitucionalistas" chegassem a comentar que, se ele e seu irmão Pedro haviam saído "sensíveis em demasia à lisonja, permeáveis aos (maus) conselheiros e impulsivos",[11] era devido à má educação que eu lhes dera.

XXV

A farsa da reconciliação

(1823-1824)

Graças a meu agente em São Cristóvão, eu soube que, por volta do final de 1823, minha nora Leopoldina enviara a seu pai umas linhas, pedindo que o caso da independência do Brasil fosse "encarado de outro ponto de vista. E que se acredite firmemente que não era possível agir de outra forma para desviar o espírito do povo das ideias republicanas".[1]

Enquanto isso, nas terras portuguesas do Minho e de Trás-os-Montes, territórios limítrofes com o reino da Espanha, começavam a surgir motins contra a Constituição liberal, organizados por meus correligionários. Naturalmente apoiados por minha firme decisão de não aceitar as medidas tomadas por meu marido (contra a vontade), em favor daquela Carta Constitucional.

Como reação a minha aberta oposição, as cortes portuguesas decretaram a extinção do conselho da casa e Estado da rainha de Portugal, instituição nascida na Idade Média para sufragar a manutenção da consorte do soberano. Com essa absurda medida, os "exaltados" pretendiam impedir que eu utilizasse seus fundos para financiar o que eles qualificavam como "ataques à ordem constitucional".

Poucos dias depois dessa absurda supressão, entrava na Península Ibérica, procedente da França, um exército formado pelos "cem mil filhos de são Luís", a mando do duque de Angulema, sobrinho do rei Luís XVIII e meu primo distante. A finalidade era acabar com o governo liberal espanhol e devolver o papel de rei absoluto a meu irmão Fernando, que havia sido novamente sequestrado pelas cortes espanholas. Do mesmo modo que, em meu caso (e no de Leopoldina, segundo ela escrevera a seu pai), estava sequestrado meu covarde marido pelas cortes portuguesas.

João, cujo faro para esses assuntos não posso negar, prevendo o que aconteceria na Espanha, iniciou uma sutil aproximação ao âmbito de meus pensamentos. Outra vez, ele se deu conta de que a sorte começava a me sorrir de novo. Assim, de Mafra, onde convalescia de uma enfermidade, enviou-me uma breve carta no dia em que eu completava quarenta e oito anos (vinte e cinco de abril de 1823), para dizer que não queria passar essa data "sem te expressar o quanto me custa não te dar pessoalmente os parabéns".

Um mês depois, meu irmão Fernando recuperou o poder absoluto na Espanha, aboliu a Constituição liberal de Cádiz, restaurou a Santa Inquisição e ordenou fuzilar vários chefes políticos que não se dispuseram a jurar-lhe lealdade.

Passadas duas semanas daquela virada na política espanhola, o infante Miguel, à frente de um regimento de infantaria e outro de cavalaria, empreendia a marcha até Vila Franca, em meio aos vivas ao rei absolutista e gritos de "morte à Constituição!".

Ao chegar à vila, conclamava os portugueses a se erguer contra as cortes, manifestando seu firme propósito de "libertar o rei". A verdade é que esse meu filho me dissera, pouco antes de partir, que sua convicção era que "o rei devia perder a coroa ou continuar o movimento".[2]

Como demonstração de uma maestria inigualável na arte da sobrevivência política, no último dia de maio daquele ano, meu régio marido lançou de Vila Franca uma proclamação em que se dizia disposto a ceder "aos pedidos do povo, e aos desejos do Exército".

Nesse mesmo dia, voltou a me escrever, explicando que havia se mudado para Vila Franca a pedido do Exército e que decidira enviar um prestigioso general (Mouzinho da Silveira) para me pegar no Ramalhão e levar-me a seu encontro. Dias depois, João dissolveu as cortes e nomeou um novo ministério, composto em sua maioria por personagens de ideologia conservadora e no qual não podia faltar o onipresente Palmela. Imediatamente, restituiu-me todos os direitos que eu perdera após a extinção da casa e Estado da rainha de Portugal.

As fantasmagóricas cortes, constatada "a impossibilidade de desempenhar atualmente o encargo de suas procurações, interromperam as sessões".[3] Três dias depois, meu marido nomeou Miguel comandante em chefe do Exército, cumprindo, assim, um de meus principais objetivos. Como se escreveria depois, a "atribuição do comando supremo da Força Armada a seu filho traduzia uma espécie de tutela que o 'partido' da rainha Carlota mantinha sobre a autoridade do rei".[4]

Dada a índole pacífica de João, seu novo papel como "rei absolutista" não despertaria grandes resistências e, "ao contrário do que aconteceu na Espanha, o final da experiência liberal não foi aproveitado para o exercício de notáveis atos de violência contra os liberais, embora tenha ocorrido um movimento de expatriação de alguns indivíduos que sentiram sua segurança posta em causa".[5]

Por essa razão, eu insistia com Miguel para que proibisse as sociedades secretas e as lojas maçônicas. Enquanto isso, como demonstração do quanto havia se inclinado o pêndulo do poder, o convite feito por meu marido para eu ir a Vila Franca, acompanhada por um militar enviado por ele, foi modificado. João me manifestava agora seu desejo de me buscar pessoalmente no Ramalhão e levar-me consigo a Queluz em sua própria carruagem.

Assim foi feito. Quando chegamos às portas daquele palácio onde eu havia conspirado (torpemente) contra ele, vinte anos atrás, o rei gentilmente me ajudou a descer da carruagem e, ante os olhares atônitos dos presentes, beijou-me nos lábios. Depois, de mãos dadas, caminhamos até a sala de audiências, onde ocorreu o tradicional beija-mão, tão concorrido que durou seis horas. Essa significativa cerimônia seria apostrofada como "farsa da reconciliação".[6]

Alguns piedosos sacerdotes de meu círculo não deixariam de atribuir meu retorno ao palácio à intervenção de Nossa Senhora da Rocha. E a chegada do infante Miguel a uma posição de poder tão relevante seria considerada por certos "apostólicos" intervenção direta da divindade nos assuntos políticos do reino.

Sem desejo de tirar méritos da Providência, a verdade é que, por trás desses triunfos, havia anos de experiência política, humilhações e fracassos sofridos por mim. Os "constitucionalistas", fora do jogo pela entrada de meu secundogênito na cena pública, logo começariam a ironizar a capacidade do "herói" por mim escolhido para realizar o programa político, concebido por esta primeira servidora da coroa.

Depois de tantas desilusões com estranhos, decidi só confiar meu projeto político a um homem de meu próprio sangue, um infante português que o sétimo marquês de Fronteira, filho da marquesa de Alorna, tentaria ridicularizar, chegando a dizer que ele preferia corridas de touros a exercícios militares e que, desde que debutara na cena política, demonstrara falta de coerência entre suas ideias e seu comportamento.

Esta última crítica, certamente, também começou a ser ouvida no lado "apostólico", à medida que passavam os dias desde a chegada de meu filho à cúpula militar. Para dizer a verdade, também eu estava um pouco descontente pela falta de medidas drásticas contra os maçons.

Em alguns momentos, temi que Miguel se parecesse com o novo imperador do Brasil, apaixonado, às vezes até a violência irracional, mas no fundo "de bom coração", como o molenga do pai dele. No fim, não teria mais nada a fazer a não ser chamar meu filho "de lado" e dizer-lhe que as coisas não podiam continuar daquele jeito.

Com o apoio do marquês de Chaves, chefe de um regimento de prestígio, planejou-se que no vinte e seis de outubro seguinte, quando Miguel completava vinte e dois anos, eu chegaria "inesperadamente" a uma parada militar no campo das Salésias (perto do palácio da Ajuda). Seria o sinal para que todas as tropas presentes se declarassem a favor do consentimento do poder político ao infante. Depois, o rei seria obrigado a abdicar devido a sua "enfermidade mental" e eu seria declarada regente, à espera de Miguel chegar à maioridade.

No entanto, um informante da polícia colocou o governo a par do plano, e a parada foi cancelada na última hora. Quando cheguei de Queluz, às oito da manhã, "carregada de relíquias", vi que no campo não havia nenhum soldado e que circulavam apenas patrulhas da guarda policial. Assim que regressei ao palácio, escrevi a João a seguinte nota:

> Meu amor, agora ouvi que nossos inimigos espalharam um novo boato em Lisboa afirmando que nesta manhã tentei fazer uma revolução para me tornar regente junto com Miguel e enviar-te ao exílio em Vila Viçosa. Tudo isso não passa de uma calúnia monstruosa, e não tenho dúvidas de que o doutor Abrantes (médico pessoal e conselheiro de João, ex-embaixador em Londres e, *of course*, membro da maçonaria) tem a ver com isso. Portanto, eu te seria grata se ordenasses ao chefe da polícia que agisse com vigor. Bem sabes que meu único desejo é viver em paz e ver-te feliz.[7]

Na época, Palmela queixava-se de falta de ânimo para prosseguir com sua tarefa política por causa da inércia do rei, da indiferença e das intrigas de seus colegas e da inimizade e das tramas da rainha. Só faltava que me acusassem de ser assassina.

Aliás, isso também aconteceu. Na manhã do último dia de fevereiro de 1824, o cadáver do marquês de Loulé, outro colaborador de meu marido, foi encontrado sobre um monte de lixo, no pátio interno do palácio onde havia chegado na noite anterior com o rei. As primeiras suspeitas sobre a responsabilidade por esse homicídio foram dirigidas a mim.

O único indício que meus inimigos tiveram até agora para me acusar está em algumas linhas de uma carta que a infanta Maria Francisca da Espanha enviou a seu pai, depois da "Vilfrancada". Nela, a rústica filha minha expressava o desejo de que eu afastasse "de seu lado todos aqueles conhecidos amantes do terrível sistema" (a monarquia constitucional), "como o marquês de Loulé".[8]

Cinco anos depois desse misterioso assassinato, meu ex-secretário no Brasil, provando incrível deslealdade, não hesitaria em me atribuir o consentimento para a eliminação por meios violentos daquele adversário de Miguel.

Mentira descabida, ou ignorância extrema, pois o filho e herdeiro de Loulé continuaria sendo, após a morte do pai, um dos homens mais próximos desse meu filho. E, apenas três anos depois daquele assassinato político, faria parte da família dos Bragança, embora de forma extemporânea, como vou contar.

O que, obviamente, não posso negar é que o desaparecimento de um dos assessores mais capazes de meu marido me alegrou e que, depois, meu "partido" se propôs a aniquilar (politicamente, claro) os dois ministros mais competentes do governo, Palmela e o marquês de Subserra. Dois diabinhos de alta linhagem responsáveis por diluir as esperanças de restauração conservadora propiciadas pela "Vilafrancada" em uma política "pactista" e também pelo fato de as necessárias medidas drásticas, principalmente contra as lojas maçônicas, ainda não terem sido aplicadas.

Assim, logo sairiam várias publicações em que se criticavam abertamente esses dois ministros e começariam a circular panfletos em que se dizia que o melhor modo de tirá-los de cima (do rei) era por meio de um golpe "fora do palácio".

O objetivo era libertar o monarca e o reino da influência do "rito escocês" maçom, origem de todos os males. Era preciso afastar os moderados da esfera de poder de meu marido, tolerantes com a maçonaria, e substituí-los por ultrarrealistas.

João tinha indícios de que eu estava envolvida nessa nova conspiração, dado que "a polícia vigiava diariamente as atividades que se desenvolviam no palácio de Queluz".[9] Suspeitava-se que meus leais cúmplices haviam estabelecido como data de início do novo plano o vinte e cinco de abril seguinte, quando eu completaria cinquenta anos. Por isso, o movimento ficou conhecido pelo nome de Abrilada.

Um dia antes de terminar o mês, o cardeal de Lisboa publicou uma pastoral em que dizia que eu, meu marido e meu filho Miguel havíamos sido objeto, na noite anterior, de uma conspiração voltada para assassinar-nos e que seus autores haviam sido os *"free masons"** e as sociedades secretas.

Segundo os despachos do embaixador francês, durante os primeiros dias de maio, a capital lisboeta foi tomada pelo terror dos "rufiões" do comandante em chefe do Exército, o infante dom Miguel. De acordo com uma versão inglesa do acontecido, naqueles dias "quarenta carros puxados por mulas, fortemente escoltados por guardas armados, conduziam os prisioneiros da torre de Belém à fortaleza de Peniche". Enquanto isso, eu, no Ajuda, escutava exultante as mensagens que me informavam o desenrolar dos acontecimentos, desfrutando da notícia de que cidadãos respeitáveis de todas as classes eram detidos a torto e a direito.[10]

O fato é que, no quinto dia daquele mês, o corpo diplomático em conjunto solicitou ao rei que se refugiasse no navio de guerra britânico *Windsor Castle*, ancorado perto da capital. Quatro dias depois,

---

* Termo também conhecido como maçonaria, sociedade em que homens se denominam irmãos e têm como princípios a liberdade, a fraternidade e a igualdade. (N.E.)

João deixou o palácio de Bemposta, onde morava com outras duas filhas minhas, em direção ao porto.

Pouco depois, o pavilhão real português ondulava sobre o barco britânico que servia de abrigo a Sua Majestade Fidelíssima. Ali se encontravam também as duas infantas, os ministros Palmela e Subserra, a maior parte do corpo diplomático e alguns cortesãos de ideologia liberal. Nesse navio de Albion, meu querido marido do coração assinaria as ordens. A primeira dispondo a liberdade dos prisioneiros de Peniche; a segunda removendo Miguel do comando do Exército.

Segundo o marquês de Fronteira, a incapacidade do infante para a leitura fez com que não compreendesse de imediato a gravidade das ordens do pai. De qualquer modo, pouco depois de recebidas, meu filho subiu a bordo, atirou-se aos pés do pai e lhe declarou lealdade entre soluços – "histéricos", segundo Fronteira. Meu augusto esposo retirou-se para a cabine sem dizer nada. Uma hora mais tarde, Miguel foi admitido de novo à presença do pai. Segundo as más línguas, o infante pediu ao rei que tivesse piedade dele.

O fato é que foi enviado para a fragata *Pérola*, a mesma que esperara para me levar ao exílio francês, depois de eu ter me negado a jurar a Constituição. Miguel partiria, pouco depois, rumo a Paris, com o objetivo de passar ali um tempo, a fim de polir suas maneiras; depois, deveria prosseguir viagem até Viena. Segundo alguns conselheiros do rei, era a única forma de afastá-lo de minha "perniciosa" influência.

A essa altura meu marido já estava totalmente convencido de que eu havia sido a "principal instigadora do golpe", e assim relatou a meu irmão, o rei da Espanha, numa carta em que utilizou termos muito enfáticos, pouco usuais dele. Para João, eu era "a mais culpada e o primeiro motor das intrigas e das conspirações que me têm tramado".[11]

Com sinceridade pouco habitual na correspondência entre soberanos, mesmo que fossem parentes próximos, meu marido dizia a Fernando que não lhe falarei dos múltiplos indícios de desafeição, e de traição, que subsequentemente nela tenho reconhecido até estes últimos tempos em que, seduzindo a incauta mocidade de meu filho, o induziu, segundo todas a aparências, a tentar os atos de rebelião que são bem notórios e que, à custa do maior sacrifício, consegui sufocar.[12]

João também proclamava, preto no branco, que possuía cartas escritas pela rainha, que ele prometia fazer chegar às mãos de meu irmão por um emissário e que "bem claramente demonstram sua culposa intromissão nos negócios do governo, cujo conhecimento por nenhum título lhe pertencia, e com vistas manifestas à usurpação".

Como meu consorte, em suas vestes de rei de Portugal, não devia nem queria sofrer tão "perniciosas intrigas" da parte de sua esposa, para tranquilidade de seu reino e de seus vassalos, solicitava "com franqueza" a meu irmão que me escrevesse e propusesse a necessidade de retirar-me para a Espanha ou, "se assim (Fernando) achasse mais conveniente", que eu fosse à Itália ou à França.

Lida e analisada a missiva pelos conselheiros do monarca espanhol (segundo minha filha Maria Francisca), o soberano escreveu para questionar-me, como nunca antes. Dizia-me que, nos tempos que nos cabia viver, a autoridade real necessitava ser muito "circunspecta" e que, portanto, os distintos monarcas deviam estar estreitamente unidos para não cederem o terreno que ganharam combatendo as revoluções.

Por essa mesma razão, argumentava Fernando, eram de lamentar as desavenças entre pessoas de uma família real, ainda mais quando transcendiam e tornavam-se públicas "com estrépito, como acaba de verificar-se nesse reino, pelo ocorrido com meu sobrinho, teu filho Miguel".

Além disso, perguntava a mim se por acaso certas pessoas, que tanto haviam feito pela "causa da legitimidade e da ordem", tinham obrado de tal maneira por "alucinação" ou por "excesso de zelo" e advertia-me que, se "prudência e discrição" não o remediassem, as desconfianças que elas haviam fomentado podiam ter graves consequências.

Por essas razões, recomendava que me afastasse "por algum tempo do foco que as alimenta", pedindo antes licença a meu marido para passar uma temporada "que não seja inferior a um ano" na França ou na Itália. Ao final desse sermão (que me fez lembrar os de minha augusta mãe), avisava-me que, se eu não adotasse seu conselho, minha situação em Portugal "depois do ocorrido" poderia tornar-se desairosa e muito comprometida.

Consta-me que, enquanto eu lia aquela inusitada carta, os ministros de meu marido discutiam o que fazer comigo, caso eu não aceitasse ir embora. Um deles propôs que eu fosse enclausurada em Queluz com as pessoas a meu serviço. Que originais!

João chegaria a pedir conselho sobre isso ao arcebispo de Évora – ninguém menos que o frade que revelara a ele meu envolvimento na "Conspiração dos Fidalgos" de 1806. Um prelado que tivera o descaramento de me escrever um par de cartas para me convencer a obedecer à vontade do marido, evocando em ambas a famosa epístola de são Paulo, em que se exorta as esposas a ser "submissas".

Acontece que eu conhecia muito bem o que havia pensado a respeito disso uma aguerrida mulher, antepassada minha, a quem haviam impingido o mesmo sermão no dia em que se casou com Fernando, o Católico.

O *animus virilis* de dona Isabel de Castela permitiu-lhe argumentar que aquele pedido de submissão podia ser válido no plano íntimo, como marido e mulher, mas não no político, já que ela era a rainha proprietária castelhana, enquanto seu marido era apenas o rei consorte. No final, essa grande rainha das Espanhas havia feito o que lhe convinha.

Tentar explicar a importância política desse precedente a um português (ou a um brasileiro), no entanto, teria sido perda de tempo

– sobretudo se quem o fizesse fosse outra mulher. Por isso, respondi (a João) que eu estava muito doente, "como todos veem". E afirmei que naquele momento sofria de um ataque de reumatismo, que me proporcionava febre e dores e me impedia de mover a perna. Quanto às acusações lançadas contra mim, exigia "que me julguem judicialmente (sic). Porque assim mandam as leis, e ninguém pode ser castigado sem ser ouvido e sem lhe provarem o crime", já que eu não temia "que apareçam os papéis, porque eu nunca disse nem fiz cousa nenhuma contra el-rei".[13]

Essa "chantagem emocional e política" a meu marido, como mais tarde a chamaria um inglês,[14] gerou o resultado esperado. Na situação de incerteza política em que vivia Portugal, nada podia ser mais prejudicial para a desejada paz que um processo público. Uma audiência pública em que os "apostólicos" pudessem trazer à tona as corrupções econômicas que comprometiam os "moderados" do âmbito do monarca. Assim, João teve que se conformar em ordenar que eu permanecesse em Queluz e não aparecesse na corte.

XXVI

Matrimônio diabólico

(1824-1826)

𝒜 ameaça de revelar os casos de corrupção ocorridos no governo se mostrou efetiva. Aos maçons que faziam parte disso não era conveniente que viessem à luz as negociatas, feitas em conivência com os ingleses – entre elas, o acordo com a casa Rothschild de Londres para a concessão de um empréstimo a Portugal, que estava à beira da falência. Como resultado, não fui expulsa do reino nem sequer levada a julgamento, ficando apenas reclusa em Queluz.

Decidi aproveitar essa situação para pôr meus papéis em ordem, coisa que não fazia desde que Presas ocupara-se disso no Brasil. Comecei juntando toda a documentação possível para que, quando tivesse oportunidade, apresentasse meu "ponto de vista" – expressão de Leopoldina em uma carta ao pai dela que me chamara poderosamente a atenção.

Assim poderia me defender de meus inimigos, tendo cartas na manga. Meus poucos fiéis agentes "brasileiros" foram extremamente úteis para recolher provas no Rio de Janeiro, e minhas filhas na Espanha mostraram-se colaboradoras eficientes para os fins que me havia proposto. Venceria, também, com as palavras. Pois, como dizia o doutor Presas no Brasil com relação à propaganda, essa guerra algumas vezes é mais temível que aquela feita com baionetas.

Ao mesmo tempo, apesar de minha reclusão, eu continuava recebendo visitas interessantes no palácio, algumas inimagináveis para meus inimigos, como a do destacado embaixador britânico, sir Edward Thornton, que solicitou audiência, no final do verão de 1824, para despedir-se de mim. Naquela manhã, eu tinha poucas dores e, portanto, estava muito animada.

Assim, eu o recebi ereta e com um grande sorriso, no salão do trono. Quando beijou minha mão, eu lhe disse que estava encantada em vê-lo, já que ele era "uma pessoa de bem",[1] ao contrário de seus amigos, que eram "uma quadrilha de bandidos". Toda a apatia que se costuma atribuir aos *british* desapareceu de seu rosto como por encanto, a julgar pelo assombro com que me olhou. Tenho certeza de que ficou mais desconcertado ainda quando, ao dar a volta para me fazer uma última reverência, antes de deixar o salão, viu esta velha infanta da Espanha imóvel sobre o estrado, "mostrando-lhe a língua". Algo que ele depois atribuiria a minha "debilidade" mental.

No entanto, esse humor não duraria muito, pois "o imperador (do Brasil) havia-se inclinado a dar ouvidos ao casamento de dona Maria da Glória com seu tio dom Miguel". Esse projeto, por certo, a imperatriz não apreciava, "principalmente devido ao parentesco próximo entre as partes" (Leopoldina *dixit*). Curiosamente, embora não pela mesma razão, eu de novo concordava totalmente com minha nora.

Na realidade, a ideia daquela união entre tio e sobrinha – um clássico da casa de Bragança – era a astuta resposta de meu filho mais velho (ou de seus conselheiros) à tentativa de Miguel de ficar com a coroa do reino, como a Abrilada deixara evidente. E, claro, uma casamenteira experiente como eu, digna aluna de Maria Luísa de Parma, logo se deu conta da armadilha por trás da promessa de tornar Miguel "rei consorte" de Portugal.

Dada a grande diferença de idade entre os noivos (minha neta Maria tinha então apenas cinco anos), Pedro teria tempo suficiente, até oficializar o matrimônio, para recuperar o trono de Portugal, caso as coisas não lhe corressem bem no Brasil (como começava a parecer).

No entanto, como "o *criollo* de São Cristóvão" conhecia minhas capacidades para frustrar seus planos, pela influência que eu exercia sobre Miguel, Pedro não via a hora de seu irmão chegar a Viena para que Metternich o convencesse a aceitar esse matrimônio "diabólico".

Segundo soube por meu agente de Boa Vista – onde a arrogância que a instrutora inglesa de minha neta demonstrava com os criados portugueses de minha nora só me fazia conquistar adeptos –, a imperatriz do Brasil continuava mostrando desagrado com o matrimônio de sua filha e seu cunhado. Nem tanto "devido ao parentesco próximo entre as partes", como ela comentara àquela "amiga", e sim porque considerava que Miguel tinha todos os defeitos de seu marido, mas nenhuma de suas virtudes. Tal declaração me teria feito duvidar da capacidade de julgamento de Leopoldina nesse período, se não tivesse eu ficado a par das humilhações a que a submetia aquele desalmado marido por causa de uma linda paulista.

Na época, como minha nora sabia muito bem que o pior que podia fazer com Pedro era opor-se a uma decisão já tomada por ele, ela começara a enviar cartas a familiares e cortesãos em Viena, pedindo que tentassem moderar as paixões de Miguel.

Apesar de meu esforço para ser cautelosa na execução de meus planos de boicotar desde o início aquele matrimônio, Palmela, ainda ministro de Negócios Estrangeiros, ao se despedir do embaixador britânico, chegou a queixar-se da falta de apoio que seu governo recebia da Inglaterra para fazer frente ao "perigo iminente" de outra revolução organizada pela rainha.[2]

É claro que os britânicos não me conheciam tão bem quanto meu marido, que dissera a esse mesmo diplomata, em sua audiência de partida, que, "se a rainha se sentisse em algum momento convencida de que os senhores ingleses não estivessem contra ela, ela se declararia a favor de uma Constituição (liberal), mudaria de partido e se colocaria à frente de uma revolta constitucional para me destronar".[3]

Esse juízo de meu consorte parece avaliar a ideia de que eu estava interessada no poder apenas para exercer minha paixão por mandar – em primeiro lugar, nele. Mas isso não é verdade; pelo menos, já não era mais verdade naquele momento.

Enquanto isso, Metternich não parava de insistir, via epistolar, com Miguel que era hora de ir a Viena, deixando para trás os prazeres da parisiense "Cidade das Luzes". Lá, por certo, aquele ministro havia-se entretido, em sua época de embaixador perante Napoleão, com sua amante de então – ninguém menos que Laura Junot, agora duquesa de Abrantes, que, segundo me contava meu filho, tornara-se "reacionária" e arrumara um amante aprendiz de escritor muito mais jovem que ela, para que a ajudasse a "revisar suas memórias".

Consciente do risco que a sereia de Viena convencesse esse infante a cometer uma diabrura com Maria da Glória, insisti para que não viajasse à capital dos Habsburgo e para que fugisse de Paris rumo à cidade italiana de Lucca, então sob domínio dos Bourbon.

Mas o homem que havia persuadido ninguém menos que um imperador da Áustria a casar sua filha preferida com seu arqui-inimigo corso conseguiu também, com poucas dificuldades, que alguém interceptasse minha carta; assim, tomou "as medidas necessárias" para evitar a "evasão da parte de Sua Alteza".[4] Com isso, no início de outubro de 1824, após quatro meses de *joie de vivre** em Paris – como apontar o rifle às ovelhas que pastavam nas Tulherias, da janela de seu quarto no hotel Meurice –, o encantador Miguel, acompanhado por um séquito de rubicundos criados, encaminhou-se a Viena.

---

* Traduzida livremente como "alegria de viver", expressão francesa utilizada para exaltar o prazer de estar vivo. (N.E.)

Pouco antes do Natal daquele ano, chegou a Queluz a notícia de que meu apaixonadiço rebento ficara encantado pela princesa Luísa Guilhermina da Baviera, a ponto de manifestar a vontade de ver o pai da amada para, em pessoa, pedir-lhe a mão de sua filha.

Tentando dissuadi-lo, um diplomata português explicou que, a um rei, essas questões não deviam ser apresentadas "à queima--roupa" (sic). Metternich usaria a típica condescendência germânica em relação aos latinos e interrompeu meu filho dizendo-lhe que o rei da Baviera não costumava conceder a mão de suas filhas a príncipes de reinos em que havia revoluções. Graças a minha decisiva intervenção, Miguel abandonou a ideia de se casar com aquela alteza bávara.

Consegui, assim, com mais tranquilidade, retomar a direção da campanha de amedrontamento com que os "apostólicos" pensavam romper os dois elos principais do governo. Desaparecido o marquês de Loulé e enquanto Palmela era vítima da difamação panfletária financiada por meus "apóstolos", o marquês de Subserra começou, então, a receber ameaças anônimas.

Para afastá-lo do olho do furacão, meu augusto esposo o nomeou embaixador de Portugal perante o trono da Espanha. Sabe-se que é o cargo diplomático mais prestigioso que um português pode desempenhar no exterior, mas, naquele momento, como eu não tinha mais dúvidas de que Subserra fora o responsável pelo fracasso da Abrilada, me dispus a fazer com que para ele a estadia em Madri se tornasse um inferno gelado. Enviei, então, cartas a todas as pessoas leais que tinha na Espanha, a começar por minhas filhas, criticando a brandura daquele marquês com os constitucionalistas portugueses. Em bem pouco tempo, o recém-chegado passou a ser tratado com extrema displicência pelos círculos aristocráticos tradicionalistas de Madri.

Minhas filhas escreveram contando que o embaixador chegou a ser insultado por cortesãos afeiçoados a elas. O caso é que, submetido a tal ostracismo social, julgado indigno para um nobre de sua linhagem, em pouco tempo viu-se obrigado a regressar a Lisboa, onde pôs fim à própria carreira política.

Embora fosse evidente que essa volta tivesse sido motivada por mim, eu arrumava maneiras de fazer com que os informes que a polícia enviava a João sobre meus movimentos em Queluz dissessem que meu palácio parecia "quase tão sem vida quanto um deserto". O governo estava tão desesperado para saber como eu driblaria os controles que colocava em minha comunicação com o exterior que ordenou que seguissem a professora de piano de minha filha Ana de Jesus. A única coisa interessante que conseguiram saber dela foi que parecia dispor sempre de muito dinheiro na bolsa.

Um dia, dois jovens agentes do governo, vestidos à paisana, conseguiram entrar nos jardins da minha residência. Surpreendidos por uma anciã que saíra para tomar o ar fresco da manhã, perguntaram-lhe se em Queluz não havia nada mais suculento em matéria feminina que ela. A senhora reagiu com um olhar de fogo que provocou naqueles rapazes tantas gargalhadas que quatro damas minhas saíram no terraço para conferir o que estava acontecendo. Quando me viram irritada diante daqueles invasores, em vez de repreendê-los, puseram-se imediatamente de joelhos diante de mim.

Ao se darem conta de quem eu era, aqueles mocinhos correram com tanta pressa que acabaram caindo num pátio interno. Resgatados por meus criados, foram conduzidos a um quarto e atendidos por um médico; depois de dois dias de convalescença, foram levados ao salão do trono, onde eu os aguardava, cheia de joias. Usando palavras cáusticas, mas num tom afável, mandei-os embora dizendo que já podiam informar meu marido do ocorrido.

Eu esperava que o relato desse episódio divertisse João, que, na juventude, transbordava senso de humor. Se bem que, para ser franca, seu ânimo não estava muito para tais graças, pois, em meados de 1825, vira-se obrigado pelas circunstâncias a reconhecer a independência do Brasil. Um dos tragos mais amargos que coube beber em toda a vida a minha "cara-metade", como dizia Leopoldina.

Reservava meus comentários sarcásticos sobre meu marido e meu filho Pedro para entretenimento dos criados, mas admito que proferi em voz muito alta coisas irreproduzíveis por escrito, depois de ter lido, na *Gazeta de Lisboa*, a publicação do decreto pelo qual João houvera "por bem encarregado o governo à infanta Isabel Maria, minha muito amada e prezada filha".[5]

A saúde de meu marido, que ao regressar da América havia se debilitado, piorou depois que se viu obrigado a assinar o decreto de separação daquela terra tão amada por ele (nunca entendi o que ele via no Brasil). E pior ainda ele ficou a partir de novembro, quando chegou a Bemposta a documentação brasileira que a ratificava.

Esse desenlace, previsto, mas não desejado, por João, o fez cair em uma depressão tão profunda que mal se alegrou ao saber que sua querida Leopoldina dera à luz, por fim, um terceiro filho varão, herdeiro que ocupava o lugar do finado João Carlos e que na pia batismal recebeu o nome de seu aloucado e egocêntrico pai.

"Um menino muito grande e forte" (segundo a mãe), que, com certeza, caía como uma luva para os planos de Pedro pai de casar Maria da Glória com Miguel, já que agora o imperador contava com um sucessor para a coroa imperial brasileira, enquanto dispunha a menininha para a de Portugal.

Finalmente, no início de março de 1826, quando regressava ao palácio, depois de assistir a uma procissão do Santo Sacramento em Belém, João sofreu uma série de convulsões que o fizeram desvanecer. Durante seis dias seguidos, fui informada com regularidade sobre seu estado, que melhorava e piorava alternadamente. Soube também que homens e mulheres de todas as classes chegavam a Bemposta para pedir notícias sobre a condição do monarca. Hoje lamento não ter podido estar entre eles, já que na época eu sofria com uma recaída da enfermidade dos pulmões e não convinha que me expusesse ao frio.

Alguém na corte lembrou que eu uma vez subira numa carruagem para visitar a gruta de Carnaxide, onde havia se produzido o milagre da aparição de Nossa Senhora, em um período em que a dor dos ossos não me dava trégua. Essa comparação continua me parecendo blasfema. *Malheureusement**, tampouco pude arredar pé de Queluz depois que me comunicaram o falecimento de meu marido.

Por um estranho destino, eu estava na mesma situação de meu pai quando minha mãe morreu. Embora, reconheço, a distância entre Nápoles, onde se encontrava o primeiro, e Roma, onde foi velada a segunda, fosse bem maior que entre Queluz e Bemposta.

Esse aparente desinteresse pela morte daquele que havia sido meu consorte por quarenta anos me granjeou críticas, inclusive de meus partidários. A verdade é que eu tinha estado realmente muito preocupada com esse desenlace, como expliquei. De fato, antes que chegasse a Viena a comunicação oficial de luto régio, arrumei um jeito de o representante diplomático da Espanha naquela capital, avisado por uma de minhas filhas residentes em Madri, pedir a seu colega português que fizesse Miguel partir para Lisboa, "sem perder tempo".

Além de estimular minhas ambições políticas, o desaparecimento *in aeternum* de João produziu em mim um efeito que tenho visto ao longo da vida em certas viúvas recentes, esposas de cortesãos e serviçais que se sentiam livres da enorme pressão exercida por maridos dominadores. Sobretudo daqueles que descarregam sua agressividade sobre elas de maneira passiva, como era o caso de meu falecido. Graças a essa intervenção da Providência, recuperei, por um período, parte da vitalidade de outrora. Além do mais, meu querido esposo do coração fora chamado pela parca na hora exata.

Meu filho Pedro estava no longínquo Brasil, combatendo em duas perigosas frentes ao mesmo tempo. Por um lado, a perene batalha mi-

---

* "Infelizmente" ou "lamentavelmente". (N.E.)

litar contra os insurgentes da Banda Oriental; por outro, as nódoas à própria reputação pelo comportamento desonroso para com a imperatriz, em razão de sua ostensiva relação com a *maîtresse en titre*.*

Eu não via a hora, portanto, de Miguel obedecer a meu pedido e vir o quanto antes a Lisboa, a fim de aproveitar o vazio régio e, sobretudo, o "descuido" cometido por meu consorte, antes de abandonar este vale de lágrimas, já que o último documento em que se fazia referência a Pedro como herdeiro da coroa de Portugal fora assinado por João antes do tratado que reconhecia a independência do Brasil.

Segundo os juristas que consultei, os direitos à coroa portuguesa recaíam sobre Miguel. Dias depois, soube que João, antes de morrer, dera sua última cartada, mas até mesmo esse ardil se revelaria favorável a meus planos.

Os imperadores do Brasil souberam da morte do rei ao voltar de uma visita oficial à Bahia, onde Leopoldina havia sido mais uma vez mortificada pelo marido diante de toda a corte, pois o desconsiderado Pedro se hospedara com a amante no mesmo edifício, deixando minha nora relegada a um prédio vizinho. Ao ancorar na Guanabara, esse amargo fruto de minhas entranhas soube também que, por última vontade de João, a regência de Portugal devia ser exercida por Isabel Maria até que o "herdeiro legítimo voltasse ao país".

Como Miguel estava fora de Portugal e o documento não especificava a qual de nossos filhos varões se referia, isso dava margem a interpretar a questão sucessória de maneira ampla, segundo disseram meus juristas. Pedro, sabendo que meus leais não viam a hora de Miguel chegar a Lisboa para o aclamarem rei de Portugal, decidiu abdicar de Maria da Glória e apressar o compromisso de minha neta com Miguel.

---

* A amante chefe ou oficial de um monarca ou um homem proeminente do reinado. (N.E.)

A decisão de meu filho brasileiro de levar essa ideia a seu rápido cumprimento fez com que Leopoldina enviasse ao barão de Vila Seca, embaixador de Portugal perante a corte de Viena e irmão de seu médico, uma carta adjunta aos pêsames pela morte de dom João VI, pedindo ao barão que a entregasse ao "irmão Miguel". Sem que ela soubesse, facilitava meus planos para boicotar aquele matrimônio diabólico.

XXVII
A inválida de Queluz
(1826-1827)

Em São Cristóvão, Leopoldina ocupava-se de proteger epistolarmente, à medida do possível, a pureza de Maria da Glória em relação à sorte que poderia caber-lhe em seu eventual casamento com Miguel em Viena. Enquanto isso, no Rio de Janeiro, Pedro assinava um decreto que confirmava a regência de Isabel Maria, até que se promulgasse uma Constituição liberal em Portugal.

Já fazia tempo que eu deixara de confiar em minha nora e em meu filho mais velho, se é que alguma vez confiei. A assinatura daquele documento confirmativo mostrou que tampouco nisso eu havia errado, já que, logo depois de tê-lo rubricado, o imperador renunciou formalmente à coroa portuguesa, em benefício de sua primogênita. Essa abdicação foi condicionada ao fato de que Miguel se comprometesse com Maria da Glória e que os portugueses aceitassem a Constituição liberal recém-promulgada no Brasil. Novamente, coube a mim ser o firme mastro da nau dos volúveis Bragança.

Ao receber naqueles dias em audiência o novo embaixador britânico, esta "inválida de Queluz", como me chamavam os "exaltados", voltaria a demonstrar tal firmeza. Conversei animadamente com ele por duas horas, "em pé, firme como um poste e sem mostrar nenhum sinal de cansaço".[1]

Minha intenção era manifestar-lhe com inteireza que, se Miguel fizesse o que eu lhe aconselhava, sairia triunfante das armadilhas que lhe eram plantadas por seu irmão imperial. Eu esperava também que a recém-chegada comadre de Windsor logo difundisse minhas palavras entre seus colegas. No entanto, segundo me contaram, o embaixador a'Court logo percorreria as embaixadas de Lisboa dizendo que meu "monólogo" fora extremamente confuso. Textualmente, "uma desconexa série das mais improváveis histórias que a rainha havia obtido de todo tipo de pessoas, das quais fazia as inferências mais extraordinárias e, em meu juízo, menos justificadas".

Verdade seja dita, fazia tempo que eu também perdera as esperanças nos ingleses. Como podia, agora, querer que a'Court compreendesse os matizes da língua castelhana (cheia de palavras de origem árabe) saídas da boca de uma infanta da Espanha?

Duvido ainda que entendesse o que eu pretendera dizer, quando, em referência à morte de meu marido, contei-lhe que havia sido provocada por uma dose de água-tofana, veneno que os maçons tinham intenção de ministrar a mim. "Disseram que este país não estará tranquilo até que eu receba minha dose", afirmei.

Não sei se nas lojas maçônicas de Lisboa, onde era atribuída a mim a responsabilidade pelo desaparecimento de João, as pessoas haviam sido tão verdadeiras quanto eu fui com esse inglês. Reconheço que, naqueles dias, meu lado cáustico era o único alívio que me restara para a frustração que sentia ao me inteirar de certos comportamentos de Miguel em Viena, como o de se prestar ao jogo de Metternich, a ponto de solicitar a dispensa papal para casar-se com minha neta ou de assinar uma carta dirigida a sua irmã Isabel Maria, aprovando o exercício da regência que ela detinha. "Até que sejam conhecidas as intenções do legítimo herdeiro e sucessor, que é nosso mui querido irmão, o imperador do Brasil."

Eu não sabia o que pensar. Tratava-se de simulação, aprendida de sua mãe, ou Metternich e as cartas de Leopoldina realmente o tinham persuadido de que era isso o que mais lhe convinha?

O fato é que a condescendência de Miguel em relação à Pedro provocou uma forte e generalizada rejeição em Portugal. E isso favoreceu o então denominado "partido da rainha", fortemente respaldado pelo clero, a alta nobreza e um importante setor da milícia.

De repente, sem que eu tivesse procurado, deixei de ser a "defensora" dos direitos de meu segundo filho e me tornei a muralha a proteger Portugal da invasão da Constituição liberal brasileira, da maçonaria e do *sursum corda*.* Os salões de Queluz voltaram a se encher de visitas, e certos personagens, que pouco tempo antes me haviam criticado deslealmente, solicitaram audiência para que os recebesse.

Minha correspondência com parentes e pessoas próximas na corte espanhola surtiu logo efeitos surpreendentes. Meu irmão Fernando, que havia pouco me censurara pela perda do *common sense*** e aconselhara que eu me exilasse na França ou na Itália, respaldava agora minha posição de maneira pública. Ele estava muito interessado que na Espanha não se voltasse a implantar uma lei fundamental liberal.

Entretanto, o que mais me gerava expectativa naqueles dias era saber o resultado de minhas cartas a Viena. Enviadas "entre maio e meados de julho de 1826",[2] cheias de sutis conselhos a Miguel, fruto de uma vida recheada de obstáculos, sobre como ele deveria agir com o chanceler da Áustria.

De todo modo, a Carta Constitucional redigida no Brasil chegou a Lisboa no final da primeira semana de julho. Às dúvidas de minha filha, a regente, sobre se deveria ou não lhe prestar juramento, respondeu o general Saldanha, governador do Porto de ideologia libe-

---

* "Corações ao alto", expressão dita pelo sacerdote para iniciar a missa. (N.E.)
** "Senso comum." (N.E.)

ral, com um desafio. Ele a fez saber que, se no final daquele mês não a jurasse e a fizesse jurar, ele marcharia com suas tropas para Lisboa.

Esse descendente de judeus castelhanos convertidos, fugidos para Portugal na época de minha antepassada Isabel, cumpriu sua ameaça, o que lhe valeu a nomeação como ministro da Guerra pela administradora provisória de Portugal. Isso quase me provocou um acidente.

Por sorte, fidalgos e religiosos que seguiam minha orientação decidiram encenar um desagravo, proclamando Miguel rei absolutista em várias cidades do reino. Saldanha respondeu ordenando a prisão dos líderes. Com isso, muitos dos defensores das ideias absolutistas tiveram que fugir para a Espanha, como os antepassados daquele general haviam feito séculos atrás, no sentido inverso, procurando terras mais seguras.

Temendo que o ativismo daquele militar (cuja audácia calculada era própria de seus antepassados) provocasse a intimidação de Miguel, enviei a meu filho uma carta em que comecei explicando que me encontrava muito doente. Por isso, as palavras foram redigidas por mão amiga. E prosseguia: "Vamos agora tratar do negócio mais importante a bem da religião para segurança tua e minha. Peço-te mui encarecidamente que não jures esta maldita Constituição nem queiras tal casamento".[3] Depois de recomendar-lhe que tivesse fé em Nossa Senhora da Rocha, adverti-o: "Eu também não juro, suceda o que suceder. Se tu chegas a jurar por desgraça tua e nossa, dás o golpe mortal em ti, em toda a nação, e o primeiro de todos em mim". Finalmente, pedia que não voltasse a Portugal, onde tudo estava feito "uma peste". Ao menos não sem antes eu lhe indicar. "Também não quero que ninguém saiba desta carta que eu te escrevo; eu te escreverei outra pelo ministro (o embaixador português em Viena) para não teres de mentir dizendo que não tiveste carta minha." Meus erros do passado haviam-me ensinado a ser mais prudente com meus escritos.

O sucesso da repressão empreendida por Saldanha e minhas dúvidas a respeito da leitura de Miguel daquela carta antes que fosse interceptada pelos agentes de Metternich fizeram com que, por um breve período, eu sucumbisse à ansiedade. Caí em uma atitude mais própria da juventude, o que me levou a fazer recriminações às pessoas mais queridas. Cheguei a escrever a Maria Francisca que me sentia desconsolada com a frieza com que, tanto ela quanto seu marido (meu irmão), o infante Carlos Isidro, conduziam os assuntos da "causa apostólica".

Por uma dessas ironias da história, enquanto eu duvidava da seriedade e da capacidade para os negócios de Estado por parte de minha descendência residente em Madri e em Viena, no Rio de Janeiro, circulavam fundados rumores que punham em questão a continuidade de Pedro como imperador "constitucional" do Brasil. Falava-se de uma possível revolta contra ele, em reação à autorização para que, no ato de reconhecimento oficial do príncipe Pedro, o herdeiro ao trono brasileiro fosse apresentado nos braços do pai da amante imperial.

Quando a notícia do compromisso de Miguel com Maria da Glória, em outubro de 1825, chegou a Lisboa, muitos "exaltados" apostaram que seria o *coup de grâce** que acabaria com minha determinação. Esses bandidos desconheciam que, pouco antes que se oficiasse a cerimônia de casamento, o infante me escrevera uma carta explicando a verdade de seu compromisso com Maria, realizado de acordo com os conselhos que eu lhe havia enviado.

Por isso, não me alterei ao saber que, no dia seguinte a essa cerimônia, puramente formal, ele havia jurado a Constituição liberal enviada do Brasil por seu irmão, já que Miguel o fizera com "reserva de todos os seus direitos" e a expressa determinação de que essa Constituição devia ser previamente aceita pelos três Estados do reino, de acordo com o direito de outorga.[4]

---

* "Golpe de misericórdia", ato com a intenção de acabar com o sofrimento do indivíduo em questão. (N.E.)

Em ambos os atos, compromisso matrimonial e juramento, Miguel utilizara a chamada "reserva mental", com que pusera a salvo sua consciência das possíveis consequências morais, caso depois de realizar ambos os atos não pudesse cumprir com o prometido e jurado – procedimento que eu lhe recomendara, depois de discuti-lo acaloradamente com meu confessor.

Para que a ambiguidade de meu filho não despertasse suspeitas entre os liberais de Lisboa, quase em paralelo a esses acontecimentos em Viena, um jornal "apostólico" escrevia em Lisboa que ambos os atos haviam sido "impostos insidiosamente a este jovem príncipe sob falsos pretextos e com fins diabólicos".[5] Enquanto isso, eu remeti a minha filha Maria Francisca cópia de alguns capítulos gerais das cortes de 1641, que mostravam claramente como tudo o que era feito em Viena ia "contra o direito de legitimidade".[6] Eu lhe pedia que os mostrasse aos diplomatas das potências credenciadas em Madri.

É claro que eu também fizera Miguel saber que, nas leis fundamentais do reino, "existia alguma coisa que dava a ele, e não a seu irmão, direito à coroa portuguesa".[7] Para isso, eu me servira dos discretos préstimos de dona Francisca do Vadre, que, desde que eu a escolhera para dar leite a meu filho nos primeiros dias de vida dele, nunca me havia falhado.

Na verdade, havia sido da parte dessa perspicaz e discreta portuguesa que Miguel recebera, na legação lusa em Viena, uma encomenda com objetos como uma fita de seda carmesim, uma imagem de Nossa Senhora da Conceição[8] e as notas manuscritas com os citados capítulos que lhe outorgavam aqueles direitos.

No final de novembro, as tropas "absolutistas", que chegaram a Portugal da Espanha pelas cidades próximas à fronteira de Bragança, Almeida e Vila Viçosa aos gritos de "viva a Espanha para nos dar rei absoluto!", conseguiram que a província de Trás-os-Montes na Beira Alta caísse nas mãos dos rebeldes.[9]

Por sua vez, outro fiel aliado meu, "o general Maggessi, marchou sobre o Alentejo com um regimento de infantaria e outro de cavalaria".[10] Já a marquesa de Chaves, leal seguidora dotada de *animus virilis*, entrou em Vila Real com um grupo de fidalgos. Segundo escreveria um pérfido inglês, Chaves ia armada com uma cartucheira incrustada com imagens de santos de prata e era seguida por uma companhia de voluntários encarregada de degolar inimigos.[11]

Por vontades inescrutáveis da Providência, enquanto eu, graças ao emprego de violência purificadora digna de um episódio do Antigo Testamento, ressurgia das cinzas em que minhas enfermidades e as paixões políticas contrapostas de meus filhos tinham tentado me enterrar, minha nora Leopoldina desvanecia em seu leito de morte. Depois de ter-se confessado e recebido "o Santo Sacramento com a tranquilidade de espírito e a piedade que distinguem tão eminentemente sua augusta família" (Metternich *dixit*), a primeira imperatriz do Brasil morreu, em meados de dezembro de 1826.

Encheu-me de indignação o imprevisto desembarque em Lisboa de um exército de cinco mil homens, enviado pelo governo britânico em apoio ao reinado de minha filha, a regente Isabel Maria, como resposta a meus desafios. Tamanha foi a indignação que, tendo sido requerida minha presença no palácio da Ajuda, neguei-me a ir. Depois, declarei que só a ideia de ver das janelas do palácio aqueles soldados já me dava náuseas.

A verdadeira prova de fogo foi quando me informaram que havia chegado a Viena um enviado de Pedro, encarregado por ele de atar os fios soltos do casamento de Maria da Glória com Miguel. E isso porque meu filho mais velho começava a temer que aquela aliança fosse dificultada pelos rumores que já circulavam na capital dos Habsburgo sobre as circunstâncias da morte da arquiduquesa. Ao que parece, segundo meu informante de Boa Vista, o imperador tentara forçá-la a entrar em um salão daquele palácio, onde aconteceria um beija-mão, ao lado da amante imperial!

De qualquer forma, o fato é que o enviado de Pedro não disse a Miguel que o futuro matrimônio com Maria da Glória deveria ocorrer no Brasil e limitou-se a entregar-lhe um retrato de sua futura mulher.

Os Habsburgo, alarmados porque os despachos diplomáticos do Rio de Janeiro pareciam confirmar os maus-tratos de Pedro com a arquiduquesa, começaram a mudar de opinião sobre aquele matrimônio e a sustentar que prefeririam que minha neta fosse educada em Viena, como Leopoldina lhes havia pedido antes de morrer.

Metternich, habilíssimo em lidar com os sentimentos dos príncipes de sangue real com fins políticos, não teve trabalho para convencer Miguel a voltar a Lisboa. Disse-lhe que aqui poderia consolidar sua posição política, à espera de que seu matrimônio com Maria da Glória acontecesse quando ela alcançasse a idade apropriada. Algo que agora favorecia meus planos.

Com o alento que me proporcionou essa boníssima referência, conhecida por mim pouco depois de completar cinquenta e dois anos (em 25 abril de 1827), comecei a enfrentar uma questão muito desagradável ocorrida na intimidade de minha casa, à qual farei referência unicamente aqui, Assunção, embora isso não seja de meu agrado, porque me permite desvincular-me totalmente de um delito de que, sem prova, meus inimigos continuam me acusando.

Naquela época, soube que Anica (a infanta Ana de Jesus), tua irmã, estava grávida do segundo marquês de Loulé, primogênito daquele nobre conselheiro de João que fora atirado por uma janela do palácio de Bemposta. Enquanto discutia com meu confessor como solucionar esse acidente de tua irmã namoradeira, respeitando minhas convicções religiosas e, ao mesmo tempo, o decoro régio, a Providência me concedeu uma nova graça. Pedro nomeou Miguel lugar-tenente do reino de Portugal – ardil concebido pelo "brasileiro" para tentar manter seu irmão atado ao matrimônio com Maria da Glória.

Por meio de dona Francisca do Vadre, pedi a Miguel que não aceitasse o convite de Metternich para voltar a Portugal via Londres. E que ele, afirmando que sentia enjoo nos navios, alegasse que queria fazê-lo pela Espanha, onde, de passagem, saudaria suas irmãs, que fazia tempo que não via. O chanceler austríaco negou-se categoricamente a aceitar esse périplo, pois, claro, temia que a breve estadia de Miguel nas terras de sua mãe arrastasse até Portugal "absolutistas" portugueses exilados no reino espanhol.

Maçons (ingleses) e católicos (austríacos) intervieram, e as pressões conjuntas de Viena e Londres convenceram o infante a empreender a via marítima. Na hora de partir, o flamante lugar-tenente de Portugal atrasou a volta para cumprir "um voto que havia feito à milagrosa imagem de Nossa Senhora de Mariazell",[12] tradicionalmente ligada ao casamento das arquiduquesas da casa da Áustria.

Foi esse o estratagema recomendado por sua piedosa mãe, por meio de dona Francisca, para que todos achassem que sua vontade de casar com Maria era firme. O fato é que, ao chegar a Londres, sua mente encontrava-se longe desse casamento.

Na verdade, durante uma recepção que lhe foi oferecida pelo duque de Wellington, primeiro-ministro britânico, meu lindo Miguel preferiu fazer-se de desentendido e flertar com uma condessa presente na festa. Diante do comentário irritado que o anfitrião fez ao embaixador de Portugal (o incombustível Palmela), dizendo que, se o regente era descuidado num assunto de tal importância, não faria bem seu trabalho, o conde português respondeu: "*Oh, leave him to us. We will manage him*".*[13]

---

* Em tradução livre, "oh, deixem-no para nós. Nós vamos lidar com ele". (N.E.)

Ri com gosto quando me contaram esse episódio, pois eu, sim, sabia lidar com aquele meu filho. Do mesmo modo que naqueles dias consegui resolver bem a comprometida situação de Anica.

Antes do fim da primeira semana de dezembro de 1826, essa minha linda filha casou-se com o primogênito do marquês de Loulé. Foi em meu palácio, com cerimônia reservada a poucos íntimos, dado que a infanta estava a ponto de parir e que, apesar de o marido pertencer a uma antiga linhagem portuguesa, a união era considerada *mésalliance** pela nobreza lusa mais conservadora.

---

* Casamento inadequado quando um dos cônjuges é de condição social inferior. (N.E.)

XXVIII

O poder ou "a Glória"

(1828)

 $\mathcal{D}$esde a morte de meu marido, eu imaginava levar com firmeza as rédeas de todos os membros da casa de Bragança (menos um). No entanto, faltando poucos meses para eu completar cinquenta e três anos, percebi que me custava erguer meu próprio corpo. Minha enfermidade já mandava em quase tudo. Depois de ter deformado meus ossos de maneira ridícula, divertia-se em produzir em mim tais dores que, mesmo que quisesse me levantar e andar, às vezes não conseguia articular sequer o mindinho da mão esquerda.

Havia dias em que meu sofrimento me fazia perder até a vontade de concluir a última parte do plano concebido em minha cabeça, depois de perceber que em Portugal estava reservada a mim uma tarefa mais importante que exercer o poder de uma rainha por direito próprio. Algo que a tradição portuguesa nunca permitira nem jamais permitiria a uma rainha consorte.

O modelo feminino católico da Restauração, do qual eu me sentia uma ilustre representante, reconhecia que algumas mulheres podiam ser melhores que muitos homens ao conduzir os negócios de Estado, desde que soubéssemos calar o bico quando preciso e usássemos outras pessoas para escrever o que não convinha que fizéssemos nós mesmas.

De fato, um jornal francês, representante do pensamento tradicionalista a que continuo filiada, chegara a defender que algumas representantes do "sexo frágil" haviam "dado com frequência mostras do zelo mais ativo, da dedicação mais intrépida, do mais assombroso sangue-frio".[1]

Mas esse tipo de mulher nunca foi amado pelos homens portugueses (e, receio, tampouco o será pelos brasileiros). Desse modo, embora meu poder tivesse se tornado de alguma maneira carismático, isto é, capaz de ser percebido por meus súditos como se proviesse de uma fonte religiosa, a enfermidade me fez tomar uma decisão importantíssima. A única possibilidade de desempenhar o comando a serviço do reino de Portugal era orientando os passos do governo de Miguel desde as sombras.

Confortada com esses pensamentos, comecei a desdenhar a companhia dos leigos e a receber no palácio sobretudo religiosos. As preces dos sacerdotes faziam com que, às vezes, fossem embora as lancinantes dores na espinha. E, às vezes, até conseguiam cortar a seco os vômitos e as diarreias, causados pelos remédios receitados pela grande quantidade de médicos que me visitavam.

Houve um tempo em que eu respeitara os membros da profissão mais do que os de quase todas as outras ocupações burguesas, especialmente o doutor Picanço. Agora pareciam para mim uma espécie de eruditos charlatães, nem sequer tão simpáticos. Quanto mais aumentavam minhas enfermidades, mais me convencia de que fora Nossa Senhora da Rocha, não a intervenção de Metternich, que permitira a Pedro outorgar a lugar-tenência do reino de Portugal a Miguel, o filho predestinado, cuja imagem me acompanhava desde cedo, assim que minhas doloridas mãos agarravam na lapela de meu vestido preto de cada dia o medalhão onde estava pintada.

Poucas coisas me deram tanto prazer durante aqueles meses de ausência do desejado filho como o fato de saber que, na gruta de Carnaxide, onde se produzira o milagre da aparição da Virgem, alguém havia pendurado uma pintura votiva cheia de significado, na qual aparecia o arcanjo Miguel guiando os passos do lugar-tenente até o palácio da Ajuda, enquanto eu o contemplava do trono, rodeada de súditos ajoelhados à frente.

Naturalmente, eu já não acreditava nos políticos, mesmo que fossem de meu partido, mas apenas nos fiéis que me haviam dado provas de sua devoção. Como aquele "amigo de infância" de Miguel, participante da Abrilada, que eu conseguira fazer entrar como clandestino na embarcação que partira de Lisboa (sempre presente *Pérola*!) para buscar o lugar-tenente na Inglaterra.

O anúncio da iminente chegada de meu filho, no início de fevereiro de 1828, causou manifestações espontâneas a favor (também contrárias) em diversos bairros de Lisboa. Diante de meu palácio, a multidão se reunia para gritar "viva a santa, única e verdadeira religião!" e "dom Miguel, rei absolutista!". Horas antes da chegada de *Pérola* ao porto, fui como pude ao palácio da Ajuda, a fim de ficar mais próxima da nau quando ancorasse.

Não me esqueci de levar comigo todos os criados que haviam cuidado de Miguel desde pequeno. Em especial, dona Francisca de Vadre. Ciente do afeto que meu filho sentia por aquela mulher, queria assegurar-me de que ela estivesse perto para que lhe infundisse coragem. Eu tinha muita certeza de que os primeiros passos políticos de Miguel em Lisboa seriam decisivos.

A partir do meio-dia, de tempos em tempos voltava o olhar na direção do rio, de uma das janelas do palácio, com um binóculo. Assim, quando *Pérola* passou perto da barra de Belém, vi com nitidez como o bote que eu enviara com uma carta endereçada a ele se aproximou para entregá-la. Nela eu lhe escrevera minhas preciosas instruções do dia. Pouco depois, recebia Miguel sentada no trono da Ajuda.

Ele se aproximou, pôs-se de joelhos e me beijou a mão, pousando depois os lábios sobre a imagem de Nossa Senhora da Rocha que eu levava pendurada no peito. Da primeira fileira, a ama de leite o olhava extasiada, enquanto os presentes não paravam de gritar, em uníssono:

— Rei absolutista!

Ao anoitecer, circulou na capital a notícia de que, naquela tarde, um monge havia visto no céu da cidade um par de anjos vestidos de branco levando uma coroa e uma insígnia em que se lia: "Longa vida a Miguel I!". A reação dos constitucionalistas me preocupava, por mais que, ao chegar, Miguel tivesse assegurado a uma delegação deles que estava disposto a jurar a Carta Constitucional enviada do Rio de Janeiro por seu irmão.

A inquietação dos extremos defensores da liberdade aumentou, sem dúvida, depois da cerimônia de juramento da Carta. Já o discurso inicial, lido pela infanta Isabel Maria, fora interrompido em vários momentos pelos gritos procedentes do andar térreo, proferidos por alguns companheiros do lugar-tenente.

Segundo lorde Porchester, inglês que estava entre os presentes, o infante lhe parecera incapaz ou sem vontade ao fazer o juramento. Esse cavalheiro contaria, depois, que havia visto como a manga da toga do duque de Cadaval, enquanto segurava o documento, cobrira parcialmente o rosto do infante, impedindo que o público visse e entendesse com clareza o que meu filho fazia e dizia. O britânico chegaria a questionar se aquele movimento do duque não teria sido feito de propósito.

Mais tarde houve rumores de que, ao terminar a cerimônia, o lugar-tenente dissera a sua ama de leite que, como eu lhe havia pedido, não pronunciara as palavras exigidas pelo protocolo nem beijara o missal. Portanto, a mulher não deveria se preocupar se, a partir daquele momento, ele se comportasse contra o que estabelecia aquela Constituição, pois a verdade era que ele nunca a havia jurado.

Quando, naquela noite, foi anunciada a composição do primeiro governo de dom Miguel, as dúvidas dos "constitucionalistas" foram esclarecidas. Todos os ministros pertenciam à corrente tradicionalista e, segundo aqueles, haviam sido escolhidos diretamente por mim.

Nos dias seguintes, os oficiais do Exército de tendência moderada começaram a ser substituídos por homens adeptos da "senhora única de Portugal", como um brincalhão deu de me chamar. Eu havia advertido meu filho sobre a possibilidade de quererem atentar contra sua vida e, por esse motivo, recomendado que não se expusesse demais. Como consequência, Miguel começou a comer apenas os pratos preparados por sua ama de leite nas cozinhas de meu palácio.

Nos círculos diplomáticos da capital, comentava-se que logo meus opositores começariam a ser presos. Segundo Porchester, o governo via-se condicionado a seguir "perigosos procedimentos pela secreta e poderosa influência de alguns sacerdotes fanáticos e da frenética energia da rainha-mãe".[2] A julgar por essas palavras, até meus adversários reconheciam que algo sobrenatural me ajudava a me movimentar, pois meu corpo era todo um estropício.

Certa manhã, em meados de março, o governo ordenou que naquela noite todas as tropas deveriam permanecer sob armas. Algumas famílias importantes de tradição liberal, como os Fronteira, temendo represálias, embarcaram em naus inglesas ancoradas no Tejo.

O êxodo em direção ao rio de nobres de tendência política moderada que formavam parte da Câmara Alta continuou durante os dois dias seguintes e aumentou quando foi anunciada a dissolução das cortes. Nos cafés e nas tabernas de Lisboa, dava-se como iminente a aclamação de dom Miguel.

As tropas inglesas estacionadas em Lisboa retiraram-se um mês depois. Apressei-me a comunicar publicamente que, como a mãe do lugar-tenente era espanhola, não se devia temer invasão da Espanha. Palmela, salsinha de todos os molhos, recebeu a ordem de explicar aos britânicos que o reino não estava mais disposto a receber interferências por decisões tomadas em Londres nem em Viena.

Essa declaração foi muito bem recebida pelo povo, mas a guinada absolutista do primeiro governo de meu filho gerou preocupações no exterior, inclusive por parte dos tradicionalistas Habsburgo. Para eles, o infante Miguel só poderia ser considerado legítimo lugar--tenente se desempenhasse o cargo em nome de sua futura esposa e até que Maria da Glória alcançasse a maioridade. Metternich, por sua vez, diria que, "se dom Miguel continuar ouvindo os conselhos da mãe, acabará artífice da própria ruína".[3]

Para defender os direitos da neta brasileira do imperador da Áustria, o chanceler começou a exercer pressão sobre as potências, pedindo-lhes que exigissem do lugar-tenente compromisso com a Carta Constitucional. A monarquia espanhola desejava, óbvio, exatamente o contrário. Na verdade, o embaixador espanhol em Lisboa chegaria a solicitar a Miguel que se proclamasse rei e acabasse de vez com a Constituição.

Dos púlpitos de algumas igrejas lisboetas, os sacerdotes que costumavam me visitar passaram a predicar que a Carta Constitucional era a origem de todos os males e todas as misérias do reino. Poucos dias antes de eu completar cinquenta e três anos, o escrivão da Câmara de Lisboa se apresentou diante do novo ministro de Negócios Estrangeiros, visconde de Santarém, para propor-lhe um ato em homenagem ao "rei absolutista", ao que recebeu uma resposta evasiva.

Chegado o 25 de abril, meu aniversário, esse funcionário decidiu, por conta própria, fazer tremular no balcão da Câmara a bandeira de Lisboa, gritando:

— Viva dom Miguel, rei absolutista.

Então uma multidão entrou no edifício e começou a gritar (uma antiquíssima fórmula de aclamação régia):

— Real, real, real, pelo rei de Portugal, senhor dom Miguel.

Em uma reunião posterior do lugar-tenente com seus ministros, foram citados precedentes que remontavam ao primeiro rei de Portugal, ponderando que, em casos como os atuais, só os três Estados eram competentes na matéria e que uma aclamação tumultuaria em vez de conferir direito.

Preocupado com a opinião das potências europeias, Miguel esclareceu que não havia promovido nada daquele ato na Câmara e, assim que terminou a reunião, comunicou aos presentes que almoçaria comigo.

"Enquanto isso, cópias da petição do escrivão, que pedia a entronização de Miguel, passavam de porta em porta, solicitando sua aprovação. Em vinte e quatro horas, foram recolhidas milhares de assinaturas, de ricos e pobres, jovens e velhos, que foram levadas depressa até a Câmara."[4]

O clima de alegria presente em Lisboa não ocorria nas cidades do norte. Na verdade, depois de meados de maio, um regimento no Porto levantou-se e declarou-se por "dom Pedro IV, a rainha Maria II e a Constituição". Sabendo da notícia, apesar de eu mal conseguir me deslocar, fiz-me conduzir imediatamente até o palácio da Ajuda e, uma vez ali, dei ordens para conter uma possível rebelião na capital.

Em poucas horas, centenas de suspeitos de tramar um complô contra meu filho foram detidos e encarcerados. Eu havia organizado tudo para que o general Póvoa reprimisse a revolta nortista. Alguns contariam depois que, quando o militar veio se despedir, eu lhe disse, sorrindo:

— Cortai cabeças por mim.

Passados alguns dias daquele encontro, tu me disseste que chegara uma carta de Bordeaux, da parte de meu antigo secretário particular no Brasil. Como muitos liberais espanhóis – entre eles Francisco de Goya, antigo protegido de minha mamãe –, todos opositores da política conservadora do governo da Espanha, também meu desleal serviçal havia se refugiado naquela cidade francesa, famosa pelos cálidos tintos.

"Não era hora de perder tempo com reclamações pequenas", pensei. Mas, não sei por quê, te pedi que me lesses a dita carta. Sustentava aquele outro charlatão que, se não me havia escrito antes, reclamando-me o pagamento das mesadas atrasadas, fora em vista dos distúrbios com que Portugal estivera envolvido desde o ano de 1820 e porque não quisera incomodar e aumentar a aflição em que sempre me mantiveram os desgostos e as discórdias com meu augusto esposo.

Agora, sabendo da importância que Miguel adquirira em Portugal e do papel que eu tivera para sua exaltação, ele escrevia com um principal objetivo: lembrar-me de que ele desempenhara com exatidão e zelo os negócios e as importantes tarefas que desde o começo de 1808 eu me dignara a confiar a seus cuidados.

Quando acabaste de ler a carta, foste embora; então, foi-me comunicado que o general enviado ao Porto acabara com o levante dos constitucionalistas. Parei de pensar naquele infame serviçal e dediquei-me ao necessário. Encerrada a resistência liberal em Portugal, graças a minha decidida e rápida intervenção, pude supervisionar no palácio da Ajuda a reunião das cortes portuguesas, formadas pelos três Estados, conforme mandavam as antigas leis de Portugal.

Desde 1698, era a primeira vez que se reuniam. Os braços da nobreza, do clero e do povo, separadamente, decidiram que Miguel era o único e legítimo rei de Portugal. Em 7 de julho de 1828, fez-se o juramento do novo rei perante os Estados, segundo os quais Pedro perdera seus direitos ao trono de Portugal ao se rebelar contra seu pai (*lèse-majesté*)*.

O partido constitucionalista, que defendia em Portugal os interesses políticos do imperador do Brasil, considerou aquele ato uma usurpação do trono de Maria da Glória. Começava, assim, uma dura disputa entre meus dois meninos, durante a qual Pedro chegaria a acusar Miguel de ter envenenado o pai, insinuando que contara com minha cumplicidade. Provavelmente deixara escapar isso em um daqueles momentos em que a razão não dominava a paixão, como costumava comentar a respeito de si.

Como eu anunciara ao novo embaixador britânico, o governo de Miguel foi reconhecido imediatamente pela Espanha; pouco depois, pelo pontífice romano e, curiosamente, também pelos Estados

---

* Crime ou uma ofensa contra a majestade ou o Estado. (N.E.)

Unidos da América. Depois de ter atuado como grande estrategista e general da chegada de Miguel ao trono, empenhei-me em terminar sua obra restauradora, colocando a pedra angular do reinado absolutista de meu dileto filho: fazer o possível para evitar seu casamento com minha neta.

Mas Pedro, desconhecendo o que as cortes em Lisboa haviam determinado, tomara a decisão de embarcar sua primogênita para a Europa. "Com destino à corte austríaca do avô, o imperador Francisco I, onde deveria completar sua educação até atingir a idade nubente."[5] Na sequência, deveria casar-se com o irmão dele. Quando a nau que conduzia a menina chegou a Gibraltar, no início de setembro, seu principal acompanhante, o marquês de Barbacena, inteirou-se da aclamação de Miguel. Decidiu, portanto, que o melhor era levar a menina à Inglaterra, onde se encontrava reunido um grande número de exilados portugueses – entre eles, Palmela.

No decorrer de uma nova reunião que Palmela teve com o primeiro-ministro britânico, o duque de Wellington se mostrou convencido de que a única possibilidade de Maria reinar em Portugal era casando-se com o tio. Se Miguel se dispusesse a isso, disse, a Grã-Bretanha poderia aceitar que no reino luso não vigorasse nenhuma Carta constitucional.

Por fim, Maria da Glória foi reconhecida pelos britânicos "rainha constitucional" de Portugal, o que me causou riso e espanto. O mesmo ocorreu quando soube que essa neta havia sido o centro de interesse de uma festa infantil celebrada em homenagem à princesa herdeira, Vitória. Ao que parece, *the little Brazilian* fizera as delícias do rei Jorge IV (antigo compadre de meu marido). Com nove anos, a menina tornara-se uma pequena beleza, dona dos cabelos loiros e dos olhos azuis de sua mãe e do temperamento cheio de vivacidade de seu pai.

Tive outro belo desgosto ao saber que Palmela enviara um emissário ao Brasil para pedir ao imperador que não aceitasse de forma nenhuma mandar Maria a Viena, "onde, como prisioneira virtual, seria um joguete indefeso nas mãos de Metternich",[6] e que a deixasse permanecer em Londres, algo que certamente não me convinha, pois temia que esse encantador de serpentes do Palmela convencesse Wellington a exercer pressões econômicas sobre Portugal para reintroduzir a Carta Constitucional e, assim, facilitar no reino a acolhida de Maria.

Na situação de falência que estavam as finanças do novo governo tradicionalista de Miguel, alguns lamentaram que os Rothschild de Londres tivessem decidido conceder um empréstimo prometido ao governo, com a garantia dos britânicos, para financiar as iniciativas do regente, sob a condição de que Portugal aceitasse a Carta Constitucional... ou a presença de tropas britânicas.

Minhas preocupações não eram apenas do âmbito econômico; sobretudo, aumentavam meus temores de que meu filho sofresse um atentado organizado pelos *free masons*. Até que um dia, quando Miguel, em companhia de duas de suas irmãs, conduzia uma carruagem a toda velocidade por um caminho em mau estado, uma pedra fez o veículo descarrilar.

As infantas voaram do assento, mas caíram sobre um matagal, sofrendo apenas arranhões. Miguel, depois de terem-lhe passado por cima as patas das mulas e as rodas do carro, sobreviveu por milagre. Sangrando e coberto de pó, foi conduzido a Queluz. Ali, em minha presença, Francisca do Vadre prestou-lhe os primeiros socorros.

Segundo um inglês, não sabendo como descarregar minha ira régia, a única coisa que me passou pela cabeça foi ordenar que sacrificassem as mulas da carruagem. O fato é que, apesar da enorme gravidade do acidente, os médicos garantiram que meu filho viveria.

Mandei preparar a capela do palácio para rezar uma missa, a qual, para surpresa dos presentes, foi assistida pelo rei, recostado numa maca. Durante o sermão, um dos meus confessores exclamou:

— Em nome do Senhor aqui presente entre nós no Santo Sacramento, Sua Majestade, imploro-vos que esmagueis o verme liberal!

Três semanas depois, Miguel, ainda convalescente, ofereceu um beija-mão em seus aposentos privados. Desde o dia do atentado, passei a ordenar investigações, buscando descobrir os culpados pelo possível ataque contra meu filho. Algo que continuo fazendo, sempre no temor de que minha obra restauradora possa ruir por culpa de uma mão assassina.

Epílogo

*P*assado o acidente de meu irmão dom Miguel, o pouco que restava da "preciosa saúde de Sua Majestade", minha nobre mãe, foi sacrificado generosamente por ela para fortalecer o trono do "rei absolutista" de Portugal, no interesse da completa restauração da monarquia tradicional. Por isso, propôs-se impedir que meu irmão Pedro, claudicante imperador do Brasil, se fortalecesse politicamente na Europa por meio um segundo enlace com uma mulher pertencente a uma poderosa, antiga e prestigiosa casa reinante.

Minha querida mamãe do coração cumpriu também esse objetivo. No verão de 1829, meu irmão mais velho, depois de ser rechaçado por onze princesas de altíssima linhagem, precisou se conformar em ter como segunda esposa a genealogicamente partida ao meio Amélia de Leuchtenberg, neta de Josefina de Beauharnais, primeira esposa de Napoleão. Quando comuniquei a notícia dessa *mésalliance* a Sua Majestade, minha querida mamãe do coração limitou-se a dar um sorriso malicioso.

— Antes de partir — disse-me, depois —, queria que escrevesses o que tenho a dizer sobre minha vida a serviço deste reino. Porque, se quando estive aqui falaram tão mal de mim, já imagino o que escreverão depois que eu tiver partido. Pelos menos que os honestos conheçam meu ponto de vista.

Na hora, não compreendi muito bem o sentido de suas palavras, menos ainda esta última expressão – "ponto de vista" –, que até então eu nunca ouvira dos lábios dela. Então, dei-me conta do que pretendera dizer ao longo da semana seguinte, quando se mostrou lúcida de maneira incomum enquanto me ditava o que foi relatado desde o princípio destas memórias. Ditado que transcrevi obedientemente, sem a interromper, exceto quando precisava saber de que carta ou documento devia eu copiar uma ou outra citação de maneira textual.

Quando mamãe terminou de relatar o acidente de Miguel para mim, as válvulas de seu coração sofreram uma falha, última consequência da febre reumática. Então, disse-me que havia chegado o momento de ocupar-se da própria alma. Deixou, pois, o relato de sua vida política e me ordenou que mandasse vir o escrivão, pois queria que transcrevesse suas últimas vontades.

Sem entrar em detalhes, assinalo que a rainha doou a cada uma das pessoas que durante anos a haviam servido com fidelidade e respeito reverencial um pequeno e valioso presente. Minha querida mamãe do coração destinou também uma grande soma de dinheiro para que, depois de sua morte, fossem rezadas mil e duzentas missas pelo perdão de seus pecados e daqueles dos fiéis falecidos de sua família, incluído meu querido papai do coração.

Naqueles dias, a *Gazeta de Lisboa* escreveu que a dor experimentada por nossa família, testemunha dos últimos dias de vida terrena de Sua Majestade na quinta do Ramalhão, era compensada pela felicidade que ela sentiu ao ver dom Miguel sentado no trono dos reis tradicionais de Portugal.

Honestamente, a aparência que o corpo da rainha exibia aos poucos que tinham acesso a ela não tinha nada de edificante. O rosto da infanta espanhola que havia sido representado resplandecente por mestres pintores da corte da Espanha estava coberto de manchas vermelhas, assim como as pernas e os braços. Além disso, como não era possível levantá-la do leito para dar-lhe banho, os lençóis acumulavam restos de urina, fezes e vômitos. Sua Majestade, a rainha Carlota Joaquina, faleceu em 7 de janeiro de 1830. Depois de limpos, ungidos de fortes aromas e amortalhados de preto, seus restos mortais foram enterrados a toda pressa na igreja de são Pedro de Penaferrim, em Sintra.

Poucos meses depois, vieram à luz, em Bordeaux, as chamadas *Memórias secretas da princesa do Brasil*, publicação com que o doutor José Presas, antigo secretário de minha mãe em meu querido país de infância, pretendia protestar pela "falta de liberdade em que tem estado a península, sem que possam os naturais pensar e escrever". Tal carência esse personagem atribuía ao fato de ter permanecido até "agora desconhecida a história e a vida pública e privada da atual (sic) rainha de Portugal".

Por isso, dizia, decidira contar as coisas tais como as havia presenciado, já que, para esse copista, nada podia dar a conhecer mais completamente a rainha que a publicação de suas cartas e seus bilhetes, escritos todos de próprio punho, de maneira que, pelas supostas expressões de minha mãe, mais que pelas palavras de seu secretário, pudesse o leitor julgar o caráter, as maneiras e os afetos da rainha, "porque no âmbito reservado é que manifestamos francamente nossas paixões privadas".

Para isso, inseriu nessa obra vários escritos e notas que a rainha dirigira a seu augusto esposo, meu querido papai do coração, a fim de tratar dos assuntos mais interessantes, a respeito dos direitos eventuais que reclamava sobre a coroa da Espanha, na falta de seus augustos irmãos. Além disso, introduziu várias solicitações que minha mãe fizera ao então príncipe regente de Portugal, a fim de obter os recursos de que necessitava para sustentar esses mesmos direitos em todo o âmbito da América espanhola.

Com a intenção de dar maior credibilidade a suas palavras, afirmava o ex-secretário de minha mãe, ele procurara que a narração fosse tão fiel e imparcial que não haveria quem pudesse negar um fato. Segundo ele, a história não pode ser escrita sem a verdade, já que só com a liberdade é possível julgar imparcialmente os príncipes, os povos e os homens (e as mulheres) de Estado.

No entanto, como o doutor Presas, ao começar a escrever sua obra, ainda conservaria esperanças de que minha mãe lhe pagasse o que supostamente lhe devia de "mesadas atrasadas", não consideraria prudente revelar nelas todos os segredos que, segundo ele, conhecia sobre a vida de Sua Majestade.

Esperava, talvez, que aquilo que insinuava de forma desleal em suas *Memórias secretas* induzisse mamãe a fazer frente ao compromisso. Se uma vez publicada a primeira edição de sua obra minha mãe não fizesse frente às supostas obrigações pecuniárias, ele teria, assim, uma carta na manga e poderia revelar essas supostas informações em uma futura edição. A título de aviso aos navegantes, chegou a colocar, como *incipit** dessas memórias, uma significativa frase, extraída de uma peça teatral de Racine: "*Il n'est point de secrets que le temps ne révèle*".**

Quer porque ao ser publicada a obra minha mãe já não estivesse mais neste mundo, quer porque Presas não tinha nenhum segredo a contar a respeito dela, esse infiel serviçal não voltou a publicar, até hoje, obra com que pudesse manchar a memória da rainha e de nossa família.

De qualquer forma, a casa de Bragança não precisa de ninguém que lhe faça mais dano que, casados, fizeram-lhe meu pai e minha mãe; aliás, neste momento o estão fazendo mutuamente meu irmão dom Pedro, abdicado imperador de Brasil, e meu irmão dom Miguel, rei absolutista de Portugal, enquanto lutam engalfinhados em uma horrível guerra fratricida para colocar ou tirar de seu trono minha

---

* Primeiras palavras de um manuscrito. (N.E.)

** Em tradução livre, "não há segredos que o tempo não revele". (N.E.)

sobrinha, dona Maria da Glória, "rainha constitucional de Portugal". Como mamãe costumava dizer, "meninos a gente não pode deixar sozinhos".

Maria da Assunção
Infanta de Portugal
Santarém, janeiro de 1834*

---

* No dia sete de janeiro de 1834, morreu a infanta Maria da Assunção – solteira, aos vinte e nove anos, vítima de uma epidemia de cólera em Santarém, onde havia se refugiado durante os últimos dias da guerra civil que colocava seus irmãos frente a frente.

Em vinte e seis de maio de 1834, Miguel foi obrigado a abdicar em favor de sua sobrinha Maria da Glória, com quem nunca chegou a se casar "por palavras de presente". Em vinte e quatro de setembro do mesmo ano, o ex-imperador do Brasil morreu de tuberculose no quarto de dom Quixote no palácio de Queluz, mesmo aposento em que Carlota Joaquina o trouxera ao mundo.

Em 1859, os restos da última rainha de Portugal espanhola de nascimento foram trasladados à igreja lisboeta de são Vicente de Fora, panteão dos Bragança, e colocados ao lado dos despojos mortais de seu querido esposo do coração, dom João VI, sobre quem Napoleão escreveu: "Foi o único (rei) que me enganou".

Notas

Capítulo I: A mãe que sabia mentir com elegância (1775-1780)
1. González Doria, Fernando. *Las reinas de España*. Madri, 1999 (a partir de agora "Doria"), p. 379.
2. Ibidem, p. 380.
3. Ibidem.
4. Ibidem, p. 379.
5. Cit. por González Duro. *Fernando VII*. Madri, 2006 (a partir de agora "Duro"), p. 12.
6. Cit. por Susarte, F. *Bodas y partos de las reinas de España*. Alicante, 2000 (a partir de agora Susarte), p. 280.
7. Pedreira, J., Dores Costa, F. *D. João VI*. Lisboa, 2006 (a partir de agora "Pedreira"), p. 30.
8. Marques Pereira, S. *D. Carlota Joaquina*. Lisboa, 2008 (a partir de agora "Marques"), p. 16.
9. Cit. por Laspalaz Pérez, J. *La alternativa para la educación popular en España del siglo XVIII*. Madri, 2003, s/p.

Capítulo II: Menina com a vivacidade própria da idade (1781-1785)
1. Duro, op. cit., p. 20.
2. Ibidem.
3. Doria, op. cit., p. 283.
4. Cit. por Duro, op. cit., p. 23
5. Ibidem.

6. Ibidem, pp. 24 e 32.
7. Dos Santos, E. *D. Pedro IV*. Lisboa, 2006 (a partir de agora "Dos Santos"), p. 16.
8. Cit. por Pedreira, p. 35.
9. Cit. por Silva da, C. *D. Carlota Joaquina, Chrónica Espisodica*. Lisboa, s/d, p. 13.
10. Cit. por Marques, op. cit., p. 18.
11. Cit. por Beirão, C. *D. Maria*. Lisboa, 1944 (a partir de agora "Beirão"), p. 316.
12. Marques, op. cit., p. 37.
13. Ibidem, pp. 21 e 122.
14. Cit. por Marques, op. cit., p. 37.
15. Ibidem.

Capítulo III: O bacalhau e a sardinha (1785-1787)
1. Cit. por Pedreira, op. cit., p. 37.
2. *Cartas de D. Anna Michelina, creada de S. A. para a princesa das Astúrias*. Biblioteca da Ajuda, Documentos Avulsos (a partir de agora "Michelina"), p. 71.
3. Cit. por Marques, op. cit., p. 43.
4. Cit. por Pedreira, op. cit., p. 32.

Capítulo IV: Virginal princesa do Brasil (1788-1790)
1. Doria, op. cit., p. 387.
2. Michelina, op. cit., p. 71.
3. Duro, op. cit., p. 30.
4. Pedreira, op. cit., p. 32.
5. Ibidem, p. 49.
6. Fraser, A. *Maria Antonietta*. Milão, 2003 (a partir de agora "Fraser"), p. 313.
7. Cit. por Pedreira, op. cit., p. 47.
8. Michelina, op. cit., p. 116.
9. Cit. por Pedreira, op. cit., p. 48.

Capítulo V: Parir em tempos revolucionários (1791-1796)
1. Presas, J. *Memórias secretas de D. Carlota Joaquina*, Burdeos, 1829 (a partir de agora "Presas"), p. 83.
2. Ibidem.

3. Pedreira, op. cit., p. 51.
4. Duro, op. cit., p. 33.
5. Ibidem, p. 45.
6. Ibidem.
7. Matthews Grieco, S. "El cuerpo, apariencia y sexualidad" em *Storia delle donne*. Roma-Bari, 1990, p. 105.
8. Dos Santos, op. cit., p. 8.
9. Lousada Alexanndre, M., Sá e Melo Ferreira, M. *D. Miguel*. Lisboa, 2006 (a partir de agora "Lousada"), p. 206.
10. Pedreira, op. cit., p. 55.
11. Fraser, op. cit., p. 481.
12. Zemon Davis, N. "Mujeres y política" em *Storia delle donne*, op. cit., p. 224.
13. Cit. por Duro, op. cit., p. 75.
14. Ibidem.
15. Marques, op. cit., p. 67.

Capítulo VI: Diz-me qual foi minha falta para que eu possa corrigi-la (1796-1799)

1. Cit. por Nogueira de Azevedo, F., em *Carlota Joaquina na Corte do Brasil*, Rio de Janeiro, 2003 (a partir de agora, "Corte"), p. 47.
2. Ibidem.
3. Ibidem.
4. Godoy, M. "Memorias", Madri, 2008 (a partir de agora "Godoy"), p. 109.
5. "Corte," op. cit., p. 49.
6. *Carlota a Maria Luísa de Bourbon, ¿1796-1797?* Cit. por Nogueira de Azevedo, F., "Carlota Joaquina: Cartas Inéditas", Ed. Azevedo, Rio de Janeiro, 2007 (a partir de agora, "Cartas").

Capítulo VII: João não gosta que as mulheres se metam nos negócios (1799-1801)

1. Carlota a Carlos IV, 20 de julho de 1798.
2. D. João a Carlos IV, janeiro de 1801.
3. Pedreira, op. cit., p. 69.
4. Carlos IV a D. João, 27 de fevereiro de 1801.
5. Godoy, op. cit., p. 115.

6. Carlota a Carlos IV, março? 1801.
7. Maria Luísa de Bourbon a Jerônimo Bonaparte, cit. por Duro, op. cit.
8. Carlos IV a Carlota, 26 de março de 1801.
9. Cit. por Pedreira, op. cit., p. 89.
10. Marques, op. cit., p. 69.

Capítulo VIII: Gravidez "desarvorada" (1801-1803)

1. Marques, op. cit., p. 69.
2. Ibidem, p. 51.
3. Ibidem.
4. Duro, op. cit., p. 100.
5. Maria Luísa de Bourbon a Carlota, abril de 1802.
6. Lousada, op. cit., p. 14.
7. Carlota a D. João, 1802?.
8. Marqués, op. cit., p. 61.

Capítulo IX: Beija-mãos envenenados (1804-1806)

1. Carlota a D. João, 1804?
2. Pedreira, op. cit., p. 112.

Capítulo X: Rapaziadas (1806)

1. Carlota a Maria Magdalena de Moscoso, 23 de fevereiro de 1806.
2. Maria Moscoso a Carlota, março de 1806.
3. Cit. por Pedreira, op. cit., p. 113.
4. Ibidem, p. 115.
5. Cit. por Duro, op. cit., pp. 112-114.
6. Ponte de Lima a Sarcedas, 5 de agosto de 1806.
7. Carlota a Carlos IV, 13 de agosto de 1806.
8. Carlota a Maria Luísa, 13 de agosto de 1806.
9. Cit. por Pedreira, op. cit., p. 115.
10. Ibidem.
11. Marques, op. cit., p. 63.
12. Presas, op. cit.
13. Cit. por Domigues, M. *Junot em Portugal*. Lisboa, 1972, p. 211.
14. Cit. por Marques, p. 63.

Capítulo XI: Salve suas pobres netas das garras do leão (1807)
1. Carlota a Carlos IV e a Maria Luísa de Bourbon, 13 de setembro de 1807.
2. Cit. por Azevedo em *Corte*, op. cit., p. 60.
3. Carlota a Carlos IV e a Maria Luísa de Bourbon, 27 de setembro de 1807.
4. Carlota a Maria Luísa de Bourbon, 28 de setembro de 1807.
5. Maria Luísa de Bourbon a Carlota, 2 de outubro de 1807.
6. Carlota a Carlos IV e a Maria Luísa de Bourbon, 23 de outubro de 1807.
7. D. João a Carlos IV, 2 de outubro de 1807.
8. Cit. por Doria, p. 399.
9. Cit. por Azevedo em *Corte*, p. 61.
10. Ibidem.
11. Rubio, J. M. *La infanta Carlota Joaquina y la política de España en América* (a partir de agora "Rubio"). Madri, 1920, p. 12.
12. Azevedo. *Corte*, op. cit., p. 77.
13. Cit. por Azevedo. *Corte*, p. 65.
14. Ibidem.
15. Ibidem, p. 69.

Capítulo XII: Sangue real europeu no Rio de Janeiro (1808)
1. "Corte", op. cit., p. 75.
2. Rubio, op. cit., p. 6.
3. Wilcken, Patrick. *Império à deriva*. Lisboa, 2006 (a partir de agora "Wilcken"), p. 109.
4. Rubio, op. cit., p. 29.
5. Ibidem, p. 37 e "Corte", op. cit., p. 79.
6. "Corte", op. cit., p. 86.
7. Ibidem, p. 87
8. "Corte", op. cit., p. 90 e Wilcken, op. cit., p. 130.
9. "Corte", op. cit., 92.

Capítulo XIII: Rainha do rio da Prata em espera (1808)
1. Presas a Carlota, julho-agosto? de 1808.
2. "Corte", op. cit., p. 96
3. Rubio, op. cit., p. 48.
4. Cit. por Azevedo em "Cartas", 168.

5. Presas, op. cit. (para não incomodar o leitor com inúmeras citações a esta obra, exceto quando a referência se fizer necessária, a partir de agora, fica subentendido que todas as citações de comentários de ou a respeito do secretário da princesa do Brasil provêm das *Memórias secretas de D. Carlota Joaquina*).
6. Rodríguez Peña a Carlota, 4 de outubro de 1808.
7. Carlota à Junta da Espanha, 8 de novembro de 1808.
8. Carlota ao conde de Floridablanca, 8 de novembro de 1808.
9. Carlota a Carlos IV, 15 de novembro de 1808.
10. Carlota a Fernando VII, 15 de novembro de 1808.
11. Carlota a dom João, 19 de novembro de 1808.

Capítulo XIV: Calar o bico (1808)
1. Dom João a Carlota, 22 de novembro de 1808.
2. Dom João a Carlota, 28 de novembro de 1808.
3. "Corte", op. cit., p. 98.
4. Carlota a Liniers, 26 de outubro de 1808.
5. Carlota à Junta da Espanha, 30 de dezembro de 1808.

Capítulo XV: O Talmude palaciano (1809)
1. "Corte", op. cit., p. 117.
2. Marquês de Astorga a Carlota, março de 1809.
3. "Corte", op. cit., p. 158.
4. Marques, op. cit., p. 83.
5. Rubio, op. cit., p. 72.
6. Contucci a Carlota, 23 de julho de 1809.
7. Belgrano a Carlota, 9 de agosto de 1809.

Capítulo XVI: *La donna è mobile* (1809)
1. Cit. por Rubio, op. cit., pp. 70-77.
2. Marques, op. cit., p. 91.
3. Cit. por Marques, op. cit., p. 93.
4. Carlota a Jovellanos, 30 de dezembro de 1809.

Capítulo XVII: A caça aos subversivos (1810)
1. "Corte", op. cit., p. 120

2. Cit. por Presas, op. cit., p. 103.
3. Cit. por Rubio J. M., *La infanta Carlota Joaquina y la política de España en America*, Madri, 1920 (a partir de agora "Rubio"), p. 108.
4. Carlota ao Cabildo de Montevidéu, 3 de junho de 1811.

Capítulo XVIII: O sexo de Sua Alteza (1811)
1. Carlota ao Conselho de Regência, 24 de fevereiro de 1811.
2. Carlota ao Reverendo José Ramírez, 24 de julho de 1811.
3. Sousa Holstein a Linhares, 16 de agosto de 1811.
4. Carlota ao Conselho de Regência, 22 de junho de 1811.
5. Cit. por Presas, op. cit., p. 175.
6. Carlota a dom João, novembro de 1811.
7. Dom João a Carlota, novembro de 1811.
8. Cit. por Marques, op. cit., p. 113.

Capítulo XIX: A "tísica" de Botafogo (1812)
1. Rubio, op. cit., p. 180.
2. *Corte*, op. cit., p. 310.
3. Rubio, op. cit., p. 175.
4. Ibidem, p. 180.
5. Carlota ao Conselho de Regência, 28 de junho de 1812.

Capítulo XX: Minha irmãzinha do coração (1813-1814)
1. Carlota a dom João, fevereiro de 1812.
2. Dom João a Carlota, 21 de fevereiro de 1814.
3. Duquesa de Calábria a Carlota, 15 de abril de 1814.
4. Ibidem, 19 de abril de 1814.
5. Fernando VII a Carlota, abril de 1814.
6. Ibidem.
7. Duquesa de Calábria a Carlota, 2 de julho de 1814.
8. Ibidem, 30 de agosto de 1814.
9. Ibidem, 2 de novembro de 1814.
10. Fernando VII a Carlota, 1814.

Capítulo XXI: Senhora do Reino Unido de Portugal, Brasil e Algarves (1815-1816)

1. García, M.R. *El directorio del Río de la Plata*. Buenos Aires, 1888, p. 177.
2. Villalba a Carlota, 5 de junho de 1815.
3. Carlota a Fernando VII, junho de 1815.
4. Pedreira, op. cit., p. 238.
5. Cit. por Wilcken, op. cit., p. 187.
6. Ibidem, p. 188.
7. Ibidem.
8. Ibidem, p. 187.
9. Cit. por Presas, *los demonios me lleven???*, p. 185.
10. Lousada, op. cit., p. 15.
11. Infanta Maria Isabel de Bragança a Carlota, 22 de agosto de 1816.
12. Infanta Maria Francisca de Bragança a Carlota, 22 de outubro de 1816.

Capítulo XXII: Mal de amores (1816-1818)

1. Cit. por Dos Santos, op. cit., p. 167.
2. Ibidem, p. 73.
3. Leopoldina à arquiduquesa Maria Luísa da Áustria, 26 de novembro de 1816.
4. Carlota a Fernando VII, 1816.
5. Graham, M. *Escorço biográfico de Dom Pedro I*. Rio de Janeiro, 1940 (a partir de agora "Graham"), p. 66.
6. Cit. por Oberacker, p. 110.
7. *Crónica General*, VII.
8. Ibidem.
9. Graham, op. cit., p. 65.
10. Leopoldina à arquiduquesa Maria Luísa da Áustria, dezembro de 1817.
11. Ibidem, 28 de janeiro de 1818.
12. Leopoldina ao arquiduque Rainer, 18 de abril de 1818.

Capítulo XXIII: Sobre mães e filhas (1818-1821)

1. Leopoldina ao imperador Francisco I da Áustria, 20 de dezembro de 1818.
2. Ibidem.
3. Neveu a Metternich, 26 de dezembro de 1818.
4. Leopoldina à arquiduquesa Maria Luísa da Áustria, 20 de abril de 1818.

5. Cit. por Oberacker, op. cit., p. 119.
6. Wilcken, op. cit., p. 254.
7. Cheke, M. *Carlota Joaquina*. Londres, 1947 (a partir de agora "Cheke"), p. 75.
8. Ibidem.
9. Ibidem, p. 80.
10. Wilcken, p. 267.

Capítulo XXIV: Exageradas gesticulações (1821-1822)

1. Cheke, op. cit., p. 87.
2. Lousada, op. cit., p. 33.
3. Pedreira, op. cit., p. 292.
4. Ibidem, p. 107.
5. Lousada, op. cit., p. 236.
6. Cheke, op. cit., p. 107.
7. Ibidem.
8. Cit. por Lousada, op. cit., p. 36.
9. Ibidem, p. 38.
10. Ibidem.
11. Ibidem, p. 22.

Capítulo XXV: A farsa da reconciliação (1823-1824)

1. Leopoldina ao imperador Francisco I da Áustria, 12 de dezembro de 1822.
2. Cit. por Lousada, op. cit., p. 44.
3. Ibidem, p. 45.
4. Pedreira, op. cit., p. 304.
5. Lousada, op. cit., p. 45.
6. Ibidem, p. 47.
7. Carlota a dom João, 26 de outubro de 1823.
8. Cit. por Cheke, op. cit., p. 126.
9. Pedreira, op. cit. 316.
10. Ibidem.
11. Cit. por Lousada, op. cit., p. 65.
12. Cit. por Marques, op. cit., p. 156.
13. Ibidem.
14. Cheke, op. cit., p. 126.

Capítulo XXVI: Matrimônio diabólico (1824-1826)
1. Cit. por Cheke, op. cit., p. 147.
2. Graham, op. cit., p. 251.
3. Cit. por Cheke, op. cit., p. 147.
4. Ibidem, p. 148.
5. Pedreira, op. cit., p. 73.

Capítulo XXVII: A inválida de Queluz (1826-1827)
1. Cheke, op. cit., p. 155.
2. Ibidem.
3. Lousada, op. cit., p. 87.
4. Cit. por Lousada, op. cit., p. 87.
5. Lousada, op. cit., p. 93.
6. Ibidem.
7. Ibidem.
8. Ibidem, p. 81.
9. Ibidem, p. 83.
10. Cheke, op. cit., p. 169.
11. Ibidem.
12. Lousada, op. cit., p. 48.
13. Ibidem.

Capítulo XXVIII: O poder ou "a Glória" (1828)
1. Cit. por Cheke, op. cit., 177.
2. Ibidem, p. 186.
3. Ibidem.
4. Lousada, op. cit., p. 11.
5. Bonifácio, M. *D. Maria II*. Lisboa, 2005, p. 15.
6. Ibidem, p. 17.

ÁRVORE GENEALÓGICA DE CARLOTA JOAQUINA(*)

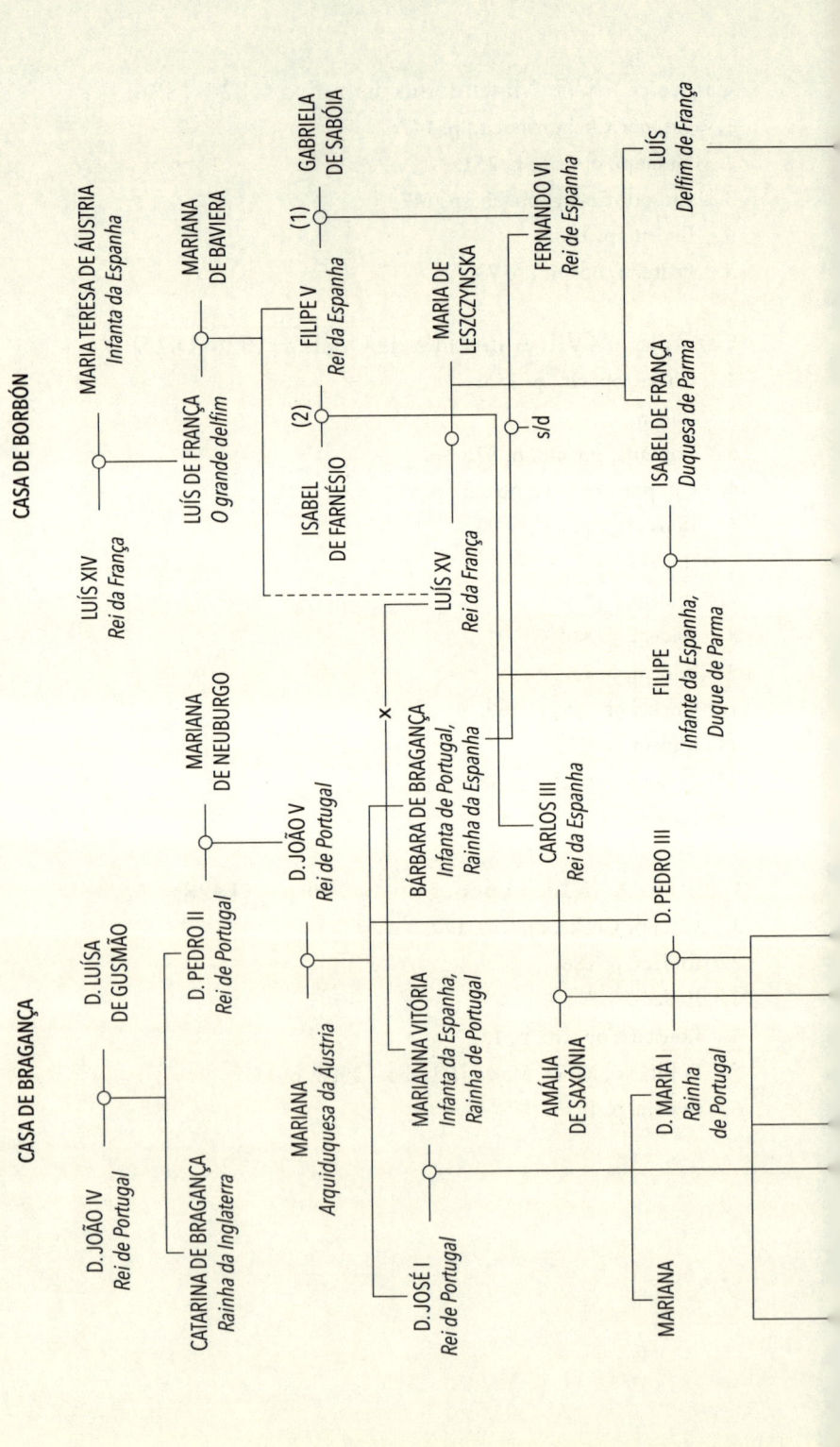

CASA DE BRAGANÇA

- D. JOÃO IV — *Rei de Portugal*
- D. LUÍSA DE GUSMÃO
  - CATARINA DE BRAGANÇA — *Rainha da Inglaterra*
  - D. PEDRO II — *Rei de Portugal*
  - MARIANA DE NEUBURGO
    - MARIANA — *Arquiduquesa da Áustria*
    - D. JOÃO V — *Rei de Portugal*
      - BÁRBARA DE BRAGANÇA — *Infanta de Portugal, Rainha da Espanha*
      - MARIANNA VITÓRIA — *Infanta da Espanha, Rainha de Portugal*
      - D. JOSÉ I — *Rei de Portugal*
        - AMÁLIA DE SAXÓNIA
        - D. MARIA I — *Rainha de Portugal*
        - MARIANA
        - D. PEDRO III

CASA DE BORBÓN

- LUÍS XIV — *Rei de França*
- MARIA TERESA DE ÁUSTRIA — *Infanta da Espanha*
  - LUÍS DE FRANÇA — *O grande delfim*
  - MARIANA DE BAVIERA
    - (1) GABRIELA DE SABOIA
    - FILIPE V — *Rei da Espanha*
    - (2) ISABEL DE FARNÉSIO
      - LUÍS XV — *Rei da França*
      - MARIA DE LESZCZYNSKA
        - FERNANDO VI — *Rei de Espanha*
        - CARLOS III — *Rei da Espanha*
        - FILIPE — *Infante de Espanha, Duque de Parma*
        - ISABEL DE FRANÇA — *Duquesa de Parma*
        - LUÍS — *Delfim de França*

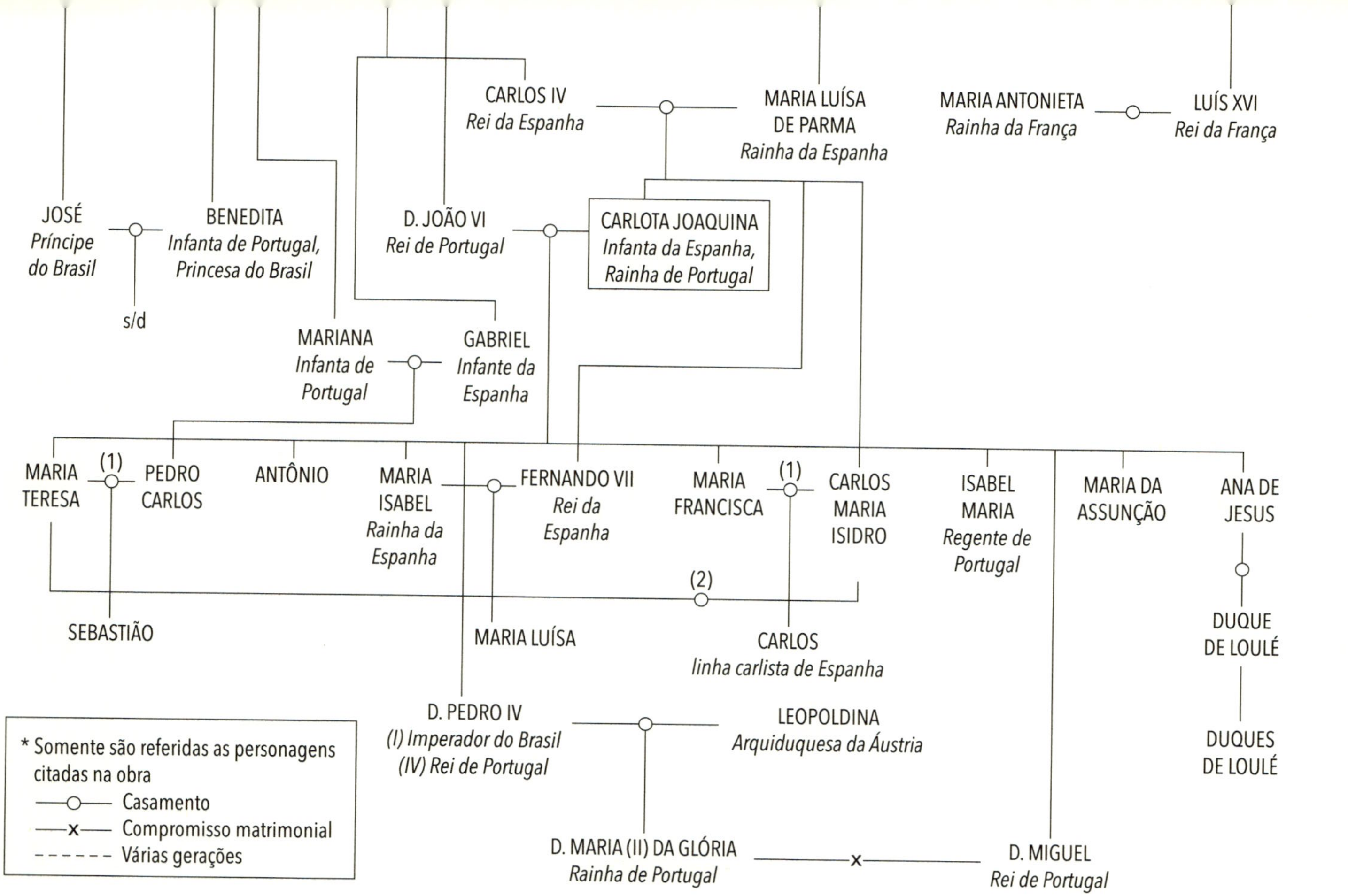
CARLOS IV
Rei da Espanha
MARIA LUÍSA DE PARMA
Rainha da Espanha
MARIA ANTONIETA
Rainha da França
LUÍS XVI
Rei da França
JOSÉ
Príncipe do Brasil
BENEDITA
Infanta de Portugal, Princesa do Brasil
s/d
D. JOÃO VI
Rei de Portugal
CARLOTA JOAQUINA
Infanta da Espanha, Rainha de Portugal
MARIANA
Infanta de Portugal
GABRIEL
Infante da Espanha
MARIA TERESA
(1)
PEDRO CARLOS
ANTÔNIO
MARIA ISABEL
Rainha da Espanha
FERNANDO VII
Rei da Espanha
MARIA FRANCISCA
(1)
CARLOS MARIA ISIDRO
ISABEL MARIA
Regente de Portugal
MARIA DA ASSUNÇÃO
ANA DE JESUS
(2)
SEBASTIÃO
MARIA LUÍSA
CARLOS
linha carlista de Espanha
DUQUE DE LOULÉ
DUQUES DE LOULÉ
D. PEDRO IV
(I) Imperador do Brasil
(IV) Rei de Portugal
LEOPOLDINA
Arquiduquesa da Áustria
D. MARIA (II) DA GLÓRIA
Rainha de Portugal
D. MIGUEL
Rei de Portugal
* Somente são referidas as personagens citadas na obra
Casamento
Compromisso matrimonial
Várias gerações

Referências bibliográficas

ALEXANNDRE, M. Lousada, FERREIRA, M. Sá e Melo. *D. Miguel*. Lisboa, 2006.
ÁLVAREZ, M. Fernández. *Isabel la Católica*. Madri, 2006.
ARTOLA, M. *Antiguo régimen y revolución liberal*. Barcelona, 1979.
AZCONA de, T. *Isabel la Católica*. Madri, 2004.
_____ *La excelente señora*. Madri, 2007.
AZEVEDO, F. Nogueira de. *Carlota Joaquina na Corte do Brasil*. Rio de Janeiro, 2003.
_____ *Carlota Joaquina. Cartas inéditas*. Rio de Janeiro, 2007.
BECKFORD, W. *Diário em Portugal e Espanha*. Lisboa, 1988.
BEIRÃO, C. *D. Maria*. Lisboa, 1944.
BENEVIDES, F. *Rainhas de Portugal*. Lisboa, 1878.
BOLÉO, L. de Paiva. *D. Maria, a rainha louca*. Lisboa, 2009.
BOMBELLES, Marquis de. *Journal d'un embassadeur de France au Portugal*. Lisboa, 1979.
BONAIUTI, E. *Storia del Cristianesimo*. Roma, 2000.
BONIFÁCIO, M. *D. Maria II*. Lisboa, 2005.
BRANDÃO, R. *El-Rei Junot*. Vila de Maia, 1982.
CARR, R. *España 1808-1975*. Barcelona, 1990.
Cartas de D. Anna Michelina, creada de S. A. para a princesa das Astúrias. Biblioteca da Ajuda, Documentos Avulsos.
CASSOTTI, M. *Infantas de Espanha rainhas de Portugal*. Lisboa, 2007.
CHEKE, M. *Carlota Joaquina*. Londres, 1947.
CINTRA, A. *Os escândalos de Carlota Joaquina*. Rio de Janeiro, 1934.
DANVILA, A. *Fernando VI y Bárbara de Braganza*. Madri, 1905.
DAVIS, N. Zemon. "Mujeres y política" em *Storia delle donne*. Roma-Bari, 2006.
DEBRET, J. B. *Viagem pitoresca e histórica ao Brasil*. São Paulo, 2007.

DOMIGUES, M. *Junot em Portugal*. Lisboa, 1972.
DORIA, F. González. *Reinas de España*. Madri, 1999.
FLÓREZ, E. *Reinas católicas de España*. Madri, 1916.
FRASER, A. *Maria Antonietta*. Milão, 2003.
GAITE, C. Martín. *Usos amorosos del dieciocho en España*. Barcelona, 1991.
GALDOS, B. Pérez. *La corte de Carlos IV*. Madri, 1967.
GARCÍA, M. R. *El Directorio del Río de la Plata*. Buenos Aires, 1888.
GODOY, M. *Memorias*. Madri, 2008.
GRIECO, S. Matthews. "El cuerpo, apariencia y sexualidad" em *Storia delle donne*, Roma--Bari, 1990, p. 105.
HARTMANN, F. *Tratado práctico de terapeútica homeopática de las enfermedades agudas y cronicas*. Madri, 1851.
KUNH, H. *D. Miguel de Portugal e o seu tempo*. Lisboa, 1967.
LISS, P. *Isabel la Católica*. Madri, 1998.
MACHADO, J. *Causas de morte dos reis portugueses*. Lisboa, 1974.
MICHELET, J. *Les femmes de la Revolution*. Paris, 1890.
NAVARRETE, Ginés de la Jara Torres. *Historia de Úbeda en sus documentos*. Úbeda, 1999.
NÚÑEZ, L. Sánchez. *Diccionario de fiebres*. Madri, 1828.
OBERLACKER, C. *La archiduquesa D. Leopoldina*. Rio de Janeiro, 1973.
PEDREIRA, J., COSTA, F. Dores. *D. João VI*. Lisboa, 2006.
PEREIRA, A. *Os filhos de El-Rei D. João VI*. Lisboa, 1946.
PEREIRA, C. *Cartas confidenciales de la reina María Luisa*. Madri, 1935.
PEREIRA, S. Marques. *D. Carlota Joaquina*. Lisboa, 2008.
PÉREZ, J. Laspalaz. *La alternativa para la educación popular en España del siglo XVIII*. Madri, 2003.
PRESAS, J. *Memórias secretas de D. Carlota Joaquina*. Bordeaux, 1829.
QUERALT, P. *Las cuatro esposas de Fernando VII*. Barcelona, 1997.
RENDINA, C. *I Papi*. Roma, 1987.
RUBIO, J. M. *La infanta Carlota Joaquina y la política de España en América*. Madri, 1920.
SANTOS, E. dos. *D. Pedro IV*. Lisboa, 2006.
SILVA, C. da. *D. Carlota Joaquina: chrónica espisodica*. Lisboa, s/d.
SOUSA, I. de. *D. Leonor Telles, mulher e rainha*. Sintra, 1959.
Storia delle donne, Roma-Bari, 1990.
SUSARTE, F. *Bodas y partos de las reinas de España*. Alicante, 2000.
WILCKEN, P. *Imperio à deriva*. Lisboa, 2007.
ZWEIG, S. *Marie Antoinette*. Paris, 1933.

Leia também:

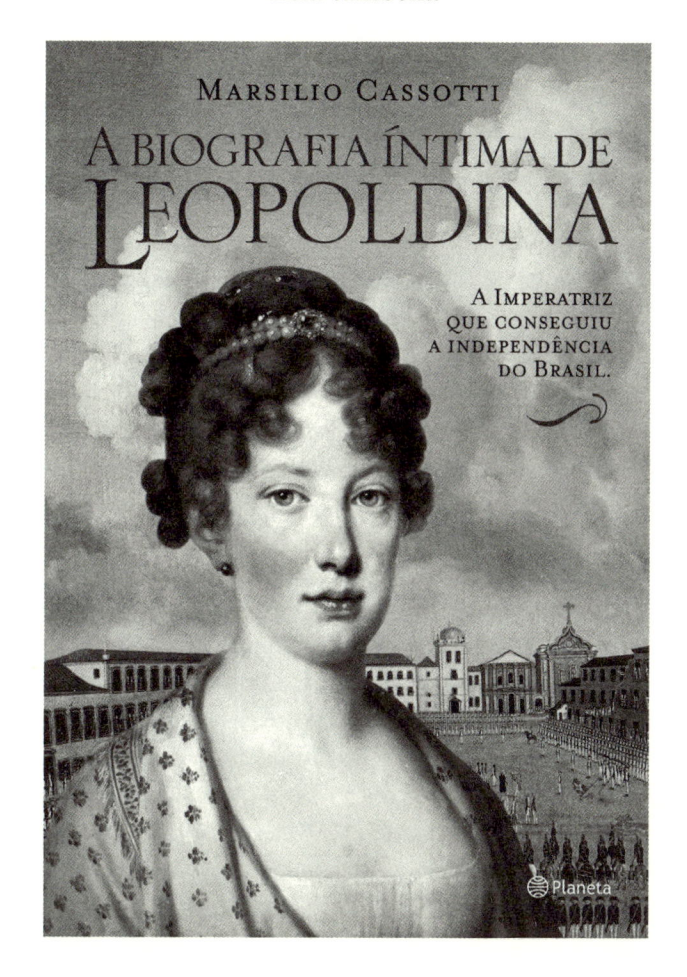

Marsilio Cassotti

A BIOGRAFIA ÍNTIMA DE LEOPOLDINA

A Imperatriz que conseguiu a independência do Brasil.

Planeta

Este livro foi composto em Sabon e impresso pela gráfica
RR Donnelley para a Editora Planeta do Brasil em julho de 2017.